한국 교회 트렌드 2024

정확한 조사 데이터에 근거한 교회 수축의 시대 2024년 한국 교회 전망과 전략

# 한국 교회 트렌드 2024

지용근 조성돈 신상목 조성실 주경훈 정재영 류지성 이상화 백광훈 이상훈 양형주
목회데이터연구소

REBUILDING CHURCH 교회 리빌딩
OTT CHRISTIAN
약한 고리 3040 **3040 Millennials** OTT 크리스천
INEVITABLE CULT 인에비터블 컬트
Loneliness in Church 외로운 크리스천
교회 거버넌스 **Bottom-up Community**
Church in Church
처치 인 처치 RE-MISSIONAL CHURCH
다시 선교적 교회
**Meme Generation** 밈 제너레이션
**Assistant Phobia** 어시스턴트 포비아

규장

# 본격적인 교회 수축 시대, 그리고 새로운 도전들

### 한국 교회 트렌드 2023 리뷰

한국 교회 트렌드를 최초로 분석한 《한국 교회 트렌드 2023》을 기획할 때 사람들로부터 긍정적인 반응을 받을 거라는 기대가 있었다. 그 기대대로 책이 출간되자마자 반응이 뜨거웠다. 우리가 예상한 것보다 훨씬 더 많은 선택을 받았고 강의 요청도 많이 들어왔다. 《한국 교회 트렌드 2023》의 기획 단계부터 독자들이 이 책의 주제들로 워크숍을 진행하면 좋겠다고 생각했는데, 실제로 책을 구매한 독자들을 대상으로 조사해보니 28%가 워크숍을 진행했다고 응답했으며, 교회 사역에 도움이 됐다는 긍정적인 피드백이 83%에 달했다. 코로나 이후 어려움을 겪고 있는 한국 교회에 조금이라도 도움이 되었으면 좋겠다는 취지와 그 목적이 어느 정도 이루어진 것 같아 감사하게 생각한다.

《한국 교회 트렌드 2023》을 통해 한국 교회에 새로 소개된 용어가 있다면 단연 '플로팅 크리스천'일 것이다. 코로나 이후 교인들이 교회에 자유롭게 출석하지 못하자 온라인 예배 문화가 확산되어 자신의 출석 교회 이외에 다른 교회 예배나 설교를 듣는 크리스천, 즉 온라인상에 '붕 떠서'

다니는 크리스천들을 '플로팅 크리스천'이라는 새로운 단어를 만들어 부른 것이다. 작년 조사 결과에서는 플로팅 크리스천이 전체 교회 출석자 중 30%로 10명 중 3명 정도였지만, 1년이 지난 2023년에는 24%로 다소 줄었다. 줄어들기는 했지만, 여전히 상당수 존재하는 것으로 보아 플로팅 크리스천이 한국 교회에 정착하고 있는 것으로 파악된다.

우리 연구소가 개신교인들을 대상으로 추적 조사해보면 과거에 몰랐던 새로운 사실들을 발견하게 된다. 대표적인 것이 '소그룹' 현상이다. 코로나 이후 많은 교회가 구역, 속회, 셀 등의 신앙 소그룹을 중단했는데, 그 와중에 소그룹을 유지한 교회는 오히려 공동체성이 유지되고 신앙이 성장하는 패턴을 발견하게 된 것이다. 그래서 《한국 교회 트렌드 2023》에서는 '몰라큘 라이프'라는 주제로 소그룹 현상에 대해 조사한 데이터를 소개하였다. 그 영향인지 몰라도 올해 실시한 목회자 조사 결과, 향후 목회의 중점 방향을 묻는 질문에 소그룹을 중시하겠다는 비율이 지난 1년 사이 다른 분야보다 가장 크게 증가한 결과를 보이고 있다. 또한 향후 성장 가능성이 높은 교회 특성으로 목회자들은 '소그룹이 활발한 교회'를 압도적인 1위로 꼽고 있다. 이러한 결과가 한국 교회에 소그룹 운동이 본격적으로 전개될 것이라는 기대를 갖게 한다.

작년 주제 중 목회자들의 가장 큰 관심을 받은 것 중 하나가 '액티브

시니어'였다. 전 세계에서 고령화 속도가 가장 빠른 나라는 한국이다. 65세 이상 인구의 연간 증가율이 곧 고령화 속도인데, OECD 평균이 2.6%인데 반해 우리나라는 그 두 배인 4.4%나 된다.[1] 그런데 조사 결과 일반 사회보다 한국 교회의 고령화가 5년 정도 더 빠르다.[2] 주중 예배에서 목회자가 강대상에서 교인들을 보면 노인들밖에 안 보인다.

통계청의 장래인구추계를 살펴보면, 2023년과 2033년, 즉 10년 사이에 65세 인구는 2023년 850만 명에서 2033년 1,434만 명으로 무려 584만 명이 늘어나고 비율로는 51%가 증가할 것으로 예상된다.[3] 이런 상황에서 목회자들이 노인 목회에 관심을 갖는 것은 당연하다. '액티브 시니어'는 이전의 노인 세대와 다른 삶의 경험과 가치와 태도 및 행동양식으로 활기차게 살아가는 고학력 중심의 새로운 시니어를 말하는데 교회가 이 세대에 더 많은 관심을 갖고 전략적인 대응을 해야 한다는 내용이었다. 앞으로 한국 교회는 노인들로 하여금 교회가 끊임없이 그들을 필요로 하고 있음을 인식시켜야 하는 '고령친화적 교회' 전략이 무엇보다 중요해질 것이다.

또한 코로나 이후 교회에서 온라인 사역이 강화되면서 '하이브리드 처치'라는 새로운 개념이 들어왔다. 디지털 네이티브라 일컫는 온라인에 익숙한 젊은이들이 결국 미래 한국 교회를 이끌고 갈 주역이기 때문에 한국 교회가 이제는 과거 전통적인 오프라인 시스템에서 온오프라인 위에 복음을 올려놓는 소위 '옴니채널' 교회 시스템으로 변화할 것을 강조했다.

실제 조사 결과 대부분의 온라인 예배자들이 온라인 예배 중에도 하나님의 임재를 느낀다고 응답했으며 온라인상에서도 교회의 보살핌을 받는다고 응답하였다. 또한 많은 목회자가 온라인 사역을 온라인 예배만 생각하는데, 하이브리드 처치는 온라인 예배뿐 아니라 교회의 여러 사역, 예컨대 소그룹, 심방, 교육 등에서 온라인을 병행할 수 있도록 해야 한다는 것을 말하고 있다. 올해 들어 조사해본 결과, 많은 개신교인이 현장 예배로 돌아오고 있지만, 여전히 12% 정도의 교인들은 온라인상에 머무르고 있는 것으로 나타났는데, 이들을 사역적으로 돌볼 수 있는 전략적인 준비가 필요하다 할 것이다.

## 한국 교회 트렌드 2024를 준비하며

두 번째 책을 출간하게 되었다. 주변에서는 교회 트렌드가 해마다 바뀌지는 않는데 매년 출간하는 것이 가능하겠느냐는 의구심을 보였다. 그러나 코로나 이후 한국 교회의 변화 상황을 통계 숫자로 직접 확인하면서 느낀 점이 있다. 한국 교회 내 수많은 지점에서 급속하게 변화가 이루어지고 있다는 것과 누군가는 변화의 지점들 각각을 꺼내어 현상을 분석하고 해석하여, 한국 교회 목회자들에게 제대로 전달하는 일이 무엇보다 중요하다는 것이다. 그래서 해마다 그 중요 변화 포인트들을 책으로 묶어 정리할 필요가 있다고 판단했다.

2022년 말, 《한국 교회 트렌드 2023》이 출간되어 한창 판매되고 있을 때 '2024 기획팀'이 꾸려졌다. 기획팀은 신학교 교수, 언론인, 현직 대형 교회 및 소형 교회 목회자, 기독교문화 전문가, 조사통계전문가 등 한국 교회를 다차원적으로 볼 수 있는 전문가들로 구성됐다.

가장 먼저 한 일은 10가지 주제를 선정하는 작업이었다. 10여 차례 미팅을 가지면서 현재 한국 교회의 흐름을 읽어낼 수 있는 모든 주제를 테이블 위에 올려놓고 덜 중요한 것부터 삭제하는 방식으로 주제들을 추렸고, 격렬한 토론을 통해 최종적으로 10가지 주제를 선정했다. 작년 주제 중 다음세대, 온라인, 소그룹 등 3개 영역은 현재 한국 교회의 큰 줄기를 구성하고 있는 주제여서 이를 좀 더 심화시켰고, 나머지는 신규 주제들을 선정했다. 개인 영역 4가지, 교회 영역 5가지 그리고 기타 영역 1가지로 고루 분포시켰다.

주제가 결정된 후 우리는 각 주제별로 저술 방향을 정리했다. 마치 케이팝(K-pop) 가수들의 혹독한 훈련에 의해 완벽한 춤과 노래가 만들어지듯, 각 주제별로 현재의 트렌드가 어떤 상태이고 앞으로 어떻게 흘러갈지를 예상하면서 전체적인 글의 방향을 꼼꼼히 정리하였다. 그다음은 주제별 분야 최적의 전문가를 찾아 저자로 선정하는 일이었다. 이 역시 많은 시간의 토론과 합의를 통해 결정하였다. 저자가 선정된 후에는 조사를 진행하는 작업을 하였는데, 저자와 직접 미팅을 하여 설문지 작업을 진행하였다. 글을 쓸 저자의 생각이 가장 중요하기 때문에 저자와 기획

팀, 전문리서치 회사 연구원이 함께 미팅을 통해 설문지 작업을 이어나갔다. 지금까지의 과정을 한마디로 종합하면 '상상력'과 '토론'으로 집약할 수 있다.

이후 진행 작업은 순조로웠다. 조사기관에서 설문조사가 진행되고, 설문조사 결과가 나온 후 전체 저자 미팅을 통해 조사 결과 보고회를 열었고, 별도로 저자별 조사회사 담당연구원이 조사 결과를 일일이 설명하는 시간을 가졌다. 이후 저자들이 처음 기획 단계에서의 주제별 방향을 기준으로 설문조사 결과와 자신의 경험과 지식을 바탕으로 원고를 작성하게 된 것이다. 이 책은 저자 한 사람의 지식으로만 쓰여진 것이 아니라, 조사 통계자료를 바탕으로 이 시대 한국 교회 주요 트렌드 영역에 있어 최고 전문가들의 집단지성이 만들어낸 결정체이다.

## 한국 교회 2024, 10가지 트렌드

르네상스, 산업혁명 이후 세계는 거의 500년간 파이가 커지는 팽창 사회였다. 그러나 지금은 다르다. 인구가 감소하고 생산성의 획기적 증대로 공급이 과잉되고, 역사상 최고 수준의 부채와 양극화가 진행되고 있다. 파이가 고정되고 수축하기 시작했다. 수축 사회로 접어든 것이다.[4] 한국 교회도 예외가 아니다. 과거 팽창의 시대를 기억하지 못할 정도로 본격적인 교회 수축의 시대에 접어들었다.

2023년 1월 한국기독교목회자협의회(한목협)에서 조사한 결과에 따르면, 2012년 개신교인(만 19세 이상 기준) 비율이 22.5%인데 2022년 15.0%까지 하락한 것으로 나타났다. 이 하락 추세라면 동일한 감소율을 적용했을 때 앞으로 10년 뒤인 2032년에는 개신교인 인구가 10.2%까지 떨어질 것으로 추정된다. 인구수로 보면 2022년 771만 명에서 2032년 521만 명까지 줄어들 것이라는 이야기이다.[5] 교회에 출석하지 않는 크리스천, 즉 가나안 성도가 2023년 초 기준 29%까지 치솟아 앞으로 교회 출석자들은 훨씬 더 줄어들 것으로 예상된다. 그렇게 되면 안 되겠지만, 이 정도로 한국 종교가 위기이고 개신교가 위기이다.

실제 조사 결과, 앞으로 개신교로 유입될 비개신교인(16.4%)보다 유출될 개신교인(19.2%)이 더 많은 것으로 나타났다. 우리가 일반적으로 교회 청년들이 교회 이탈을 많이 한다고 하는데 실제로는 40대까지도 이탈률이 높은 상황이다. 이번 조사 결과 교인 수 100명 미만인 교회 중 교회 존립을 걱정하고 있는 교회가 70% 안팎에 달하고 있으며, 실제 5년 이내 문을 닫아야 할 것 같은 교회는 무려 20% 정도 되는 것으로 나타났다.

'전문지호후문지랑'(前門之虎後門之狼)이라는 말이 있다. 과거(늑대)를 정리하기도 버거운데 미래의 새로운 변화(호랑이)에 대비해야 하는 난감한 상황을 가리키는 말이다. 현재의 한국 교회 상황을 그대로 보여주고 있다. 변화(change)는 이전으로 상황을 되돌릴 수도 있지만, 전환(transmission)은 판이 완전히 바뀌는 것을 말한다. 이제 우리는 게임의

'판'이 바뀌었다는 것을 인정해야 한다. 한국 교회는 새로운 패러다임으로의 전환이 필요하다. 1장은 이러한 내용을 바탕으로 수축 시대에 들어선 교회 리빌딩에 대해 다루었다.

## 개인 영역의 트렌드

### 1. 외로운 크리스천

개인 영역의 트렌드로 들어가보면 우리는 먼저 한국 사회의 심각한 외로움 현상이 교회 안까지 들어와 있음에 주목했다. 영국은 국민들의 외로움을 관리하고자 고독 부처가 있고 고독부 장관이 있다. 그런데 영국 국민의 외로움 지수보다 한국인의 외로움 지수가 더 높다. 그만큼 한국인이 외롭다는 것이다.

외로움은 심지어 공동체를 본질로 하는 교회 안에서도 발견되는 현상이다. 일반 국민들의 외로움 비율이 55%인데 반해 교회를 다니는 사람들도 무려 46%가 외로움을 느끼고 있다. 'not alone but lonely', 즉 교회 공동체 안에서 혼자는 아닌데 '외로운 크리스천'이 있다는 뜻이다. 그래서 2장의 '외로운 크리스천'(Loneliness in Church)에서는 교회 안의 외로움 현상을 분석하고 이에 대한 대응 방안에 대해 고민해보았다.

## 2. 3040세대

외로움과 더불어 코로나 이후에 발견된 한국 교회 현상 중 하나는 '3040세대'가 교회에 잘 나오지 않는다는 것이었다. 지금은 가족종교 화시대이기 때문에 3040세대가 교회에 출석하지 않으면 그들의 자녀 도 교회에 나오지 않기 때문에, 한국 교회의 다음세대 문제는 반드시 3040세대 문제와 연결되어 있음을 직시해야 한다. 이번 트렌드 조사 결과, 목회자들에게 어느 세대를 중점적으로 목회하겠느냐는 질문에 3040세대가 1위로 응답되어 현장 목회자들이 3040세대의 심각성을 어느 정도 인지하고 있는 상태라는 것을 알 수 있다. 코로나 이후 우리는 3040세대가 교회의 약한 고리로 인식되어 이들의 삶을 연구하고 분석하였다. 그래서 5장에서는 이들에 대한 교회의 대응 방안을 제시 하고자 했다.


## 3. 밈 제네레이션

현재 목회자들에게 가장 어려운 사역 영역이 어디냐고 물어보면, 단연 '다음세대'를 꼽는다. 실제 이번 트렌드 조사 결과에 따르면 현 재 장년 예배 회복률은 전국 평균 86%인데 반해, 교회학교는 79% 정 도 되고 있다. 장년보다는 약간 못 미치는 회복률이다. 교회학교 회 복률은 편차가 커서 교회마다 회복률이 천차만별이다. 그만큼 아직 회복되지 않은 교회가 많다는 말이다.

우리는 청소년 세대를 분석하면서 '밈 제너레이션'(Meme Gener-
ation)이라고 정의했다. 'Meme'이라는 단어를 '밈'이라고 읽지 못하는
목회자가 많을 것이다. 단적으로 청소년들과 간격이 크다는 것이다.
그래서 4장에서는 밈 세대에 대한 상세한 분석을 통해 교회의 적절한
다음세대 사역 방향을 제시하고자 한다.

## 4. OTT 크리스천

《한국 교회 트렌드 2023》에서 온라인 관련 크리스천을 부르는 용
어가 '플로팅 크리스천'이었다면 《한국 교회 트렌드 2024》에서는
'OTT 크리스천'을 선정했다. 온라인 관련 주제는 아직까지 대형 교회
를 제외하고 중소형 교회 목회자들은 크게 관심이 없는 영역이다. 그
러나 이 영역을 회피해서는 나아가기 어렵다. 최근 한국인 미디어 이
용 행태를 보면 디지털 기술의 발달로 인해 OTT 플랫폼을 이용하여
자신의 취향에 맞는 콘텐츠를 소비한다. 일반 국민 72%가 OTT 플
랫폼을 이용한다. 신앙 콘텐츠를 제공하는 교회도 디지털 기술을 적
극 활용하여 교인들이 자신이 원하는 콘텐츠를 자신만의 방법으로
획득하고 이용할 수 있는 환경을 만들어야 한다. 앞으로 자신의 신앙
콘텐츠를 스스로 찾아서 성장하는 OTT 크리스천이 더욱 늘어날 것
이다.

## 교회 영역의 트렌드

### 1. 교회 거버넌스

이번에는 교회 영역의 트렌드로 넘어가자. 우리는 교회에서 다루기 불편한 '교회 거버넌스'의 문제를 다루었다. 이 주제를 선정하는 과정 중 내부적으로 진통이 있었다. 독자들이 이 주제에 대해 불편함을 제기하면 어떻게 하겠느냐는 우려였다. 이번 조사에서 나타났듯이 개신교인들은 현재 한국 교회 모습이 권위주의적이고 보수적이라는 인식이 강하고 현 교회 이탈 의향의 이유로 교회가 권위주의적이고 비민주적이라는 응답이 두 번째로 높았다. 일반 사회의 문화는 공정, 소통, 수평적, 참여적으로 변하고 있는데, 아직까지 교회는 전통적인 권위주의 수직적 문화에서 벗어나지 못한다는 것이다. 그래서 우리는 교회가 새로운 패러다임으로 이동(쉬프트)하기 위해서는 반드시 이 거버넌스 문제를 건드리지 않으면 안 된다는 절박함이 있었다. 실제 교인들이 교회 거버넌스에 대해 어떤 평가를 내리고, 향후 한국 교회의 혁신을 위해 어떤 방향으로 가야 할지 6장에서 그 대안을 제시하고 있다.

### 2. 어시스턴트 포비아

다음은 부교역자의 사역 기피 현상에 대해 다루었다. 많은 교회가

18

전도사를 뽑지 못해 힘들어하고 있으며, 젊은 부목사들도 점점 귀해지는 시대로 가고 있다. 우리는 이 현상을 하나의 트렌드로 보고 '어시스턴트 포비아'라는 주제로 8장에서 다루었다. '어시스턴트 포비아'란 부교역자 사역에 대한 두려움을 의미하는 말이다. 부목사, 전도사 조사를 통해 그들이 교회에 바라는 점, 왜 부교역자들이 기존 교회 문화를 거부하는지, 그들의 목소리를 통계라는 도구를 통하여 들어보았다. 기존의 담임목사들이 이 데이터를 읽으면서 부교역자의 기피 현상에 대해 어떻게 대응할 것인지 방안 마련에 조금이라도 도움이 되었으면 좋겠다.

### 3. 선교적 교회

우리가 그동안 목회자 조사를 하며 발견한 특이점이 한 가지 있다. '선교적 교회'(Missional Church)를 지향하는 교회일수록 교회가 퇴보하지 않고 성장한다는 사실이었다. 또 선교적 교회를 지향하는 교회일수록 교인들 간에 선교적 마인드가 높고, 다른 교회보다 훨씬 교회 분위기가 활발했다. 우리는 이 점에 착안하여 9장에서 '다시 선교적 교회'를 주제로 다루기로 했다. 한국에서의 선교적 교회 특성, 선교적 교회가 되려면 어떤 노력과 조건이 필요한지 상세하게 설명하였다. 아직까지는 선교적 교회라 하더라도 목회자 중심의 교회가 많은데 이 글을 통해 한국 교회 내 선교적 교회가 더욱 많아지고 평신도 중심의 선교 공동체가 세워지는 계기가 되기를 바란다.

### 4. 처치 인 처치

《한국 교회 트렌드 2023》에서도 소그룹을 다루었는데 이번 《한국 교회 트렌드 2024》에서도 좀 더 깊이 있는 소그룹 문제를 다루었다. 이제는 목회자들도 소그룹을 잘하는 교회가 성장한다는 사실을 알고 있다. 소그룹이 대세가 된 것 같다. 소그룹은 '처치 인 처치'(Church in Church, 교회 안의 교회)이다. 교회의 주요 영역인 예배, 봉사, 전도, 친교, 교육이 소그룹에서 이뤄진다. 실제로 잘 되는 소그룹은 이 5가지 요소가 매우 활발하게 작동되고 있다. 7장에서는 작년에 소그룹의 개념 설명에 이어 한 단계 더 깊이 들어가 소그룹 운영 방식, 소그룹 리더 훈련, 소그룹 교제 등 더 발전된 소그룹 관련 정보를 제공하며 처음 시작하는 목회자에게 올바른 가이드라인을 제시하고자 했다.

언젠가 이단 관련 강의에서 이단이 전체 개신교인의 20~30%라는 이야기를 들은 적이 있다. 나는 그 말이 사실일지 조사전문가로서 의문이 들었다. 그래서 이번 《한국 교회 트렌드 2024》에서 본격적으로 다루게 되어 마지막 10장에서는 '인에비터블 컬트'로 이단 문제를 다루었다. 즉, 일반 개신교인들과 목회자들의 이단에 대한 인식 그리고 이단 신자들의 교회생활과 신앙인식 등을 다차원적으로 접근해서 살펴보았다.

그런데 처음 기획 회의에서 '이단 문제가 트렌드인가?'라는 질문이 제기되었다. 이단은 예전부터 있어 왔기에 새로운 트렌드로 보기에 무리가 있다는 의견이었다. 그렇지만 최근 '나는 신이다'의 JMS사건을 통해 이단 문제가 사회에 끼치는 해악을 보게 되면서 반사회적 이단 행위를 하나의 트렌드로 이해하고 이 주제를 선정하여 조사하게 되었다.

조사 결과 한국의 이단은 8.2%로 인구수로는 오차율을 감안하여 최소 31만 명에서 최대 59만 명으로 측정됐다. 조사의 사회적 순기능이라고 하면 아무도 이단 수치를 몰라 전문가들조차 앞에서의 예처럼 감으로 이야기할 수밖에 없는데 조사 결과가 나오면 그런 부정확한 이야기들이 사라지게 된다는 점이다.

## 교회 수축 시대의 대응

앞서 언급했듯이 교회는 과거 팽창의 시대를 뒤로 하고 수축 시대로 접어들었다. 대우증권 전 CEO인 홍성국은 그의 책 《수축사회》(메디치)에서 수축사회의 대응 전략 몇 가지를 소개한다. 첫 번째가 미래에 집중하라는 것이다. 지금까지는 일찍 일어나는 새가 먹이를 많이 먹는 시대였지만 이제는 멀리 보는 새가 독식한다. 적어도 30년 이상

내다보는 장기적인 계획을 세우라고 한다. 중대형 교회 목회자와 리더들이 곱씹어볼 만한 대목이다.

두 번째는 선택과 집중이다. 전략적으로 한 가지를 선택하고 거기에 집중하는 전략을 세우라는 것이다. 교회에 적용한다면 우리 교회가 성장할 수 있는, 가장 잘할 수 있는 미래 사역 분야에 확실한 선택과 집중이 필요하다는 것이다. 그것은 결국 '혁신'으로 귀결된다. 석기시대가 돌이 없어 끝이 난 것인가? '청동기'라는 혁신 때문에 끝난 것이다.

세 번째는 미래형 리더이다. 전통적인 리더십은 솔선수범과 자기희생 유지가 관건이었다. 그러나 지금 시대는 다르다. 우리의 팔로워들은 일보다 개인의 행복을 더 중시하는 사람들이다. 따라서 일 중독자들과 근무하던 팽창 시대의 리더가 가정이나 개인의 행복을 더 중시하는 사람을 지휘하려면 리더십이 완전히 달라져야 한다. 미래형 리더라면 다음과 같은 눈을 가지라고 조언한다. 곤충의 눈을 통해 입체적으로 보고, 새의 눈을 통해 먼 곳을 보고, 물고기의 눈을 통해 물결, 즉 시대의 흐름을 알아야 한다.

교회 수축의 시대에 한국 교회 목회자들이 이와 같은 곤충의 눈, 새의 눈, 물고기의 눈을 가진 혁신의 리더가 되길 원하며, 이 책이 그런 리더가 되는 데 작은 디딤돌이 되면 좋겠다. 한편으로 2024년 목회정책을 수립하고 그 방향을 정하는 데 이 책이 나침반의 역할을 할 수 있다면 그 소임을 다하게 될 것이다.

    이 책은 통계자료를 근간으로 작성한 책이어서 많은 조사 비용이
들었다. 이를 위해 적극 후원해주신 문화선교연구원 황성은 이사장
님, 재단법인 한빛누리 김형국 이사장님, 희망친구기아대책 유원식 회
장님, 바이블백신센터 양형주 원장님께 진심으로 감사드린다. 그리고
이 책의 출간을 위해 도움을 아끼지 않은 목회데이터연구소 운영위원
장 김지철 목사님과 후원이사회 회장이신 류영모 목사님 그리고 나의
멘토 임성빈 전 장신대 총장님께 감사를 드린다. 또 기꺼이 글을 써주
신 10명의 저자들, 전체적인 맥락을 위해 글을 다듬으며 끝까지 씨름
한 국민일보 신상목 부장님과 규장의 편집팀, 설문지부터 분석 보고
서까지 밤새 보고서를 내야 했던 지앤컴리서치 연구원들에게 고마움
을 전한다.

2023년 9월
대표저자 지용근 (목회데이터연구소 대표)

# CONTENTS

01

# Rebuilding Church

# 교회 리빌딩

한국 교회는 코로나19(covid-19)를 겪으며 대격변기를 맞았다. 먼저는 교인 수가 급감했다. 이미 교단마다 교인 수가 줄고 있다는 보도가 잇따르고 있다. 교인 수 감소는 교회의 존립 위기를 낳는다. 교인 감소 폭은 인구 감소 현상과 맞물리면서 앞으로 더 가팔라질 것으로 예상된다. 심각한 교세 감소 속에서 한국 교회는 어렵사리 버티고 있지만, 곧 임계점에 다다르면 한국 교회의 민낯이 드러날 것으로 보인다.

교인들도 변했다. 코로나 기간 새로운 유형의 교인들이 나타났다. 2022년에 출간한 《한국 교회 트렌드 2023》(규장)에서는 코로나 시대에 나타난 새로운 유형의 크리스천 현상으로 '플로팅 크리스천'과 'SBNR'(Spiritual But Not Religious)을 제시한 바 있다. 이 현상은 엔데믹 시대에서도 여전하다.

교회 공동체성도 예전 같지 않다. 코로나로 교회와의 연결 고리가 약해지면서 신앙 지도를 받을 수 없게 된 교인들은 각자도생의 길을 걸으며 스스로 신앙을 만들어 갔다. 거기에는 유튜브 같은 온라인 콘텐츠가 큰 역할을 했다. 교회는 이와 같은 격변의 시대에 대응하기 위해 새롭게 되어야 한다. 이전 같은 구조와 형태로는 유지조차 어려울 것이다. 그래서 교회 리빌딩은 자의든 타의든 이루어질 것이다. 지속 가능한 목회를 위해서는 불가피한 상황이다. 교회 리빌딩을 당할 것인지, 아니면 교회가 주도적으로 리빌딩을 할 것인지 결단해야 한다.

"코로나 시대로 바뀌는 것은 트렌드의 방향이 아니라 속도다."

서울대 소비트렌드분석센터의 김난도 교수는 코로나가 시작된 2020년을 보내고 2021년을 맞이하면서 이런 이야기를 했다. "코로나로 인해 방향이 바뀌지는 않고 속도만 달라졌다. 언택트(untact)가 미래에 나타날 현상이라고 여겼는데 코로나로 갑작스럽게 이루어졌다. 어쩌면 몇 년이 걸렸을지 모르는 일인데 그야말로 하루아침에 언택트로 바뀌었다."

이는 교회에도 적용된다. 교회는 코로나가 닥치면서 많은 변화를 겪었다. 무엇보다 온라인 예배 도입이 가장 큰 충격이었다. 2020년 3월, 코로나가 확산되면서 교회 예배는 온라인으로 전환되었다. 처음에는 온라인 예배에 대한 반발이 거셌지만, 사람들은 곧 온라인 예배에 익숙해졌고 거의 모든 교회가 온라인 예배를 드리게 되었다.

만약 코로나가 아니었다면 한국 교회가 이렇게 쉽게 온라인 예배로 전환할 수 있었을까. 절대 아닐 것이다. 그렇다고 사람들이 온라인 예배가 도래할 것을 모르고 있었을까. 아니었다. 이미 많은 교회가 영상으로 예배 실황이나 설교를 공개하고 있었다. 아마 코로나가 아니었다면 온라인 예배의 실제화까지 많은 시간이 걸렸을 것이다. 하지만 코로나가 닥치면서 변화에 가속도가 붙었고 심지어 불연속적 변화로, 마치 타임머신을 탄 듯 시간을 앞당겨버렸다.

한국 교회는 지금도 그 변화의 여파를 겪고 있다. 이것은 단순하게 프로그램이나 개교회의 변화로 끝나지 않는다. 한국 교회 전체의 구조 변화와 목회 현장의 변화로 이어질 것이다. 물론 이러한 변화는 모두가 감지하는 부분이다. 그런데 구체적으로 무엇이 변화할지는 아직 모른다. 그것은 갑자기 하늘에서 떨어진 무엇이 아니라 지금까지 이어져 온 트렌드의 결과로 나타날 것이다.

## 교회 변화와 리빌딩의 배경

현재 한국 교회 변화의 핵심 키워드는 교인 수 감소다. 한국 교회는 세계에서 유례가 없는 성장을 경험했다. 1970년대 말에서 80년대 초까지 1년에 100만 명씩 성도가 늘어났다. 최근 한국기독교목회자협의회(한목협) 조사 결과, 만 19세 이상 국민 중 개신교인의 비율은 15.0%로 나타났으며 이를 인구수로 환산하면 약 771만 명으로 추정된다.[1]

현재 성인 개신교인이 771만 명이라는 숫자를 감안하면 한 해에 100만 명씩 성도가 증가했다는 것이 얼마나 놀라운 일인지 알 수 있다. 그런데 이 큰 증가를 뒤로 하고 90년대 말부터 한국 교회는 마이너스 성장을 경험하고 있다. 마치 마술이라도 걸린 듯 한국 선교 100주년(1984년)을 기점으로 한국 교회는 흔들리기 시작했고, 지금은 마이너스 성장을 걱정하게 된 것이다.

2022년 9월, 기독교 온라인 매체인 '뉴스앤조이'는 6개 주요 교단의 교세 감소 현상에 대한 분석 기사를 실었다. 기사는 한국 교회를 대표하는 대한예수교장로회(예장) 합동, 통합, 고신, 한국기독교장로회(기장), 기독교대한감리회(기감), 기독교대한성결교회(기성) 등 6개 교단의 총회 보고서를 분석했다.

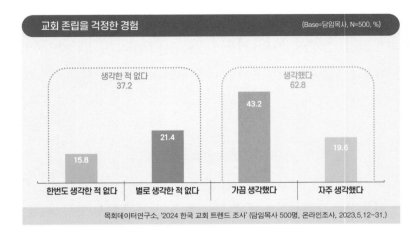

교회 존립을 걱정한 경험 (Base=담임목사, N=500, %)

생각한 적 없다 37.2 / 생각했다 62.8

한번도 생각한 적 없다 15.8
별로 생각한 적 없다 21.4
가끔 생각했다 43.2
자주 생각했다 19.6

목회데이터연구소, '2024 한국 교회 트렌드 조사' (담임목사 500명, 온라인조사, 2023.5.12~31.)

이에 따르면 6개 교단의 교인 수는 총 684만 3,436명이었다. 2012~2021년 사이 10년간 6개 교단에서 감소한 교인 수는 184만 565명으로 27%가 감소했으며, 2020~2021년 코로나 기간 동안 58만 9,480명이 줄어들었다. 이는 10년간 감소 교인 수의 약 3분의 1로, 코로나 이후 최근 2년간 그 쇠퇴 속도가 더 빨라졌음을 보여준다.

교인 감소는 위기를 가져왔다. 이미 알려져 있듯 작은 교회들이 사라져 가고 있다. 또 현재 유지가 되더라도 앞으로는 어떻게 될지 예측할 수 없다. 2023년 5월 목회데이터연구소가 실시한 '2024 한국 교회 트렌드 조사'에서는 담임목사들에게 앞으로 시무하는 교회가 교인이 줄어 존립할 수 있을까에 대해 생각한 적이 있느냐고 물었다.

그 결과 62.8%가 '그러한 생각을 했다'고 답했다. 그 가운데 '자주 생각했다'고 응답한 담임목사가 19.6%에 이르렀다. 60% 이상 담임목사들이 가까운 시기에 자신이 목회하고 있는 교회의 교인이 줄어들 것으로 예상하고 있다는 말이다.

이런 생각은 결국 한국 교회가 수적인 면에서 회생하기는 어렵다는 것을 보여준다. 목회자들은 이미 자신의 목회 현장 상황을 목도하면서 몇 년 지나지 않아 교회가 어려움에 처하리라 걱정하는 것이다. 교인 감소와 교회 존립 위기는 교회 구조의 변화를 이끌어내고 그 변화를 촉구하게 한다.

교회 변화와 리빌딩이 시급한 배경에는 달라진 교인들의 모습이 있다. 코로나 시기 교회는 모일 수 없었다. 그전까지는 항상 문이 열려 있었고 어떻게 해서든 사람들이 교회로 오도록 노력했었다.

코로나 이후 첫 주일예배 설교 때가 생각난다. 한 교회 담임목사가 코로나에 걸려 대신 설교하러 갔다. 사회자의 소개가 있고 강단에 섰다. 성도들은 300명 정도 되었다. 그들이 모두 마스크를 쓰고 쳐다보는데 너무 당황스러웠다. 설교를 하면서 내내 성도들의 얼굴을 볼 수 없었다. 눈만 나온 성도들의 모습은 너무 낯설었다. 그 기이한 모습 때문에 설교를 어떻게 했는지 모르겠다.

이 모습은 상징적인 단면을 나타내지만 실은 상당히 현실적인 이야기이다. 지금 성도들은 베일에 쌓여 있다. 그들이 현재 어떤 상태에 있는지, 무슨 생각을 하는지, 신앙생활은 잘하고 있는지 알 수 없다. 특히 온라인으로 카운트되는 조회 수 안에 어떤 이들이 있는지 알 수 없다. 그들이 우리 교회를 다니고 있는 이들인지, 새로운 사람들인지, 아니면 열심인 성도들이 듣고 또 듣는지 정확히 알 수 없다.

중요한 사실은 이들이 코로나 이전의 사람들은 아니라는 사실이다. 지난 3년여간 성도들은 교회와 연결이 끊어진 상태로 지냈다. 이전까지 성도들은 모두 교회의 지도를 받았다. 특히 한국 교회 성도들은 교회 중심의 신앙생활을 했다. 그런데 교회 중심 신앙생활이 3년간 끊겼다. 공적 예배만 겨우 이어졌고 다른 부분들은 상당수 멈췄다.

실제로 지난 코로나 기간의 교회 활동은 코로나 이전과 비교해 약 30% 수준만 진행됐다. 소그룹, 성경공부, 전도나 선교, 구제 봉사에서 겨우 명맥을 이어가는 수준이었다. 그리고 마침내 엔데믹이 선언되어 이후 빠르게 회복되고 있지만 2023년 5월 기준으로 아직도 교회의 주요사역은 100% 회복하지 못하고 전국 평균 70% 안팎 정도에 머물고 있다.

그렇다면 여기서 한 가지 질문을 해봐야 한다. 교회 중심으로 신앙생활을 하던 사람들이 교회와 연결이 끊어진 상태에서 어떻게 변화됐을까? 사람들이 지금 다시 교회로 모이고 있는데, 과연 코로나 이전에 함께했던 그들이 맞을까? 아직 온라인에 머물러 있는 성도들이 있는데 그들은 우리 교회 성도가 맞는가? 그들이 만들어 가는 교회는 이전과 같을까?

교회는 성도들의 모임이다. 그런데 교회를 이루고 있는 성도들이 변했다. 이들이 만들어 가는 교회는 분명 다를 것이다. 현재 목회자들 역시 이 부분을 감지하고 있다. 달라진 교인들을 이해하지 못하면 교회는 많은 어려움을 겪을 것이다. 교회의 목회자나 교인들은 코로나 3년간 상상하지 못했던 세계를 거쳤다. 여기에 교인 수 감소와 교인 구성의 변화도 겪었다. 사회적 환경에도 변화가 많았다.

교회는 이제 새로운 공동체를 만들어야 한다. 구성원도, 형태도, 구조도, 프로그램도 이전과 같지 않다. 이것이 목회 패러다임의 전면적 변화가 필요하고 리빌딩이 필요한 이유다. 교회는 그동안 어떠한 변화를 겪었는가? 그리고 앞으로 무엇을 해야 할까?

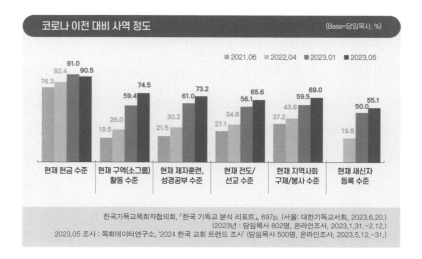

**코로나 이전 대비 사역 정도** (Base=담임목사, %)

■ 2021.06 ■ 2022.04 ■ 2023.01 ■ 2023.05

- 현재 헌금 수준: 76.3, 82.4, 91.0, 90.5
- 현재 구역(소그룹) 활동 수준: 19.5, 28.0, 59.4, 74.5
- 현재 제자훈련, 성경공부 수준: 21.5, 30.2, 61.0, 73.2
- 현재 전도/선교 수준: 27.1, 34.8, 56.1, 65.6
- 현재 지역사회 구제/봉사 수준: 37.2, 43.6, 59.5, 69.0
- 현재 새신자 등록 수준: 19.5, 50.0, 55.1

한국기독교목회자협의회, 「한국 기독교 분석 리포트」, 697p, (서울: 대한기독교서회, 2023.6.20.)
(2023년 : 담임목사 802명, 온라인조사, 2023.1.31.~2.12.)
2023.05 조사 : 목회데이터연구소, '2024 한국 교회 트렌드 조사' (담임목사 500명, 온라인조사, 2023.5.12.~31.)

# 코로나19 이후 한국 교회 변화

## 1. 개인주의화된 성도들

"뭉치면 살고 흩어지면 죽는다."

그런데 어느 날 이 구호가 뒤집혔다. "뭉치면 죽고 흩어지면 산다." 이 말이 코로나 때 우리를 살렸던 구호였다. 실제로 지난 3년 동안 '사회적 거리두기'와 '언택트'는 중요한 덕목이었다. 되도록 만나지 않고, 되도록 움직이지 않고, 되도록 혼자 머물러야 했다.

이런 상황 속에서 한국인들은 집단이나 단체라는 개념을 잃어버렸다. 요즘 한강에 가보면 적게는 10명, 많게는 30명 정도의 사람들이 단체로 달리기를 한다. 구호에 맞춰 일사불란하게 달린다. 최근 트렌드가 된 '러닝크루'(running crew)다. 일종의 달리기 동호회라 할 수 있는데 형태는 전혀 다르다. 이들은 '달리기'라는 목적에만 충실하다. 온라인을 통해 모임을 형성하고 정해진 장소에서 만나 달린다. 서로 격려하며 시끌벅적하게 달리지만, 동호회라면 쉽게 볼 수 있는 뒤풀이가 없다. 그냥 달리는 게 목적이다. 혼자 달리기에는 한계가 있으니 함께 달릴 뿐이다. 그리고 그 목적을 이루고 나면 뿔뿔이 흩어진다. 이 모임에는 목적만 있을 뿐 공동체성은 없다.

교회에도 비슷한 양상이 나타난다. 코로나 이전까지 끈끈했던 공동체성이 약해졌다. 한국 교회 목회는 교회 일꾼들이 다 만들어냈다. 구령의 열정으로 무조건 헌신하던 이들이다. 교회 모임이라면 빠짐없이 참석하고 시간과 물질도 아낌없이 드렸다.

그런데 코로나 시기에 이들의 열심이 휴식기를 가졌다. 다시 시작하려니 금세 동력이 생기지 않는다. 최근 지역 교회를 방문하면 관심을 갖고 묻는 질문이 있다. 주일 점심 식사를 다시 시작했는지다. 코로나 이전에는 점심 제공이 당연했다. 그런데 이제 다시 시작하려니 쉽지 않다. 목사나 장로들을 중심으로 하는 남성 리더십은 점심을 시작해야 한다고 주장한다. 그러나 정작 식사를 마련해야 하는 여성들이 거부한다.

2023년 1월 실시한 한목협 조사에 따르면 다니는 교회에서 점심 식사를 재개했느냐는 질문에 개신교인 61.7%가 재개했다고 응답했다.[2] 교회 주방은 교회 봉사의 가장 중요한 자리 중 하나였다. 그런데 식당 봉사를 기피하기 시작했다. 주일

**교회 리빌딩**
(Rebuilding Church)

교인 수가 급감하고 있는 시대이다. 교회 전체적으로 새로운 변화가 필요하다. 지금과 같은 구조로는 줄어가는 교세를 막을 방법이 없다. 교회 리빌딩이 필요한 이유다. 2024년! 한국 교회가 이 리빌딩에 성공하느냐 그렇지 못하느냐가 미래 교회의 명암을 가를 것이다.

시대가 급변하고 코로나와 같은 위기를 겪으면서 한국 교회는 많은 어려움을 겪었으며 지금도 진행 중이다. 위기를 극복하기 위한 새로운 변화, 새로운 기회 '교회 리빌딩'이 필요하다.

이면 가족이 뿔뿔이 흩어져 교회에서 예배드리고 봉사하는 것을 당연하게 여겼는데, 이제 그런 헌신이 줄고 마치 축구 경기의 관중처럼 구경꾼들이 많아지고 있다.

앞서 언급했듯이 소그룹, 성경공부, 전도, 지역 사회 봉사 등 교회 주요 사역들의 회복도가 60% 정도밖에 되지 않으니, 교회생활을 중심으로 신앙생활 하는 한국 교인 특성상 공동체성과 역동성이 약해질 수밖에 없다. 이는 우리가 생각했던 교회 공동체의 모습이 앞으로 많이 달라질 것이라는 예측을 가능하게 한다. 즉 교회의 지도를 따라 일사불란하게 움직였던 '동원 체제' 목회가 한계를 보이기 시작한 것이다.

## 2. 슬기로운 성도

또 다른 변화는 '슬기로운 성도'(Smart Saints)의 등장이다. 교회의 신앙 공급이 끊어지자 성도들은 개별적으로 자신들의 신앙을 유지하고 성장시키기 위해 노력했다. 성도들은 스스로 일어서는 노력을 기울였다. 따라서 이들을 슬기로운 성도라고 할 수 있다.

한목협 조사에서 개신교인들에게 지난 일주일 동안 했던 개인 경건 생활의 실태를 물었다. 먼저 지난 일주일간 성경을 읽는 시간은 평균 64분이었는데, 이는 2017년 49분과 비교해 15분 늘어난 것이다. 그런데 이를 가나안 성도(기독교 신앙은 있으나 교회에 안 나가는 성도)를 제외하고 교회 출석자 기준으로 보면 81분이었다. 이는 5년 전에 비해 24분이 늘어난 결과이다.

즉 코로나 기간 개신교인의 경우 성경을 읽는 시간이 증가한 것이다. 아마도 코로나 종식 후 교회마다 성경통독 등을 실시한 결과라고도 볼 수 있다. 그리고 기도 시간은 평균 24분으로 5년 전 22분과 비교할 때 2분이 늘어 큰 차이는 없었지만, 기도 역시 증가했음을 알 수 있다.

교회 출석자의 기도 시간은 평균 29분으로 5년 전에 비해 3분이 늘었다. 주목할 부분은 QT, 즉 개인 경건 시간이다. 조사에서 응답자 35.0%가 QT를 하고 있다고 답했는데, 2017년 21.0%였던 것을 감안하면 두 배까지는 아니어도 상당한 폭의 증가세를 보였다. 특히 교회 출석자는 42.6%가 QT를 하고 있다고 응답해 5년 전 24.1%에 비해 두 배 가까이 늘었다.

흥미로운 점은 교회 직분별로 보았을 때 서리집사 직분에서 2017년보다 커다란 증가폭을 보였다는 점이다.[3] 성경 읽기(52분▶85분), 기도(21분▶28분), QT(21.9%▶41.5%) 모두 크게 성장했다. 연령별로도 의미 있는 결과가 나왔다. 특히 젊은 연령층에서 시간과 참여 비율이

| | 성경읽기 | | 기도하기 | | QT | |
|---|---|---|---|---|---|---|
| | 개신교인 전체 | 교회 출석자 | 개신교인 전체 | 교회 출석자 | 개신교인 전체 | 교회 출석자 |
| 2017년 | 49분 | 57분 | 22분 | 26분 | 21.0% | 24.1% |
| 2023년 | 64분 | 81분 | 24분 | 29분 | 35.0% | 42.6% |

한국기독교목회자협의회, 「한국 기독교 분석 리포트」, 203~211p,
(서울: 대한기독교서회, 2023.6.20.) (만 19세 이상 개신교인 2,000명, 온라인조사, 2023.1.9.~16.)

대폭 늘어났다.[4] 20대의 경우는 성경 읽기(39분▶53분), 기도(16분▶25분), QT(16.0%▶31.0%), 30대는 성경 읽기(29분▶56분), 기도(14분▶22분), QT(16.7%▶30.5%) 등으로 다른 연령대 증가 폭에 비해 상당히 높게 나타난 것을 볼 수 있다.

그동안 신앙 취약 계층이라 할 수 있었던 서리집사 그리고 젊은 층이 코로나 기간에 신앙적 도약을 한 것으로 보인다. 특히 이들은 교회에서 적극적인 신앙생활을 하지 않았는데, 오히려 교회가 사역을 중단한 상황에서 스스로 신앙생활을 더 돈독히 한 것으로 볼 수 있다.

의미 있는 것은 개인별 헌금액 증가이다. 코로나로 인해 경제 상황이 많이 어려워진 게 사실이다. 특히 개인별로 보면 어려움이 더 커졌는데도 이 기간 개인별 헌금액은 2017년 17만 5,700원에서 19만 5,000원으로 늘어났다.[5] 성도들의 헌신이 크다는 것을 의미한다. 교회에 갈 수는 없어도 헌금 참여는 꾸준히 했다는 것을 말한다. 헌금은 교인들의 참여도를 판단할 수 있는 중요한 척도이다. 이를 보면 교인들의 선택적 참여는 오히려 증가했다고 할 수 있다.

이렇게 교인들은 슬기로운 성도가 되었다. 교회의 신앙적 인도와 공급이 사라져도 스스로 신앙의 길을 찾아 나선 것이다. 더구나 요즘은 유튜브가 신앙 코치 역할을 톡톡히 감당하고 있는데 유튜브에는 성경통독을 도와주는 채널, 기도와 묵상에 도움을 주는 채널 등 많은 콘텐츠가 호응을 얻고 있다.

실제로 '성경 읽어주는 큰아들'이라는 채널의 경우 구독자가 11만 명이 넘는다. 그중 시편 낭독은 조회 수가 500만 회에 가깝다. 이런 조회 수는 일반 성도들이 얼마나 열심히 자신들의 신앙을 위해 노력하는지를 보여준다. 그래서 이들을 슬기로운 성도라 부를 수 있다. 앞으로 목회는 이렇게 진일보한 교인들을 어떻게 대할지에 따라 그 양상이 달라질 수 있다고 본다.

### 3. 플로팅 크리스천의 정착

《한국 교회 트렌드 2023》(규장)에서 코로나가 낳은 새로운 현상 가운데 하나로 '플로팅 크리스천'의 등장을 소개했다. 플로팅 크리스천은 전통적인 신앙생활을 벗어나 온라인상에서 자유로운 신앙생활을 추구하는 자들로, 코로나로 인해 불가항력적으로 생겨난 새로운 유형의 크리스천을 일컫는다.[6] 플로팅 크리스천은 현장 예배 참석 여부에 따라 두 집단으로 분류할 수 있다.

첫째 집단은 출석 교회의 현장 예배에 참석하면서 온라인으로 다른 교회 목사의 설교를 듣거나 프로그램에 참여하는 사람들이다(출석 교회에 뿌리를 둔다고 해서 '닻형' 플로팅 크리스천으로 명명했다). 2023년 5월 목회데이터연구소가 실시한 '2024 한국 교회 트렌드 조사'에서 닻형 플로팅 크리스천은 16.4%였다.

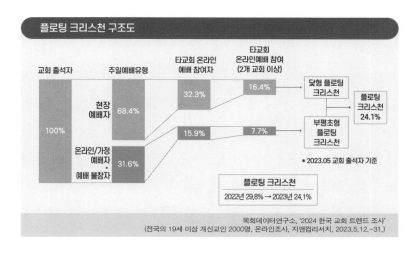

플로팅 크리스천 구조도

교회 출석자: 100%

주일예배유형
현장 예배자: 68.4%
온라인/가정 예배자·예배 불참자: 31.6%

타교회 온라인 예배 참여자: 32.3% / 15.9%

타교회 온라인예배 참여 (2개 교회 이상): 16.4% / 7.7%

닻형 플로팅 크리스천
부평초형 플로팅 크리스천

플로팅 크리스천: 24.1%

* 2023.05 교회 출석자 기준

플로팅 크리스천
2022년 29.8% → 2023년 24.1%

목회데이터연구소, '2024 한국 교회 트렌드 조사'
(전국의 19세 이상 개신교인 2000명, 온라인조사, 지앤컴리서치, 2023.5.12.~31.)

둘째 그룹은 교회에 등록은 했지만, 현장 예배에 참석하지 않고 소속 교회 온라인 예배를 드리거나 온라인으로 다른 교회 예배(또는 설교)를 드리는 사람들이다(출석 교회가 고정되어 있지 않다는 의미에서 '부평초형' 플로팅 크리스천이라고 한다). 부평초형 플로팅 크리스천의 비율은 7.7%였다.

플로팅 크리스천이 등장하게 된 배경에는 개인의 '주체적 선택' 성향이 있다.[7] 과거에는 개인이 욕구에 부합하는 것을 스스로 선택하기보다 집단에 의해 주어진 것을 수동적으로 받아들였다면, 지금은 개인 주체성이 부각되면서 자신에게 주어진 환경 속에서 적극적이고 능동적으로 자기 취향이나 관심에 부합하는 것을 탐색하고 선택하는 경향이 나타났다.

개인의 선택 확대는 종교에서도 예외는 아니었다. 플로팅 크리스천은 이러한 배경에서 등장한 것이라고 볼 수 있다. 자신이 출석하는 교회에서 예배를 드리고 있음에도 다른 교회 예배를 찾아 드리는 수고를 마다하지 않는 이유는 출석 교회에서 결핍된 것을 다른 교회에서 충족하고 싶기 때문이라고 할 수 있다.

플로팅 크리스천의 등장 배경에 신앙적 욕구를 충족하려는 심리가 있다면 이 욕구를 현실에서 충족할 수 있도록 만들어준 것은 온라인의 기술 발전이었다. 클릭 몇 번이면 원하는 콘텐츠를 볼 수 있는 유튜브(YouTube)와 같은 미디어의 등장은 온라인 예배를 가능하게 만든 환경이었다. 유튜브 때문에 교인들은 차를 타고 먼 거리에 있는 기도원을 찾아가는 수고를 할 필요가 없어졌으며, 집에서 소파에 앉거나 침대에 누워 여러 목회자의 설교를 순회하며 들을 수 있게 되었다.

플로팅 크리스천이 코로나로 인해 불가피하게 등장한 유형이라면, 플로팅 크리스천이라는 현상은 현장 예배가 회복되고 있는 시점에서 볼 때 일시적 현상이 아닐까 하는 의문이 들 수 있다. 그러나 현실은 그렇지 않다. 플로팅 크리스천이 등장하게 된 계기는 코로나였지만 그 배경에는 현대 사회의 문화적 흐름이 있었다. 앞서 김난도 교수의 "코로나 시대로 바뀌는 것은 트렌드의 방향이 아니라 속도"라는 말을 적용하면 플로팅 크리스천은 결국 시대가 변하면서 나타날 수밖에 없는 현상이지만 코로나로 인해서 빨리 온 것뿐이다. 그러므로 예배의 제한이 없어졌다고 해서 플로팅 크리스천이 사라지지는 않을 것이다.

이는 실증적 데이터로도 확인할 수 있는데 2023년 5월 목회데이터연구소가 실시한 '2024 한국 교회 트렌드 조사'에서는 플로팅 크리스천의 비율이 24.1%로 나타났다. 2022년 4월 기준 29.8%보다 5.7%p 감소한 수치이다. 다소 줄어들었지만 사회적 거리두기가 해제된 지 1년이 넘었음에도 플로팅 크리스천이 여전히 전체 교회 출석

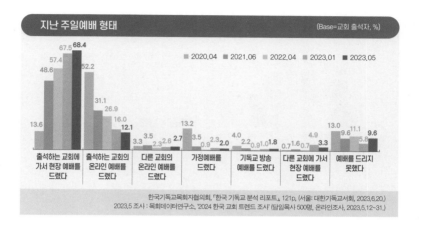

지난 주일예배 형태 (Base=교회 출석자, %)

■ 2020.04 ■ 2021.06 ■ 2022.04 ■ 2023.01 ■ 2023.05

출석하는 교회에 가서 현장 예배를 드렸다: 13.6, 48.6, 57.4, 67.5, 68.4

출석하는 교회의 온라인 예배를 드렸다: 52.2, 31.1, 26.9, 16.0, 12.1

다른 교회의 온라인 예배를 드렸다: 3.3, 3.5, 2.3, 2.6, 2.7

가정예배를 드렸다: 13.2, 3.5, 2.3, 2.0

기독교 방송 예배를 드렸다: 4.0, 2.2, 0.9, 1.0, 1.8

다른 교회에 가서 현장 예배를 드렸다: 0.7, 1.6, 0.7, 4.9, 3.3

예배를 드리지 못했다: 13.0, 9.6, 11.1, 5.8, 9.6

한국기독교목회자협의회, 「한국 기독교 분석 리포트」, 121p, (서울: 대한기독교서회, 2023.6.20.)
2023.5 조사: 목회데이터연구소, '2024 한국 교회 트렌드 조사' (담임목사 500명, 온라인조사, 2023.5.12~31.)

자 4명 중 1명이라는 사실은 의미심장한 지표다.

현장 예배를 드리는 비율은 67.5%로 2022년 4월 57.4%보다 10.1% 증가했는데 플로팅 크리스천 비율은 그보다 적은 5.7%p만 감소했다는 것은 온라인 예배에서 현장 예배로 전환해도 여전히 다른 교회 온라인 예배를 드리는 사람들이 일정 비율로 존재한다는 것을 말한다. 따라서 앞으로 현장 예배 비율이 높아진다고 해도 플로팅 크리스천이 같은 비율로 줄어들지는 않을 것으로 추정할 수 있다.

또한 교회의 예배 현황을 보면 현장 예배와 온라인 예배를 동시에 실시간 중계하는 교회 비율이 54.1%(2022년 4월)에서 62.1%(2023년 5월)로 8.0%p 증가했고, 현장 예배만 드리는 비율이 2022년 4월 35.8%에서 2023년 5월 27.2%로 8.6%p 줄어들었고, 현장 예배 후 설교 동영상만 올리는 교회 비율은 2022년 4월 대비 1.6%p 증가했다. 현장 예배 제한이 없어졌음에도 교회마다 온라인 사역을 더 강화하는 추세를 보인다.

코로나 이전 대비 현장 예배 참석률은 어떨까? 2023년 1월 조사에서

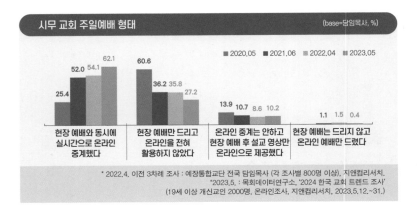

시무 교회 주일예배 형태 (base=담임목사, %)

■ 2020.05 ■ 2021.06 ■ 2022.04 ■ 2023.05

현장 예배와 동시에 실시간으로 온라인 중계했다: 25.4 / 52.0 / 54.1 / 62.1

현장 예배만 드리고 온라인을 전혀 활용하지 않았다: 60.6 / 36.2 / 35.8 / 27.2

온라인 중계는 안하고 현장 예배 후 설교 영상만 온라인으로 제공했다: 13.9 / 10.7 / 8.6 / 10.2

현장 예배는 드리지 않고 온라인 예배만 드렸다: 1.1 / 1.5 / 0.4

* 2022.4. 이전 3차례 조사 : 예장통합교단 전국 담임목사 (각 조사별 800명 이상), 지앤컴리서치.
*2023.5. : 목회데이터연구소, '2024 한국 교회 트렌드 조사'
(19세 이상 개신교인 2000명, 온라인조사, 지앤컴리서치, 2023.5.12.~31.)

85.3%(청장년 기준)였는데 4개월이 지난 5월 조사 결과 86.4%로 큰 차이를 보이지 않았다.[8] 2022년 4월 18일 정부의 사회적 거리두기 해제 시점 이후 꾸준하게 증가했던 현장 예배 회복률이 2023년 들어서 멈춰버린 것이다. 이에 따라 앞으로 현장 예배 참석률이 지금보다 더 높아질 가능성은 없어 보인다.

종합하면 예배 제한이 완전히 사라진 시기가 1년이 지났는데도 플로팅 크리스천의 비율이 20% 중반대라는 점, 상당수 교회가 온라인 예배에서 현장 예배로 전환했음에도 다른 교회 온라인 예배를 드리는 비율의 감소 폭이 적다는 점, 각 교회에서 온라인 사역을 축소하지 않고 오히려 강화하는 점, 현장 예배 회복

코로나19 이전 대비 현장 예배 참석률(청장년)

(base=담임목사, %)

2022년 4월 이전: 61.1
2022년 4월: 73.3
2023년 1월: 85.3
2023년 5월: 86.4

한국기독교목회자협의회, 「한국 기독교 분석 리포트」, 689p,
(서울: 대한기독교서회, 2023.6.20.)
(2023년: 담임목사 802명, 온라인조사, 2023.1.31.~2.12.)
2023.5 조사 : 목회데이터연구소, '2024 한국 교회 트렌드 조사'
(전국19세 이상 개신교인 2000명, 온라인조사,
지앤컴리서치, 2023.5.12.~31.)

률이 앞으로 크게 오르기는 어려울 것이란 점 등을 고려하면 '플로팅 크리스천'은 코로나 시기에만 발생한 일시적 현상이 아니라 앞으로도 20% 중반대 수준에서 고착되어 상존하는 현상이라고 할 수 있다. 따라서 교회는 교인 4명 가운데 1명꼴인 이들에 대한 목회적 대응이 필수적이라 하겠다.

### 4. SBNR(Spiritual But Not Religious) 현상의 지속

《한국 교회 트렌드 2023》에서 제시한 트렌드 가운데 하나가 SBNR 이었다.[9] SBNR은 'Spiritual But Not Religious'의 약자로 "영적이지만 종교적이지는 않다"는 뜻이다. 여기서 '종교적'이라는 뜻의 'Religious' 는 제도권 교회를 말하고 'Not Religious'는 교회를 나가지 않거나 거부하는 것을 말한다. 'Spiritual'은 '영적인'이라는 뜻이지만 기독교적 의미를 넘어서는 현대적 영성을 포함한다.[10] 구체적으로 말하면 기독교 신앙과 기독교적 영성을 가지고 있지만, 교회에 나가지 않는 사람 또는 교회에 나가는 것을 불편해하는 사람들을 부르는 말이 SBNR이다.

SBNR은 두 그룹으로 구성되는데 첫째 그룹은 교회 출석자 가운데 현장 예배를 드리지 않는 사람이며, 둘째 그룹은 교회를 아예 출석하지 않는 가나안 성도들이다. 2023년 5월 목회데이터연구소가 실시한 '2024 한국 교회 트렌드 조사'에서 교회 출석자 가운데 현장 예배를 드리지 않고 온라인 예배나 가정예배를 드리는 경우, 아예 예배를 드리지 않는 경우를 합한 비율은 31.6%였다. 이는 전체 개신교인(가나안 성도 포함)의 24.5%를 차지한다.

가나안 성도는 전체 개신교인의 22.5%를 차지했다. 첫째 그룹(교회 출석자 가운데 비현장 예배자)과 둘째 그룹(가나안 성도)을 합한 47.0%가 SBNR이라고 할 수 있다. 이 수치는 2022년 4월의 SBNR 비율 54.2%[11]보다 7.2%p 감소한 결과이다. 《한국 교회 트렌드 2023》에서 SBNR 현상을 분석하면서 SBNR은 코로나 때문에 급속히 확산됐다[12]고 지적한 바와 같이 SBNR의 등장에 코로나가 큰 계기가 된 만큼 코로나로부터 벗어나면서 SBNR이 줄어들었다. 하지만 SBNR이 축소되었음에도 아직도 SBNR이 절반 가까운 47.0%에 달한다는 것은 SBNR이 일시적 현상이 아니라 여전히 큰 흐름 속에 있다는 것을 말해준다.

홍미로운 것은 출석 교회의 온라인 예배를 드리는 성도들에게 출석 교회의 온라인 예배를 중단할 경우 어떻게 하겠느냐는 질문에 대한 반응이었다. 이 질문에 현장 예배를 드리겠다는 응답이 2022년 4월 57.3%에서 2023년 5월 49.0%로 8.3%p 줄어든 반면, 온라인 예배를 하는 교회로 아예 옮기겠다는 응답은 2022년의 4.3%에서 2023년에 12.0%로 7.7%p 증가했다. 이는 온라인 예배에 익숙한 성도들의 경우 온라인 예배의 편리함에 만족하기 때문에 여전히 온라인에 머물고자 하는 욕구가 크다는 것을 시사한다. 즉 SBNR 현상은 일부 축소가 될지언정 편리함에 대한 욕구가 존재하는 한 상당 비율을 차지하며 여전히 남아 있을 것이라는 예측이다.

이번 조사에서 SBNR이 2022년보다 7.2%p 줄었다는 것은 교인 감소를 걱정하는 교회 입장에서는 긍정적으로 평가할 수 있겠지만, 더 세부적으로 보면 오히려 심각성을 내포한다는 것을 알 수 있다. SBNR의 두 유형 가운데 첫 번째 유형인 교회 출석자 SBNR의 비율(비현장 예배자 비율)이 34.0%(2022년 4월)에서 24.5%(2023년 5월)

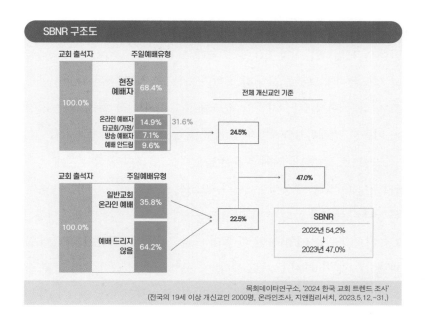

목회데이터연구소, '2024 한국 교회 트렌드 조사'
(전국의 19세 이상 개신교인 2000명, 온라인조사, 지앤컴리서치, 2023.5.12.~31.)

로 9.5%p 감소했는데, SBNR의 또 다른 유형인 가나안 성도 비율은 20.2%(2022년 4월)에서 22.5%(2023년 5월)로 오히려 2.3%p 증가했다. 사회적 거리두기 해제 이후 현장 예배 회복률이 높아지면서 교회 출석자 가운데 SBNR 비율은 줄었지만 다른 한편으로는 아예 가나안 성도가 된 비율이 높아진 것이다.

　가나안 성도는 탈교회화의 핵심적 현상이다. 탈교회화 현상은 종교가 제도적 형태에서 개인적인 형태로 변화하고 있음을 주장하는 '개인화'[13] 이론으로 설명하는데, 이는 신앙생활이 집합적 형태에서 개인적 형태로 이루어지며, 종교의 해석과 실천이 제도적 차원에서 주관적 차원으로 이동한다는 것을 의미한다.

　더 이상 제도적 교회의 관습과 지도를 개인의 신앙 해석과 실천의 표준으로 받아들이지 않는다. 그런데 한국 교회는 아직도 제도적 틀 안에서 '모범적인' 신앙 조건을 스테레오타입(stereo type)으로 정해놓고 성도들에게 그것을 요구하고 있다. 가나안 성도는 이에 대한 반발로 나타난 현상이다. 가나안 성도들은 교회 출석을 하지 않는 가장 큰 이유로 '얽매이기(구속받기) 싫어서'를 꼽았다.[14]

그러므로 SBNR의 전체 비율이 줄었다고 탈교회 현상이 지체 혹은 완화된 것이라고 단정짓기 어렵다. 오히려 가나안 성도의 비율이 증가한 것에 주목해야 한다. 가나안 성도들에게 향후 교회에 출석할 의향이 있는지 질문했을 때 '가능한 한 빨리 나가고 싶다'는 응답이 3.7%에 불과했고 '언젠가 다시 나가고 싶다'는 응답이 52.2%였다.[15] 이 둘을 합하면 교회에 나가고 싶다는 응답은 55.9%에 머물러, 가나안 성도의 절반에 가까운 사람들은 교회 복귀 의사가 없다는 것을 알 수 있다.

조속한 복귀 의향을 내비친 비율이 3.7%라는 결과는 가나안 성도들이 다시 교회로 돌아갈 마음이 있더라도 현실화될 가능성이 별로 없다는 것을 시사한다. 코로나로 급작스럽게 부상한 SBNR이 현장 예배 정상화에 따라 전반적으로 줄어들어 탈교회 현상이 지체되는 것처럼 보이지만 실제로 탈교회 현상은 위축되지 않았다고 말할 수 있다.

## 5. 무너진 소형 교회, 무너지는 중형 교회

앞서 코로나 이후 한국 교회 변화를 성도 개인의 측면에서 접근했다면 이번에는 교회 자체의 변화를 살펴보자. 먼저 지난 10여 년간 한국 교회 규모가 어떻게 변화했는지 대한예수교장로회(예장) 통합 교단 교세 통계자료를 통해 살펴본다.

| 교회 규모 | 2010년 | | 2019년 | | 2021년 | | 2010-2021년 | 2019-2021년 |
|---|---|---|---|---|---|---|---|---|
| | 교회수(개) | 구성비(%) | 교회수(개) | 구성비(%) | 교회수(개) | 구성비(%) | 구성비증감(%p) | 구성비증감(%p) |
| 30명 이하 | 1,942 | 23.8% | 3,095 | 33.8% | 3,542 | 37.6% | 13.8%p | 3.8%p |
| 31~50명 | 1,269 | 15.5% | 1,513 | 16.5% | 1,498 | 15.9% | 0.4%p | -0.6%p |
| 51~100명 | 1,564 | 19.2% | 1,508 | 16.5% | 1,479 | 15.7% | -3.5%p | -0.8%p |
| 101~300명 | 1,846 | 22.6% | 1,743 | 19.0% | 1,677 | 17.8% | -4.8%p | -1.2%p |
| 301~500명 | 545 | 6.7% | 436 | 4.8% | 405 | 4.3% | -2.4%p | -0.5%p |
| 501~1000명 | 462 | 5.7% | 409 | 4.5% | 415 | 4.4% | -1.3%p | -0.1%p |
| 1001명 이상 | 537 | 6.6% | 451 | 4.9% | 405 | 4.3% | -2.3%p | -0.6%p |
| 합계 | 8,165 | 100.0% | 9,155 | 100.0% | 9,421 | 100.0% | 0.0%p | 0.0%p |

**예장통합 교세 통계 (교인수별 교회수, 2010~2021)**

*2010/2019년: 목회데이터연구소, 「넘버즈」 제67호(2020.10.16.) '예장통합 교단 교세 통계 분석',
2021년 : 대한예수교장로회(통합) 홈페이지, '교세 현황',
http://www.pck.or.kr/bbs/board.php?bo_table=SM01_05&wr_id=1

2010년부터 2021년까지 11년간 30명 이하 소형 교회 비중이 23.8%에서 37.6%로 무려 13.8%p 증가했고, 2019년부터 2021년까지 코로나 기간 중에는 3.8%p 증가했다. 이는 다른 규모의 교회와 비교해 압도적으로 높은 증가율이다. 여기서 특이하게 발견되는 점이 한 가지 있다. 51~100명 구간과 101~300명 구간 교회가 지난 11년 사이 가장 많은 비율로 줄어들었다는 점이다. 51~100명 구간은 3.5%p, 101~300명 구간은 4.8%p 각각 줄었다. 그야말로 한국 교회 허리 지대가 줄어들고 있는 현상이다.

교회의 소형화 현상에 따라 일선 목회자들은 직감적으로 위험을 감지하고 있다. 이번 '2024 한국 교회 트렌드 조사'에서는 "귀하께서는 시무 교회가 앞으로 교인이 줄어서 과연 존립할 수 있을까 하는 생각을 한 적이 있습니까?"라고 질문했다. 62.8%의 담임목사가 '그런

| 교회 규모 | 사례수 (명) | 한번도 생각한 적 없다 | 별로 생각한 적 없다 | 가끔 생각했다 | 자주 생각했다 | 생각한 적 없다 | 생각했다 | 계 |
|---|---|---|---|---|---|---|---|---|
| 전체 | (500) | 15.8 | 21.4 | 43.2 | 19.6 | 37.2 | 62.8 | 100 |
| 29명 이하 | (162) | 9.5 | 14.1 | 43.8 | 32.6 | 23.6 | 76.4 | 100 |
| 30~99명 | (170) | 10.7 | 21.2 | 51.1 | 17.0 | 32.0 | 68.0 | 100 |
| 100~499명 | (121) | 18.1 | 33.6 | 40.9 | 7.4 | 51.7 | 48.3 | 100 |
| 500명 이상 | (47) | 49.9 | 16.0 | 18.7 | 15.4 | 65.9 | 34.1 | 100 |

**교회 존립을 걱정한 경험** (Base=담임목사, N=500, %)

목회데이터연구소, '2024 한국 교회 트렌드 조사'(담임목사 500명, 온라인조사, 2023.5.12.~31.)

생각을 했다'고 대답했다. 다른 교회 얘기가 아니라 자신이 시무하는 교회 존립에 대한 질문이었다.

특히 29명 이하의 작은 교회에서 시무하는 목회자는 76.4%, 30~99명 규모 교회의 목회자 역시 68.0%가 존립의 위험을 생각했다. 이 결과는 100명 이하 교회 담임목사들은 교회 존립의 위험성을 상당히 심각하게 느끼고 있다는 것을 보여준다. 100명 정도의 교회라면 한국 교회 전체 중 교인 수 기준 상위 40%를 차지하는 교회이다.[16]

또한 조사에서는 교회 존립을 생각했다는 이들에게 교회 존립의 위험이 언제 닥칠 것인지도 물었다. 이에 대해 '11~20년 사이'라고 대답한 이들이 31.2%로 가장 많았고, 그다음으로 '6~10년 사이'라고 대답한 이들이 30.3%였다. '3년 이내'라고 답한 이들도 6.6%나 되었고, '4~5년 이내'라고 대답한 이도 12.7%나 되었다. 즉 5년 이내 존립에 위험이 올 거라고 대답한 이들이 19.3%로 5개 교회 중 1개였다.

교회 규모별로 보면 29명 이하 작은 교회의 경우 14.0%가 3년 이내에, 그리고 21.6%가 4~5년 사이에 위험이 올 것으로 예상하고 있

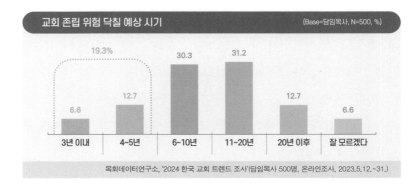

19.3%

6.6  12.7  30.3  31.2  12.7  6.6

3년 이내  4~5년  6~10년  11~20년  20년 이후  잘 모르겠다

목회데이터연구소, '2024 한국 교회 트렌드 조사'(담임목사 500명, 온라인조사, 2023.5.12.~31.)

어, 5년 이내 비율이 35.6%로 3개 교회 중 1개 이상이었다. 29명 이하의 작은 교회 중 약 30% 정도가 최악의 경우 5년 이내에 소멸될 가능성이 있다고 생각하고 있는 것으로 해석할 수 있다.

이에 대해 다양한 대안들이 나왔다. 작은 교회들이 통합하는 일이 많아졌다. 소위 교회 M&A이다. 작은 교회뿐 아니라 중형 교회들도 통합하는 사례들이 적지 않게 나왔다. 재정 압박을 견디지 못하고 교회당이 있는 교회와 임대 건물에 있는 교회가 통합하는 사례이다. 신선한 대안은 공유 교회의 등장이다. 한 공간에 작은 교회 여럿이 시간대별로 주일예배를 드리는 경우이다. 김포명성교회가 마련한 코워십 스테이션은 현재 1호점과 2호점이 있는데, 1호점에는 9개 교회가, 2호점에는 5개 교회가 공간을 공유하고 있다. 이런 모델이 여러 모양으로 확산하여 현재는 다양한 모델들이 나오고 있다. 이 같은 시도는 코로나 시대 교회가 존립 위기에서 만들어낸 지혜이자 대안이다.

그런데 여기서 생각해볼 지점이 있다. 과연 이렇게 어려운 상황에서 교회가 기존의 구조를 계속 끌고 갈 수 있을까 하는 것이다. 최근 지방에 있는 한 대형 교회를 찾은 적이 있다. 비슷한 이야기를 나누었을 때 담임목사의 이야기가 흥미로웠다. 교회가 속한 노회에 약 100개 가량의 교회가 있다고 한다. 그리고 그 가운데 큰 교회라고 할 수 있는 교회는 3개로, 이 세 교회가 나머지 교회들을 지원하고 있다고 한다. 아마 이런 현상은 이 노회만의 상황은 아닐 것이다. 대개의 노회들이 이렇게 극단적이지는 않더라도 비슷할 것이다.

예장통합 교단에서는 2022년 7월 자립 대상 교회가 전체 9,400여 개 교회 중 2,250개라고 밝힌 바 있다.[17] 약 24%에 해당한다. 예장통합은 이들 교회를 위해 2022년 한 해 동안 39개 노회에서 153억 원을 지원했다고 한다. 이는 월 평균 한 교회에 53만 원을 지급했음을 의미한다. 만약 이를 한국 교회 전체로 확대하고 교단 통계에 잡히지 않는 개별 지원까지 더하면 그 규모는 상상을 초월할 것이다.

실제로 이 교단의 교세 통계를 보면 2021년 기준 교인 50명 이하 교회가 전체 대비 53.5%였다.[18] 이들 교회는 외부 지원이 없으면 유지하기 어렵다고 봐야 한다. 외부 교회를 지원할 수 있다고 보이는 500명 이상의 교회는 약 8.6% 정도 된다.[19] 단순 비교를 해보면 8.6%의 교회가 53.5%의 교회를 지원해야 한다. 거기에 선교지와 기관까지 합치면 큰 교회들에 걸리는 부하(負荷)가 너무 크다. 그나마 예장통합이 타 교단에 비해 상당히 양호한 상황일 텐데도 말이다.

앞으로 한국 교회는 현재와 같은 구조를 유지하기 어려워 보인다. 더구나 이런 추세가 빠르게 진행되면 큰 교회들도 선의를 지속하기 어려울 것이다. 그렇다면 작은 교회들은 더 어려워진다. 교회 양극화는 더 심해질 것이고 무너진 작은 교회의 구조에 더해 중소형 교회 역시 버티기 어려울 것이다. 교회 밖 한국 사회가 이미 각자도생의 길을 걷듯 교회도 이제 각자도생의 시대를 걸어야 하는 것이다.


## 트렌드 전망 및 시사점

### 1. 전 교인이 바라볼 북극성이 있는가

성경 단어를 검색해보면 '전략'이라는 단어가 한 군데 나온다. 바로 잠언 24장 6절이다. "너는 전략으로 싸우라 승리는 지략이 많음에 있느니라." 기업에서는 전략이란 단어가 흔하게 사용되지만, 교회는 아직은 어색한 단어이다.

코로나 이후 목회자들이 관심을 갖는 사역 방향을 조사해보면 몇 가지 키워드들이 나온다. 소그룹, 부모교육, 교회학교, 연령별 교구 재편, 기후교회, 청년목회, 노인목회, 3040목회, 하이브리드목회 등이다. 중요하지 않은 사역이 없다. 하지만 이 모든 사역을 전부 할 수는 없다. 그래서 선택과 집중이 필요하다. 개교회만의 문화, 리더의 성향, 교인 구성, 목회자 역량과 철학 등을 종합적으로 고려해야 한다. 이런 과정을 통해 우리 교회가 가장 잘할 수 있는 사역, 한 가지에 집중하는 전략을 수립해야 한다. 교회의 비전과 목표를 세우고 우리 교회만이 가진 강점을 살려 차별화된 사역을 펼쳐나가는 것이다.

충남 논산의 한 교회는 교회학교에 승부를 걸었다. 전 교인 400명 중 교회학교 학생이 200명이다. 수요 저녁예배 때 학생들이 나오면 예배를 마치고 담임목사가 학생들에게 안수기도를 한다. 이런 안수기도 문화 때문에 교인들은 평일 저녁인데도 그들의 자녀를 교회에 보낸다. 교회학교에 사역을 집중하다보니 담임목사는 어른 이름은 못 외워도 학생 이름은 다 외운다. 교회는 2023년 아프리카에서 어린이 대상 1만 명 전도 집회를 계획하고 있다. 이 교회는 교회학교라는 '북극성'을 갖고 있다. 전 교인이 이 북극성(polaris) 한 곳을 바라본다. 이렇게 교인을 한 방향으로 정렬하게 만들고 교회를 하나로 만들었다. 작은 교회든 큰 교회든 그 교회만의 '북극성'을 만드는 것, 그것이 교회 리빌딩의 조건이 될 것이다.

## 2. 성도들의 다양한 욕구에 대응

오늘의 시대는 파편화되고 개인이 확장되는 '슈퍼 개인'의 시대라 불린다. 이런 초개인주의 환경은 교회에도 영향을 끼친다. 코로나로 인한 변화 중 하나는 성도 개인의 신앙적 수준과 욕구의 다양화였다. 개신교인이 교회에 출석하는 교인과 가나안 성도로 구분되고, 1인 가구, 유자녀 가구, 무자녀 가구로 구분되며, 교회 출석 교인도 예배 형태에 따라 현장 예배자, 온라인 예배자, 두 경우를 혼합하는 예배자 등으로 구분된다. 신앙 수준도 제각각이다. 신앙생활을 하는 이유가 구원과 영생도 있지만 마음의 평안을 위해서도 있다.[20] 신앙성장에 도움을 받는 요인으로 설교도 있지만 가족과 미디어 등도 있는 등 다양하다.[21]

종교 인구가 줄어드는 탈종교화 현상을 설명하는 이론 가운데 '합리적 선택' 이론이 있다. 해당 이론에 따르면 인간에게는 사라지지 않는 근원적인 종교적 욕구가 있는데 이 욕구를 특정 종교에서 충족받지 못할 때 사람들은 그 종교를 벗어난다는 주장이다. 성도들의 종교적 욕구는 다양해지는데 교회가 이를 충족시켜주지 못하기 때문에 성도 수가 줄어든다고 해석할 수 있다.

성도들의 다양한 욕구에 대응하기 위해서는 그들의 신앙적 유형의 다양성과 욕구를 먼저 파악해야 한다. 연령대별, 성별, 신앙 수준별, 개인별 성향에 따라 신앙적 욕구 차이가 다양하게 나타나는데, 이 다양성을 파악하지 못한다면 교인들은 교회 밖으로 눈을 돌리게 된다. 그것이 때로 교회를 떠나거나 요가(yoga)와 같은 다른 영성에 주의를 기울이거나 아니면 이단에 빠지는 것으로 나타난다. 실제 이단이 정통교회 교인을 파고드는 지점도 바로 교회가 교인들의 부족한 부분을 채워주지 못해 교인들이 결핍을 느끼는 순간이다. 그러므로 교회 리빌딩은 성도들의 다양한 욕구를 파악하는 데서부터 출발해야 한다.

### 3. 평신도 역할의 확대

변화하는 목회 환경은 평신도와 함께하는 목회를 지향하도록 요구한다. 지금껏 경험해보지 못했던 환경 변화에 대응하기 위해서는 목회자 개인의 역량만으로는 부족하다. 교인들의 신앙적 욕구가 워낙 다양해 목회자 한 사람이 이에 모두 대응하기는 한계가 있다.

이런 측면에서 평신도의 역할 확대가 시급하다. 사실 평신도의 중요성과 역할에 대해 강조하는 것은 어제오늘의 일이 아니다. 하지만 그런 논의 대부분이 목회자를 보조하는 역할로 그쳤다. 즉 목회자의 선택과 계획을 실천으로 옮기는 '일꾼'의 이미지였다.

하지만 교인들이 다양해지는 현실에서 목회자와 평신도의 수직적 관계로는 환경 변화에 적절히 대응하지 못한다. 이제 목회자와 평신도의 관계는 수평적 관계로 이어져야 한다. 이는 목회자가 자신의 권한과 책임을 평신도와 공유하는 데까지 이어져야 한다는 뜻이다. 흔히 '설교와 목양은 목회자, 행정은 장로'라는 식의 영역 구분을 말하는 것이 아니다. 설교, 목양, 교회 행정이 모두 목회를 구현하는 수단이라고 한다면 이 영역은 명확히 구분하기 어렵다.

이제는 다양한 사안별로 목회자와 평신도 간 역할 구분과 협력 관계를 강구해야 한다. 사안에 따른 전문성 혹은 역량과 여건에 따라 목회자와 평신도가 그 역할을 적절히 분담해야 한다. 종교개혁이 사제와 평신도의 신분적 차이를 없앤 것이라면 이제는 목회자와 평신도의 역할 관계 재정립이 필요한 시기라고 할 수 있다.

## 4. 개인 맞춤형 신앙 콘텐츠 지원

이제 교회도 과거처럼 사람을 하나로 묶어내는, 그래서 집단으로 이루어내는 역동성의 목회를 하기 어려울 것이다. 개인주의에 영향을 받은 교인들의 원하는 바가 모두 다르기 때문이다. 문제는 이들의 기대를 어떻게 맞출 것인가이다. 많은 방법이 있겠지만 유튜브가 진행하는 방식을 제안한다. 다양한 콘텐츠를 내놓고 사람들이 선택하도록 하는 것이다. 팬덤이 형성되어 움직임이 있으면 더 진행하고, 사람들이 안 모이면 부담 없이 도태시키는 것이다. 과거에는 프로그램 하나의 성패가 목회에 영향을 주었지만 이제는 그런 부담이 없다. 과거에는 50명은 모여야 성공했다고 하는 기준이 있었다면, 지금은 10명, 그것도 많으면 5명을 대상으로 하는 프로그램을 만들어야 한다. 그렇게 해서 사람이 더해지면 좀 더 발전시키면 된다.

이를 위해서는 비용과 자원을 최소화해야 한다. 장소도 군이 교회가 아니어도 된다. 온라인을 이용하는 방법이 가장 적합하다. 그런 의미에서 교회 교역자에게 심방용 미니버스뿐만 아니라 언제나 온라인 상태가 가능한 태블릿이나 노트북 컴퓨터를 제공하는 것도 필요하다.

이뿐만 아니라 다양한 자원봉사자들을 개발해야 한다. 성경공부도 목회자 혼자 독점할 필요 없이 교인들을 세워야 한다. 더 나아가 기존에 제공하는 온라인 프로그램을 이용하고, 지도자가 토론을 이끌어 가도 좋다.

현재 유튜브뿐 아니라 '퐁당' 같은 기독 콘텐츠를 제공하는 플랫폼을 이용하는 것도 한 방법이다. 신앙 활동은 개인이, 나눔은 현장이나 온라인으로 하는 것도 좋다. 이처럼 기독교 플랫폼을 통해 자신에게 맞는 콘텐츠를 활용하여 스스로 신앙생활을 하는 기독교인을 'OTT 크리스천'이라 부른다(이 책 3장에서 OTT 크리스천에 대해 구체적으로 다루고 있다). 개인화된 교인들을 상대로 하는 사역은 과거와 같은 역동성에 기반한 교회가 아니라 조금은 느슨한 형태의 개인간 연합으로 방향을 잡아야 한다.

코로나는 한국 교회에 카운터펀치를 날렸다. 안 그래도 교인 수가 급감하고 있었고, 작은 교회를 넘어 중형 교회까지 위험 신호가 감지되고 있었다. 이제 한국 교회 전체적으로 구조 조정이 필요한 때이다. 지금과 같은 구조로는 줄어가는 교세를 막을 방법이 없다. 뼈를 깎는 자기혁신이 불가피하다. 이것이 바로 교회 리빌딩이다. 2024년! 한국 교회가 이 리빌딩에 성공하느냐 그렇지 못하느냐가 미래 한국 교회의 명암을 가를 것이다.

## 02

# Loneliness
# in Church

# 외로운 크리스천

외로움이 사무친 시대다. 주위에 외롭고 고립된 사람들이 많지만, 그들은 잘 보이지 않는다. 그들의 마음은 공허하고 힘들다. 코로나19 팬데믹은 언택트의 뉴노멀화를 뿌리내렸고, 거리두기라는 단절 속에서 인간관계는 얕아졌다. 게다가 세계적 경제 불황과 불평등의 심화, 각자도생의 위기 속에 '혼밥'은 일상어가 됐고 '먹방'은 이 시대 한국을 상징하는 세계적 아이콘이 되었다. 증가하는 1인 가구 속에서 사람들은 혼밥을 기꺼이 즐기며 유튜브 먹방을 보면서 대리 만족을 찾는다. 하지만 그 즐거움이나 만족은 찰나적이다. 자유와 고독을 즐긴다고 하지만 주변에 함께하는 사람이 아무도 없는 현실 속에 우울감은 증가한다.

경제적 빈곤은 사람들이 살아가려는 욕망을 파괴한다. 빈곤은 먹고 마시며 여행하는 여유와 재미를 앗아간 채 생계라는 돌을 어깨에 받치고 끝없는 노동을 반복하며 하루하루를 살게 한다. 경제적 심리적 고립의 비극적 결말에는 고독사라는 어두운 그림자마저 도사리고 있다. 사회 경제적으로 어쩔 수 없이 고립되어서 느끼는 외로움은 단순한 감정의 차원이 아니다. 이런 상태가 길어지면 심리적 우울과 불안, 분노가 쌓이고 신체적으로도 다양한 질병을 초래한다.

크리스천 역시 외롭다. 종교를 가지지 않은 사람들과 크게 다르지 않다. 크리스천도 사회 경제 구조 속에서 살아가기 때문에 외로움을 느낀다. 심지어 교회 안에서조차 외롭다. 외로움을 떨치려는 방법도 신앙 활동이 일순위가 아니었다. 2024년 한국 교회는 교회 안의 외로운 신자부터 돌봐야 하는 상황에 직면해 있다. 마음 터놓고 이야기할 사람도, 같이 식사하거나 차를 마실 사람도 없는 신자들이 많았다. 그동안 나타나지 않았던 '외로운 크리스천'의 등장이다.

에드워드 호퍼(Edward Hopper) 밤을 지새우는 사람들　　　　　　　　　　　　　　Alamy 스톡

## 외로움 전성시대

　　20세기 미국의 대표 화가 에드워드 호퍼(Edward Hopper)의 작품 '밤을 지새우는 사람들'(Nighthawks)은 독특한 분위기를 자아낸다. 뉴욕 맨해튼 그리니치 빌리지 거리는 텅 비어 있고 불이 환하게 켜진 길모퉁이 레스토랑에는 네 명의 사람들만 앉아 있다. 그런데 사람들 모두 각자의 생각에 잠겨 있다. 3명의 손님들은 거리를 두고 있고 무언가 자기 세계에 골똘히 빠져 있다. 종업원 역시 어딘가 응시하고 있다. 함께 앉아 있는 남녀도 대화는 하지 않는다. 레스토랑 내부의 조명은 밝지만 조명 아래 그림자는 깊게 드리워진다. 아무도 없는 거리에 고립감과 외로움만 묻어난다.[1]

　　호퍼의 작품에 등장하는 인물들은 고독한 사람들이 많다. 주로 각자의 자리에서 특별한 행동을 하지 않는 것이 특징이다. 창문 밖을

내다보거나 반쯤 마신 커피잔을 응시하거나 침대 가장자리에 걸터앉아 상념에 잠겨 있다. 그림 속 주인공들은 마치 우리가 보고 있는 것을 알지 못하는 것처럼 보인다.

외로움은 호퍼의 그림에만 등장하지 않는다. 우리의 현실에서도 외롭고 고립된 사람들이 많다. 미국, 유럽, 일본, 한국 등 국적을 가리지 않는다. 코로나를 겪은 3년 동안 언택트의 뉴노멀화, 관계 단절 속에서 세계적 경제 불황과 불평등 심화, 각자도생의 위기의식 속에 1인 가구와 혼밥, 기러기 아빠 등은 일상어가 됐다. 고립의 비극적 결말에는 고독사(孤獨死)라는 어두운 그림자마저 도사리고 있다.

스스로 선택한 고독은 사색의 기회나 자유, 해방, 성숙의 시간이 될 수 있다. 하지만 사회 경제적으로 어쩔 수 없이 고립되면서 느끼는 외로움은 그 차원이 다르다. 이런 상태가 길어지면 심리적 우울증이나 불안, 분노가 상승하고 신체적으로도 근육통과 소화 장애, 심혈관계 질환을 초래한다고 전문가들은 공통적으로 말한다. 세계적으로 영국은 외로움 담당 장관을 두고 있고, 일본도 지난해 2월 고독 고립 담당 장관을 임명하면서 이 문제를 국가적으로 다루게 된 것도 이런 흐름과 무관하지 않다.

우리나라에서도 여러 조사나 통계에서 확인되는 것처럼 외롭다고 느끼는 사람들이 늘고 있다. 2022년 7월 2일 시장조사 기업인 엠브레인 트렌드모니터에 따르면 한국 성인 54.6%가 '나는 평소 일상생활에서 외로움을 느낀다'고 답했다. 또 87.7%가 '사회 전반적으로 외로움을 느끼는 사람이 많다'고 답해 한국 사회 전체에 외로움 수준이 높은 것으로 나타났다.[2] 조사 결과 한국인들은 대부분 자신이 속한 연령대별로 외롭다고 응답했다. 이는 외로움이 노인 등 특정 세대에 국한된 문제가 아니라는 점을 드러낸다. 특히 20~30대와 1인 가구는 10명 중 6명 이상이 외로움을 느낀다고 답했다.

국민일보가 2023년 1월 31일 조사전문기관인 피앰아이와 공동으로 실시한 '외로움 척도 지수와 종교 상관 관계'에서도 우리나라 국민의 외로움 정도가 높다는 것을 다시 한번 확인했다. 조사 결과 4명 중 1명꼴로 치료가 필요할 정도의 외로움을 느끼는 것으로 드러났다.[3]

조사는 전국의 19세 이상 일반 국민 2,000명을 대상으로 했는데 그 결과 한국인의 평균 외로움 지수는 80점 만점에 42.2점으로 나타났다. 이 수치가 일상생활을 위협하는 수준은 아니지만 통상 43점 이상이면 외로운 것으로 간주할 때 한국인은 대부분 외로움에 근접해 있는 것으로 나타났다. 조사에서는 50점 이상의 외로움을 겪는 비율이 26.5%였다. 이는 당장 의료적 조치가 필요한 경우다. 우려할 만한 수준은 아니지만, 중증도 외로움(35~49점)을 겪는 비율도 47.1%였다.

외로움 지수는 1978년 개발된 'UCLA 외로움 척도' 방식을 따른다. 이 방법은 외로움이라는 주관적 감정을 측정하는 정량적 도구다. 총 20개 문항으로 구성되어 응답자가 얼마나 타인과 연결되고 남에게 지지와 관심을 받는다고 느끼는지, 또 얼마나 타인으로부터 배제되고 고립되고 오해받는다고 느끼는지를 알 수 있다.

합산한 점수가 50~64점이면 상담 등 의료적 치료가 필요한 경우이며, 65~80점은 고단계 외로움으로 당장 치료와 조치가 필요하다. 다음 표에 따라 체크해보라. 여러분은 어떤 결과가 나왔는가?

2024년 한국 교회는 바로 이 같은 한국 사회의 외로운 현실 속에

## 외로움 지수

| | 전혀 그렇지 않다 | 거의 그렇지 않다 | 이따금 그렇다 | 자주 그렇다 |
|---|---|---|---|---|
| 얼마나 자주 내 주변 사람과 마음이 잘 맞는다고 느낍니까 | 4 | 3 | 2 | 1 |
| 얼마나 자주 내 주변에 사람이 별로 없다고 느낍니까 | 1 | 2 | 3 | 4 |
| 얼마나 자주 내가 의지할 사람이 아무도 없다고 느낍니까 | 1 | 2 | 3 | 4 |
| 얼마나 자주 혼자라고 느낍니까 | 1 | 2 | 3 | 4 |
| 얼마나 자주 내가 친구들 무리에 끼어 있다고 느낍니까 | 4 | 3 | 2 | 1 |
| 얼마나 자주 주변 사람과 공통점이 많다고 느낍니까 | 4 | 3 | 2 | 1 |
| 얼마나 자주 이제 어느 누구와도 가깝지 않은 것 같다고 느낍니까 | 1 | 2 | 3 | 4 |
| 얼마나 자주 내가 사교적이고 친근한 사람이라고 느낍니까 | 1 | 2 | 3 | 4 |
| 얼마나 자주 내 관심사와 생각을 주변 사람들과 나누고 있다고 느낍니까 | 4 | 3 | 2 | 1 |
| 얼마나 자주 사람들이 나와 가깝게 느껴집니까 | 4 | 3 | 2 | 1 |
| 얼마나 자주 내가 외톨이 같다고 느낍니까 | 1 | 2 | 3 | 4 |
| 얼마나 자주 내가 다른 사람들과 의미 있는 관계를 맺고 있다고 느낍니까 | 1 | 2 | 3 | 4 |
| 얼마나 자주 나를 정말로 잘 아는 사람은 아무도 없다고 느낍니까 | 1 | 2 | 3 | 4 |
| 얼마나 자주 내가 다른 사람들로부터 고립되어 있다고 느낍니까 | 1 | 2 | 3 | 4 |
| 얼마나 자주 내게 누군가 필요할 때 언제나 함께 있어줄 사람이 있다고 느낍니까 | 4 | 3 | 2 | 1 |
| 얼마나 자주 나를 진정으로 이해해주는 사람들이 있다고 느낍니까 | 4 | 3 | 2 | 1 |
| 얼마나 자주 수줍음을 느낍니까 | 1 | 2 | 3 | 4 |
| 얼마나 자주 내 주변 사람들이 나와 함께 있지 않은 것 같습니까 | 1 | 2 | 3 | 4 |
| 얼마나 자주 내가 함께 대화를 나눌 사람들이 있다고 느낍니까 | 4 | 3 | 2 | 1 |
| 얼마나 자주 내가 의지할 수 있는 사람들이 있다고 느낍니까 | 4 | 3 | 2 | 1 |

서 교회 사역과 목회 방향을 맞춰야 할 것으로 보인다. 외로움과 고립감 속에서 고통받는 사람들에게 다가가 치유해야 함은 분명하다. 외로움은 전염성이 강한 사회적 질병이다. 개인의 문제로 치부하기에는 사회적 연결과 관련이 깊다. 사람과 사람이 함께하고 서로 의지하며 돌볼 때 외로움이나 고립감을 막을 수 있다.


## 등장 배경


### 1. 신자유주의와 경제 불황

《고립의 시대》(웅진지식하우스)의 저자 노리나 허츠(Noreena Hertz)는 "외로움은 정신 건강의 위기뿐 아니라 신체 건강을 위협하며 경제적, 정치적 위기이기도 하다"라고 말했다.[4] 왜 우리는 외롭고 소외되고 고립되는 걸까. 여기에는 다양한 원인이 작용한다. 각자 삶의 방식과 업무 환경의 급격한 변화, 도시로의 대규모 이주, 관계의 변화 등이 꼽힌다.

스마트폰을 통한 소셜미디어(SNS) 환경도 외로움을 일으키는 원인 중 하나다. 이웃을 향한 관심을 빼앗고 타인의 행복한 모습과 일상에 열광하면서 '좋아요'나 '팔로우'에 종속된다. 부부나 연인도 마주 앉아 있지만 대화 대신 고개를 숙인 채 휴대폰만 응시한다.

---

**외로움과 고립감**
(Lonely and Isolated)

외로움과 고립감을 개인의 문제로 치부하기에는 사회적 연결과 관련이 깊다. 개인적 문제가 아니라 사회적 문제인 것이다. 전염성이 강한 사회적 질병인 외로움과 고립감은 사람과 사람이 함께하고 서로 의지하며 돌볼 때 막을 수 있다.

---

외로움과 고립감에 빠진 사람들이 많다. 개인의 자유를 그 어느 때보다 보호받는 시대이지만, 아이러니하게도 사람들은 즐거움을 느끼지 못한다. 그리스도인도 이 부분에서 예외는 아니다.

허츠는 이 같은 21세기적 외로움 위기의 이념적 토대가 된 것은 가혹한 자본주의 체제, 즉 신자유주의 이념이 득세한 1980년대로 거슬러 올라간다고 분석한다.[5] 신자유주의란 국가 권력의 시장 개입을 비판하고 시장의 기능과 민간의 자유로운 활동을 중시하는 이론이다. 1970년대부터 케인스 이론을 도입한 수정자본주의의 실패를 지적하고 경제적 자유방임주의를 주장하면서 본격 대두됐다.[6]

신자유주의는 자유방임 경제를 지향함으로써 비능률을 해소하고 경쟁 시장의 효율성 및 국가 경쟁력을 강화하는 긍정적 효과가 있는 반면, 불황과 실업, 그로 인한 빈부격차 확대, 시장개방 압력에 따른 선진국과 후진국 간의 갈등 초래라는 부정적인 측면도 나타난다.

그렇다면 신자유주의는 어떻게 외로움을 증폭시키는 기저가 된 것일까? 전 세계에서 부의 불평등이 심화되었기 때문이다. 또 기업과 금융 권력의 확대로 고용 조건이 재편되면서 사람들은 안정감을 상실하며 무한 경쟁 체제 속에 내몰렸다. 그 결과 사람들은 멈추지 않는 경쟁 속에서 공동체와 타인의 이익보다는 자신의 이익만을 추구하게 되었다.

이러한 세계적 흐름은 한국인들의 가치관 속에도 깊이 스며들어 물질적 가치관을 뿌리내리게 했다. 한국인들의 행복 추구는 경제적 만족도와 관계가 깊다. 미국 여론조사 기관인 퓨리서치가 2021년 11월 전 세계 17개 경제선진국 국민 18,850명을 대상으로 삶에서 가장 가치 있게 생각하는 것이 무엇인지 조사했는데 그 결과 한국만 유일하게 '물질적 행복'을 1위로 꼽았다. 건강(17%)이나 가족(16%), 일반적 만족감(12%), 사회, 자유(각각 5%)는 그다음 순위였다. 대부분의 국가에서도 '물질적 행복'은 5위 이내였지만 한국만 1위였다. 17개국 중 절대다수인 14개국에서 '가족'이 1위를 차지한 것과는 대조적이다. [7]

이처럼 한국인은 세계 어느 나라보다 강한 물질적 가치관을 가지고 있다 해도 과언이 아니다. 물질적 가치관은 코로나 기간을 통과하면서 건강에 대한 염려나 불투명해진 미래로 더 강화됐고 이어진 경제 불황 속에서 더욱 공고해졌다고 할 수 있다. 재화가 주는 안정감을 통해 삶의 행복을 추구하려는 욕망이 거세진 것이다.

문제는 재화 자체를 충분하게 얻을 수 없는 현실 속에서 상대적 박탈감과 불만족이 필연적으로 따른다는 점이다. 그로 인한 외로움이나 고립감은 자연스러운 결과다. 지난해 12월 문화체육관광부는 '한국인의 의식 및 가치관 조사' 결과를 발표했다. '소득과 재산에 대한 만족'에 대해 38.9%가 '만족한다'고 응답했다. 국민 10명 중 4명만 소득과 재산에 만족한다고 답했을 뿐 나머지는 불만족한 상황이다. 자신의 가정 경제 수준도 '중산층보다 낮다'가 57.6%로 나타났다.

상대적 박탈감과 불만족이 팽배해 있음을 알 수 있다.

## 2. 1인 가구 증가와 고독사

통계청에 따르면 국내 1인 가구 수는 2021년 700만 가구를 돌파해 현재 720만여 가구에 이른다. 전국 가구 수에서 1인 가구가 차지하는 비율은 33.4%로, 2인 가구(28.3%)와 3인 가구(19.4%), 그리고 4인 가구(14.7%)보다 많은 것으로 나타났다. 세 집 중 한 집은 혼자 산다는 의미다.[8]

1인 가구의 급격한 증가는 취업이나 주거 문제, 고령화, 개인주의 확산, 혼인율 저하 등이 복합적으로 작용했다. 향후 1인 가구는 더 늘어나 2050년경에는 전체 가구 중 39.6%에 이를 것이라고 통계청은 예측한다. 슬픈 시대다. '나 혼자 산다'는 가구가 계속 늘고 있다.

1인 가구는 두 종류의 집단으로 나뉜다. 한 부류는 부모와 함께 살다가 분가한 청년 1인 가구, 또 다른 부류는 배우자나 자녀와 함께 살다가 혼인 상태의 변화나 자녀 독립으로 1인 가구가 된 경우로 볼 수 있다. 1인 가구의 혼인 상태는 미혼(50.3%), 사별(20.5%), 이혼(16.1%), 배우자 있음(13.2%) 순으로 나타났다. 1인 가구 중 절반(50.3%)이 미혼이다.

1인 가구의 모습은 더욱 바뀔 예정이다. 노년층 비중이 점차 높아진다. 저출산 고령화에 따라 2035년이 되면 4명 중 1명이 '빈 둥지 노인'이 될 가능성이 크다. 2005년 17.3%에 불과했던 70세 이상 1인 가구 비율은 2050년에는 42.9%까지 증가할 전망이다.[9]

노년층의 1인 가구 증가는 가장 취약한 형태이기도 하다. 과거에는 주로 배우자와의 사별로 홀로된 세대들, '독거노인'이라는 이름으로 사회에서 관심을 가져야 할 취약 계층이었다. 하지만 최근에는 자녀들이 경제적으로 어려워지면서 도움을 줄 정도로 여유가 없거나 함께 살기를 거부하면서 어쩔 수 없이 노인 혼자 살게 되는 경우가 많다.

부모로부터의 독립을 원하거나 자유를 향한 갈망, 결혼할 필요가 없다는 인식으로 1인 가구를 택하는 청년들, 그리고 경제적 어려움 등으로 1인 가구가 되는 이들 노년층에게는 외로움과 고립감이 어쩔 수 없이 따라온다. 여성가족부가 실시한 '2020년 가족실태조사' 결과를 보면 1인 가구는 평소 어려운 점으로 '균형 잡힌 식사를 하기 어렵다'(42.4%), '아프거나 위급할 때 혼자서 대처하기 어렵다'(30.9%) 등을 호소했다. 몸이 아프거나 불편하면 마음도 따라서 아프고 우울해질 수밖에 없다.

1인 가구 증가는 자연히 사람 사이의 유대감을 사라지게 한다. 이는 고독사 증가로 이어지는 사회적 원인이 되기도 한다. 1인 가구는 계속 늘어나는데다가 코로나19 이후 우울감을 느끼거나 경제적 타격을 입은 사람이 적지 않은 만큼 효과적인 대책이 없다면 고독사 증가 추세가 더 빨라질 것이라는 우려가 나온다.

최근 서울시에서 임대주택, 고시원 등 주거 취약 지역에 거주하는 1인 가구 8만 4,500가구를 조사한 결과 무려 5만 2,700가구가 고독사 위험군으로 분류된다고 발표했다. 취약 지역 1인 가구 중 62.4%가 고독사 가능성이 높다는 것이다.[10]

보건복지부 관계자는 "혼인이나 부양에 대한 가치관이 변하면서 1인 가구가 늘고 있다"며 "가족 결속력이 떨어지고 주변 환경이 변하면서 단절이 많아진 것이 고독사가 증가하는 이유로 분석된다"고 말했다.

## 크리스천도 외롭다

"교회에 다니고 있어도 외로움을 느낍니다. 예배 도중 인사를 해도 그때뿐입니다."

"주일예배만 주로 참석하는데 구역 모임 참석을 안 해서 그런지 아무도 말을 걸어주지 않네요. 가끔씩 외롭다고 느낍니다."

크리스천은 어느 정도 외로움을 느낄까? 신앙이 있으니 종교가 없는 사람보다는 덜하지 않을까?

하지만 결과는 예상 밖이었다. 크리스천 역시 외로움을 느끼고 있었다. 기독교인의 실제 외로움 정도를 알아보기 위해 목회데이터연구소는 2023년 5월 12일부터 31일까지 19세 이상 전국 개신교인 2000명을 대상으로 외로움을 주제로 설문조사를 실시하여 요즘 외로움을 얼마나 느끼는지를 물었다.

조사 결과 개신교인 10명 중 절반 가까이(46.2%)가 외로움을 '느낀다'고 답했다. 구체적으로는 '크게 느낀다'(5.4%), '어느 정도 느낀다'(40.7%)로 나타났으며, 느끼지 않는다고 답한 그룹(53.8%)은 '별로 느끼지 않는다'(42.2%), '전혀 느끼지 않는다'(11.6%)로 조사됐다.

외로움 정도는 계층별로 차이를 보이는데, 가구원 수별로 1인 가구

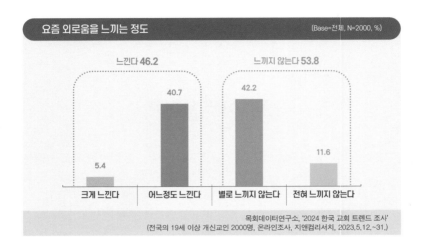

요즘 외로움을 느끼는 정도 (Base=전체, N=2000, %)

느낀다 46.2 | 느끼지 않는다 53.8

5.4 크게 느낀다
40.7 어느정도 느낀다
42.2 별로 느끼지 않는다
11.6 전혀 느끼지 않는다

목회데이터연구소, '2024 한국 교회 트렌드 조사'
(전국의 19세 이상 개신교인 2000명, 온라인조사, 지앤컴리서치, 2023.5.12.~31.)

(58.8%), 2인 가구(37.5%), 3인 이상 가구(46.5%)로 혼자 사는 크리스천이 외로움을 가장 크게 느끼고 있었다.

결혼 여부에 따라서도 외로움을 느끼는 정도가 달랐다. 미혼은 53.5%로 나타났고 기혼은 이혼 및 사별을 포함해 43.5%로 미혼자가 기혼자보다 외로움 정도가 컸다. 자녀 유무에 따라서도 외로움 정도가 달랐는데, 유아 및 고등생 자녀가 있는 경우 52.5%, 자녀가 없는 경우는 37.1%가 외로움을 느낀다고 답해, 자녀가 있으면 외로움 정도가 더 큰 것으로 조사됐다. 의학계에서는 통상 자녀들이 부모 곁을 떠나는 나이를 10세 이후로 본다. 미성년 자녀가 부모와 함께 살고 있더라도 부모 입장에서는 외로움을 감소시키는 요인이 아닌 것이다.

교회 출석 여부에 따라서도 외로움을 느끼는 정도가 달랐다. 교회에 출석하는 경우 44.5%가 외로움을 느낀다고 답한 반면, 출석 교회가 없는 가나안 성도의 경우는 51.9%가 외로움을 느낀다고 답해, 교회에 나가는 경우가 외로움 정도가 낮았다. 주일예배 참석 여부도 차이를 나타냈다. 매주 주일예배에 참석하는 경우 41.2%가 외로움을 느낀다고 답했다. 그러나 월 1회 주일예배에 참석하는 사람은 64.9%나 외로움을 느낀다고 답해 주일예배 참석 빈도와 외로움을 느끼는 정도는 상당한 관계가 있는 것으로 나타났다. 예배 참석 형태도 외로움 정도를 갈랐다. 출석 교회 현장 예배에 참석하는 경우 43.5%가 외로움을 느낀다고 응답했으며, 타교회 온라인 예배에 참여하는 경우는 53.8%의 응답자가 외로움을 느낀다고 답했다.

소그룹 참여 여부도 외로움 정도에 차이를 보였다. 소그룹에 자주 참여할 경우 39.7%가 외롭다고 응답한 반면, 참여를 안 하는 편인 경우는 54.4%로 외로움 정도가 크게 높아져, 서로 대면해 말씀과 삶을 나누는 소그룹이 외로움을 감소시키는 확실한 요인이 되고 있는 것으로 나타났다. 영적 갈급함도 외로움을 느끼는 정도에 영향을 미쳤다. 영적 갈급함이 있는 경우는 48.7%가 외로움을 느낀다고 응답했으며, 없는 경우는 42.0%로 나타나 영적 갈급함이 있는 사람이 외로움을 더 느끼는 것으로 조사됐다.

설문에서는 경제적 상황에 따라 외로움을 느끼는 정도도 물었는데 경제적 상황이 어렵다고 응답한 사람의 52.8%가 외로움을 느낀다고 답했다. 반면 경제적 상황이 어렵지 않다고 응답한 사람은 29.6%가 외로움을 느낀다고 답해, 경제적 상황에 따라 외로움을 느끼는 정도가 거의 두 배 정도 차이가 나는 것으로 조사됐다. 이는 개신교인 역시 경제적 어려움이 외로움이나 고립감 형성에 큰 영향을 미치고 있음을 알 수 있는 대목이었다.

## 1. 경제적 어려움이 외로움을 만든다

"지난해 은퇴했지만, 빚이 많아서 주말 알바를 하고 있어요. 배달 일을 하는데 한밤이나 새벽에 문득 외로워집니다. 기도도 잘 안 되고요."

개신교인의 46.2%, 즉 절반 가까이가 외로움을 느낀다는 점은 신앙 유무나 신앙 연조와 상관이 없는 것으로 해석할 수 있다. 통상 신앙이 있으면 외로움을 덜 느끼고 교회 공동체 속에 있으니 외로움을 덜 느낀다고 인식하기 때문이다. 이는 국민 전체 평균(54.6%)보다는 낮지만, 신앙을 가진 사람들이 외로움을 이 정도로 크게 느낀다는 점은 예상치 못한 점이다.

설문조사에서는 개신교인이 외로움을 느끼는 이유를 물었다. 이에 대해 가장 많이 나온 답변은 '경제적 여유가 없어서'(22.9%)였다. 이어 '마음을 터놓을 사람이 없어서'(18.7%), '딱히 만날 사람이 없다는 느낌이 들어서'(15.5%), '그냥 세상에 나 혼자 있는 듯한 느낌이 들어서'(14.4%), '미래에 대한 희망이 없어서'(9.9%), '다른 사람들과의 관계가 단절된 느낌이 들어서'(8.2%), '다른 사람들의 행복한 모습과 비교돼서'(7.7%) 순으로 나타났다(중복응답).

개신교인들의 외로움 원인 1위가 경제적 이유라는 것은 개신교인 역시 우리 사회의 경제적 상황에 크게 영향을 받는다는 것을 방증한다. 동시에 교회가 신자들의 경제적 어려움을 해결하고 돕는데도 사역의 주안점을 둬야 할 필요성이 있는 것으로 보인다.

경제적 어려움은 한국인들의 공통적 어려움이자 고민이기도 하다.

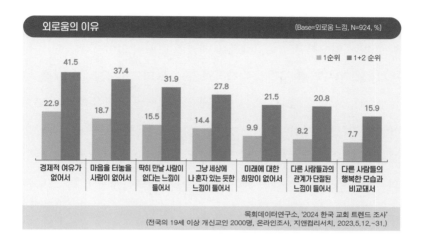

외로움의 이유

(Base=외로움 느낌, N=924, %)

■ 1순위  ■ 1+2 순위

| | 1순위 | 1+2순위 |
|---|---|---|
| 경제적 여유가 없어서 | 22.9 | 41.5 |
| 마음을 터놓을 사람이 없어서 | 18.7 | 37.4 |
| 딱히 만날 사람이 없다는 느낌이 들어서 | 15.5 | 31.9 |
| 그냥 세상에 나 혼자 있는 듯한 느낌이 들어서 | 14.4 | 27.8 |
| 미래에 대한 희망이 없어서 | 9.9 | 21.5 |
| 다른 사람들과의 관계가 단절된 느낌이 들어서 | 8.2 | 20.8 |
| 다른 사람들의 행복한 모습과 비교돼서 | 7.7 | 15.9 |

목회데이터연구소, '2024 한국 교회 트렌드 조사'
(전국의 19세 이상 개신교인 2000명, 온라인조사, 지앤컴리서치, 2023.5.12.~31.)

2023년 1월 한국기독교목회자협의회(한목협)가 실시한 '한국인의 종교생활과 신앙의식' 조사 결과[11]는 이를 분명하게 보여줬다. 조사 결과에 따르면 개신교인이나 비개신교인 모두 가장 큰 고민은 '경제적 어려움'(각각 31.9%/37%)이었다. 개신교인이 비개신교인보다는 덜했지만, 어쨌든 가장 큰 고민이 경제적 어려움이라는 점은 기독교인들이 얼마나 경제 문제 때문에 힘들어하는지 보여준다. 개신교인들은 경제적 어려움 다음으로 '건강'(26.6%), '자녀 문제'(12.2%), '진로/학업'(8.4%), '직장 문제/상사와의 갈등'(7.5%) 등을 고민으로 꼽았다.

다시 앞의 외로움 조사로 돌아가보면, '경제적 여유가 없어서'를 외로움의 가장 큰 이유라고 답한 사람 중 남자는 30.8%, 여자는 18.0%로 나타났다. 남자가 여자보다 경제적 이유로 더 많은 외로움을 느끼는 것으로 보인다. 이는 아직까지 직업 현장에서 남성들이 더 많이 일하고 있기 때문으로 보인다.

연령별로는 20대 역시 '경제적 여유가 없어서'가 1위(19.4%)로 나타낮고 이어 '딱히 만날 사람이 없다는 느낌이 들어서'(17.0%), '미래에 대한 희망이 없어서'(16.1%), '마음을 터놓을 사람이 없어서'(15.1%) 순이었다. 20대는 '다른 사람들의 행복한 모습과 비교돼서'도 11.1%를 차지했는데 이는 인스타그램 등 SNS에서 보여지는 타인의 행복한 모습에 비해 자신이 보잘것없이 느껴지는 데서 오는 자격지심이나 박탈감으로도 해석할 수 있겠다. 50대의 경우 '경제적 여유가 없어서'(25.5%)와 '마음을 터놓을 사람이 없어서'(23.5%)가 비슷하게 높았고, 그다음으로 '딱히 만날 사람이 없다는 느낌이 들어서'가 21.1%를 차지했다.

## 2. 교회 안에서도 외롭다

이번에는 교회 안에서 느끼는 외로움의 정도를 알아봤다. 외로움을 느끼는 개신교인들이 있다는 것은 교회 안에서도 외로움을 느낀다는 것을 말한다. 실제로 설문조사에서는 '교회에서 외로움을 느끼는 경우가 있습니까'를 물었더니, '있다'고 답한 개신교인이 36.2%로 나타났다. '없다'는 63.8%였다. 개신교인의 평균 외로움 정도인 46.2%보다는 낮았지만, 성도 3명 중 1명 이상이 교회 안에서도 외로움을 느낀다는 것은 문제가 있어 보인다.

여기서 주목할 점은 여자(40.4%)가 남자(29.4%)보다 훨씬 크게 교회 안에서 외로움을 많이 느끼는 것으로 나타났다는 점이다. 다만 60세 이상의 경우 교회 안에서 외로움을 느끼는 경우는 24.5%로 나타나 어떤 연령대보다 낮았다.

상담학에서는 여자가 남자보다 외로움을 더 많이 느끼는 이유로 생애 주기 변화로 인한 여성 특유의 우울감이 자리하고 있다고 분석

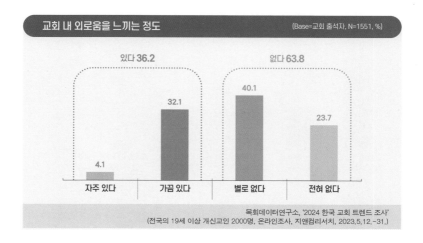

교회 내 외로움을 느끼는 정도     (Base=교회 출석자, N=1551, %)

있다 36.2      없다 63.8

4.1   자주 있다
32.1   가끔 있다
40.1   별로 없다
23.7   전혀 없다

목회데이터연구소, '2024 한국 교회 트렌드 조사'
(전국의 19세 이상 개신교인 2000명, 온라인조사, 지앤컴리서치, 2023.5.12.~31.)

한다. 산전 산후 우울감을 비롯해 자녀교육으로 인한 걱정과 염려, 이후 갱년기와 호르몬 부족 등이 외로움의 원인이 된다는 것이다.

박은정 웨스트민스터신학대학원대(상담학) 교수는 "교회 공동체는 나이 든 여성들이 중년의 여성들을 한 번씩 안아주고 격려하면서 자녀양육에 대한 수고를 칭찬해야 하며, 갱년기 이후 중장년 여성은 다양한 봉사나 나눔, 배움 활동 등에 참여해야 안정을 찾을 수 있다. 교회학교 교사 참여를 통해서도 자존감이 높아진다"라고 말했다.

왜 신자들은 교회 안에서조차 외로움을 느낄까? 조사 결과 교회에서 외로움을 느끼는 원인으로는 '마음을 터놓고 이야기할 사람이 없을 때'가 45.5%로 가장 높았고, '교회 활동에 참여하지 못할 때'(20.5%), '교회에서 같이 식사하거나 차를 마실 사람이 없을 때'(16.5%), '소속된 부서가 없을 때'(6.2%), '가족을 강조하는 설교 혹은 성경공부를 할 때'(5.2%), '부부끼리 모일 때'(3.0%) 순으로 나타났다. 남자의 경우 '마음을 터놓고 이야기할 사람이 없을 때'가 53.1%로 여자(42.0%)에

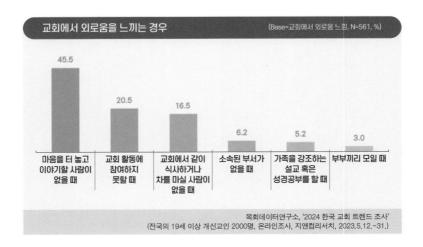

교회에서 외로움을 느끼는 경우     (Base=교회에서 외로움 느낌, N=561, %)

| 마음을 터 놓고 이야기할 사람이 없을 때 | 교회 활동에 참여하지 못할 때 | 교회에서 같이 식사하거나 차를 마실 사람이 없을 때 | 소속된 부서가 없을 때 | 가족을 강조하는 설교 혹은 성경공부를 할 때 | 부부끼리 모일 때 |
|---|---|---|---|---|---|
| 45.5 | 20.5 | 16.5 | 6.2 | 5.2 | 3.0 |

목회데이터연구소, '2024 한국 교회 트렌드 조사'
(전국의 19세 이상 개신교인 2000명, 온라인조사, 지앤컴리서치, 2023.5.12.~31.)

비해 더 높은데, 이는 교회 내 남자가 여자보다 소그룹 활동 등 삶을 나눌 수 있는 기회가 상대적으로 적은 것에 기인하는 것으로 보인다.

## 어떻게 외로움에 대처할 것인가

그렇다면 크리스천은 어떻게 외로움을 해결할 수 있을까? 개신교인들은 신앙이 있기에 기도하고 성경을 읽으면서 하나님을 더 가까이 하여 외로움을 모두 떨쳐버릴 수 있을까? 교회의 구역 식구나 소그룹 모임에서 외로움을 해결해줄 수 있을까?

설문조사에서 개신교인들은 '독서, 영화감상, 여행 등 취미활동'(54.5%)을 외로움 해결 방법으로 가장 많이 꼽았다. '헬스, 운동 등 신체 활동'(35.0%)이 그다음이었고, '신앙활동'(30.3%)은 3순위였다. 다음으로 '친목 모임 등'(25.2%), '게임 인터넷을 활용한 오락 활동'(23.1%)

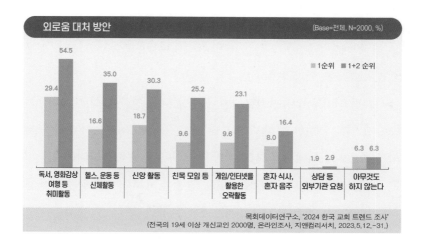

목회데이터연구소, '2024 한국 교회 트렌드 조사'
(전국의 19세 이상 개신교인 2000명, 온라인조사, 지앤컴리서치, 2023.5.12.~31.)

순으로 나타났다. 이어 '혼자 식사, 혼자 음주'(16.4%), '아무것도 하지 않는다'(6.3%), '상담 등 외부 기관 요청'(2.9%) 등으로 나타났다.

이는 다소 충격적인 결과로 볼 수 있는데 개신교인 다수가 신앙으로 외로움을 해결하려는 것은 아니라는 점이다. 또 친목 모임 등 교회 소그룹 등의 활동 역시 외로움 해결의 주된 방법이 아니었다. 게다가 외로움 대처에 '게임 인터넷을 활용한 오락 활동', '혼자 식사, 혼자 음주', '아무것도 하지 않는다' 등이 나왔다는 점에서 개신교인 일부는 외로움을 외로움으로 달래거나 외로운 상황을 사실상 방치하고 있는 것으로 조사됐다.

외로움 대처 방식은 연령별로 차이를 보였다. 20대는 '독서, 영화감상, 여행 등 취미활동'(27.1%) 외에 '헬스, 운동 등 신체 활동'(17.9%), '친목 모임 등'(15.5%)이 높게 나타났다. 30대도 '게임 인터넷을 활용한 오락 활동'(17.5%), '헬스, 운동 등 신체 활동'(14.4%), '신앙 활동'(10.5%) 순이었다. 반면 60세 이상은 '신앙 활동'이 30.6%로 1위를 차지했다. 이어 '독서, 영화감상, 여행 등 취미활동'(24.6%), '헬스, 운동 등 신체활동'(19.7%) 순으로 나타나 나이가 많을수록 신앙 활동으로 외로움을 해결하려는 모습을 보였다.

사회적 거리두기가 장기화되면서 우리 사회 전반에 외로움 지수가 높아진 것은 분명한 현실인 것 같다. 전문가들은 외로움이 취약한 사회적 보호 시스템에서 출현하는 만큼 개인이 혼자 해결하기는 힘들다고 본다. 외로움이나 사회적 고립은 일종의 고리로 연결되어 있어 좀처럼 벗어나지 못한다. 사람들을 피하면 자존감이 낮아지고 자격지심이나 비관적인 생각이 스며들면서 외로움을 증폭시킨다.[12] 혼자 해결하려 할수록 외로움의 방치로 이어지게 만든다. 이에 따라 교회는 외로움에 관심을 갖고 성도들을 대상으로 목회하고 구역이나 셀, 목장 등 소그룹 모임에서도 외로운 성도는 없는지 확인할 필요가 있다.

## 트렌드 전망 및 시사점

외로움은 개인적 문제가 아니라 사회적 문제임이 분명해졌다. 또 외로움은 종교 유무와도 상관이 없다. 기독교인조차 교회 안에서 외로움을 느끼고 있다. 지금은 어떤 식으로든 우리가 서로 연결되어 있음을 확인하고 서로를 돌아볼 수 있어야 한다.

학자들은 한국 사회에 가득한 외로움은 사회적 상황이 만들었기 때문에 개인이 해결할 수 없으며 '사회가 함께' 그 해결을 모색해야 한다고 입을 모은다. 그동안 외로움 같은 감정 영역의 복지는 전적으로 가족의 몫이었지만 이제 그 가족마저 해체되면서 더 이상 울타리가 되지 못하고 있다.

교회 역시 예외일 수 없다. 교회는 사람들 속에 들어가는 '임마누엘'의 정신을 발휘해야 한다. 그 역할과 행함은 더 구체적이어야 한다. 교회는 지지와 공감, 신뢰와 친절을 나누는 DNA를 가진 영적이며 실체적인 공동체이다. 외로운 이웃을 돌보는 가교 역할을 수행할 필요가 있다. 이미 많은 교회가 지방자치단체와 협업하면서 주민들과 접촉하고 있다.

서울 마포구 서현교회는 'OO야쿠르트 프레시 매니저'와 협력한다. 이 지역 프레시 매니저는 일주일에 4차례 집마다 야쿠르트를 배달하면서 기존에 배달된 야쿠르트가 그대로 남아 있으면 문을 두드려 주민의 상태를 확인한다. 서울 중랑구 대광교회는 서울시립대 종합사회복지관과 손잡고 매달 첫 주 토요일, 형편이 어려운 지역 주민 120여 명에게 짜장면을 배달한다. 서울 마포구 신생명나무교회는 노인들의 점심 식사를 챙기는 동시에 매일 오전 노인대학을 운영한다.[13]

교회가 상담 기관을 직접 운영하거나 연결하는 방법도 고려해볼 수 있다. 교회의 적극적인 상담 활동은 외로움을 해결하기 위한 사회문화적 변화의 시초가 될 수 있다. 다만 교회 상담소는 누구나 상담을 받을 수 있는 환경을 조성하는 것이 필요하다. 서울 서초구 남서울교회 상담센터를 비롯해 서울 용산구 삼일교회의 헤세드센터, 경기도 과천교회의 시냇가상담센터, 경기도 화성 은혜사랑의교회 부설기관 심리상담연구소 숲길, 부산 수영로교회의 수영로심리상담센터 등이 상담을 하고 있다.

앞서 개신교인의 외로움 설문조사에서 나타난 취약 그룹인 1인 가구, 여성, 50대 남성과 학생들을 위한 '핀셋' 목회 활동도 병행해야 할 것이다.

무엇보다 주일예배 참석이나 소그룹에 참여하는 개신교인이 외로움도 덜 느낀다는 결과가 보여주는 만큼 온라인이 아닌 현장 예배에 성도들이 더 많이 참석하도록 유도하고 구역모임이나 소그룹에도 적극적으로 참여하도록 해야 한다. 소그룹 모임은 정신 건강의 '비타민'으로 불릴 만큼 효과가 입증됐다. 다양한 모임을 통해 신자들이 힘을 얻도록 할 필요가 있다(소그룹에 대한 구체적인 내용은 7장을 참조하라).

또 각종 수련회와 성경학교를 비롯해 단기선교 활동, 봉사 활동에 성도들이 참여할 수 있도록 독려해야 한다. 이러한 공동체적 모임은 서로가 연결돼 있다는 것을 경험하게 한다. 다양한 해외 음악 축제 등에 모인 팬들이 보여주는 하나됨과 선한 영향력은 이미 많이 알려진 사실이다.

2023년 6월 17일 서울 여의도에서는 방탄소년단(BTS) 데뷔 10주년 행사가 열렸다. 이 행사를 보기 위해 전 세계 BTS 팬클럽인 '아미' 40만 명이 모였다. 그런데 이 축제가 끝나고 안전사고나 쓰레기 대란은 없었다고 한다.[14] 상당수 아미들이 뒷정리를 깨끗하게 하는 등 굳이 하지 않아도 되는 청소를 한 것이다. BTS의 팬이라는 점에서 서로 연결되어 있다는 소속감에서 자연스럽게 나온 행동이었다.

외로움 대처 방법에 나타난 각 항목을 이용해도 좋겠다. '독서, 영화감상, 여행 등 취미활동'은 개신교인이나 비개신교인 모두 외로움을 해결하는 방법으로 가장 많이 꼽혔다. 이를 활용해 독서나 영화감상, 여행 등을 혼자 하기보다는 함께하도록 유도하는 것도 좋겠다. 동네 서점의 독서 모임이나 작가 초청 강연회 참석, 직장 내 책 읽기 모임, 교회 소그룹 안에서의 독서 모임 등을 해보면 좋을 것이다. 최근 동호회를 운영하는 교회도 증가하고 있다. 독서, 탁구, 테니스, 바둑, 등산 등 각종 취미별 동호회 모임은 하나됨을 돈독하게 한다.

스마트폰과 SNS의 폐해를 지적하고 거기서 탈출하거나 덜 사용하도록 돕는 것도 필요하다. 스마트폰이 주위를 산만하게 해 공감 능력을 심각하게 떨어뜨린다는 점은 잘 알려져 있다. SNS 사용과 외로움 사이에는 분명한 연관성이 있음이 확인됐다. 한 연구에서는 SNS 사용량이 많은 청소년일수록 또래보다 외로움을 더 많이 호소하는 것으로 나타났다.[15]

따라서 미디어 플랫폼에 시간을 덜 쓰는 것이 중요하다. 물론 청년층에서 SNS를 끊는 것은 배제된 느낌을 주게 되고 더 외톨이가 될 수도 있다. 하지만 조금씩은 개선할 수 있다. '디지털 없는 날'을 각자 선정해 지킬 수 있다. 스마트폰의 SNS 앱을 접근이 불편한 폴더 안으로 옮기는 방법도 있다. 스마트폰 앱을 아예 삭제하고 PC로만 사용하는 방식도 선택할 수 있다.

교회야말로 협력자이자 동반자가 돼야 한다. 전문가 상담이나 의학적 도움, 지역 사회 돌봄과 공동체 형성은 물론 영적 진단과 해법 모색은 교회만이 줄 수 있는 역할이다. 우리 사회는 지금 이런 도움을 절실히 요구하고 있다.

# 03

# OTT
# Christian

# OTT 크리스천

현재 우리는 '초개인화 시대'(Hyper-Personalization)를 살아가고 있다. '평균의 종말'이라고도 불리는 이 시대는 개인의 요구와 상황을 더 세밀하게 고려하는 초개인화 기술의 발전과 그 기술을 뒷받침하는 인공지능(AI)의 등장에 힘입어 생겨났다. 이는 콘텐츠 소비 형태에서도 예외가 아니다. "우리는 곧 인터넷을 통해 대부분 TV를 시청하게 될 것"이라는 빈트 서프[1]의 예언이 현실로 다가오는 것이다. 국민 10명 중 7명이 OTT 플랫폼을 이용하고 있고, 그 이용률은 특히 20대를 중심으로 꾸준히 증가하고 있다.[2]

이런 현실을 마주한 교회도 맞춤형 콘텐츠 제공에 필요성을 느끼게 되었다. AI와 알고리즘의 도움을 받아 교인들의 신앙생활에 맞는 콘텐츠를 선별, 제공하는 서비스가 점차 늘고 있다. 그중 알고리즘을 통한 큐레이션[3]은 사용자의 행동 패턴과 선호도를 분석해 개인화된 콘텐츠를 제공하는 방식으로, 디지털 네이티브(Digital Native) 세대 사이에서 큰 인기를 끌고 있다. 그들은 시간과 장소의 구애를 받지 않고 자신의 신앙과 관심사에 맞는 맞춤형 콘텐츠를 알고리즘을 통해 제공받고 싶어한다. 그러나 그들이 요구하는 것은 단순히 '맞춤형 콘텐츠'가 아니다. 동시간성, 즉 함께 보는 '파티'(Party)라는 개념과 관련이 있다. 실시간 예배를 선호하는 통계를 보면 교회생활에 있어 공동체의 중요성을 알고 있는 그들의 바람을 알 수 있다.

이렇게 디지털 기술 발전과 신앙생활의 변화가 교차하는 지점에서 'OTT 크리스천'이라는 새로운 패러다임이 탄생했다. OTT 크리스천은 언제 어디서나 신앙생활을 이어가며, 큐레이션을 통해 개성에 맞춘 신앙 경험을 추구하는 이들을 지칭한다. 이들은 공유되는 시간의 가치를 인식하며 디지털 시대에도 공동체의 경험을 강조한다. OTT 크리스천의 등장은 OTT 기술이 향후 교회생활에 어떤 영향을 미칠 것인지 그 탐구를 요구하며, 미래 교회와 신앙생활이 어떤 모습으로 변화해 나갈 것인지를 상상하게 한다.

# OTT 전성시대

A집사는 주일예배에서 '기도하기를 쉬는 죄'(삼상 12:23)라는 말씀을 듣고 깊은 공감을 받았다. 그는 이 말씀을 실천하기 위해 교회 홈페이지에 들어가 교회가 제공하는 기독교 OTT 플랫폼에 접속했다. 그곳에는 다양한 신앙 콘텐츠가 있었다. 예를 들면 기도에 관한 설교, 성경공부 자료 그리고 소그룹 교재 등 자신의 상황과 나이에 맞춰 검색하고 활용할 수 있었다. 그는 기도생활을 강화하기 위해 중보기도 앱을 설치했고 이 앱은 정해진 시간마다 알람을 줘 기도문을 작성하고 기도할 수 있도록 도와주었다. 더욱이 비슷한 주제로 기도하는 다른 사람들과 온라인에서 함께 기도하며 교류하는 기회도 가질 수 있었다. A집사와 같은 'OTT 크리스천'은 OTT 플랫폼이 제공하는 다양한 신앙 콘텐츠를 활용하고 디지털 기술을 통해 공동체와 소통한다.

미디어의 세계는 계속해서 발전하고 있으며 그 발전의 일환으로 OTT 플랫폼 시대가 도래했다. 보편적 다수의 시청자에게 다양한 편성을 제공하던 '방송'(Broadcast)의 시대에서, 특정 취미나 관심사를 가진 사람들에게 맞춤형 콘텐츠를 제공하는 '협송'(Narrowcast)의 시대로 변화했다. 이제 사람들은 자신의 취미에 맞춰 온종일 특정 케이블 채널, 예를 들어 영화나 골프 채널을 시청할 수 있다. 이런 흐름 속에서 OTT는 광대역망(Broadband Network)을 이용해 개인의 요청에 따라 일대일로 커뮤니케이션 하는 '통신'에 가까운 서비스를 제공하며 폭발적으로 성장하고 있다.

OTT는 'Over The Top'의 약자로 여기서 'Top'은 본래 케이블 TV

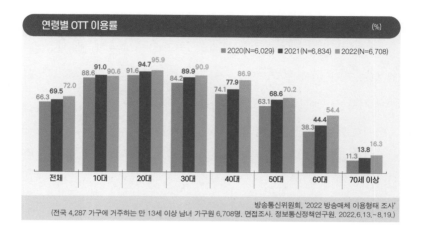

연령별 OTT 이용률 (%)

■ 2020(N=6,029) ■ 2021(N=6,834) ■ 2022(N=6,708)

전체: 66.3, 69.5, 72.0
10대: 88.6, 91.0, 90.6
20대: 91.6, 94.7, 95.9
30대: 84.2, 89.9, 90.9
40대: 74.1, 77.9, 86.9
50대: 63.1, 68.6, 70.2
60대: 38.3, 44.4, 54.4
70세 이상: 11.3, 13.8, 16.3

방송통신위원회, '2022 방송매체 이용형태 조사'
(전국 4,287 가구에 거주하는 만 13세 이상 남녀 가구원 6,708명. 면접조사. 정보통신정책연구원. 2022.6.13.~8.19.)

등의 수신에 사용되는 셋톱박스를 의미한다. 기존의 케이블이나 위성을 통해 방송되던 TV 프로그램들을 인터넷을 통해 스트리밍하는 것이 OTT의 기본 개념이다.

OTT의 등장과 확산은 미디어 산업에 큰 변화를 가져왔다. TV나 영화 등의 콘텐츠 제공 방식뿐만 아니라 콘텐츠를 생산하고 유통하는 방식까지 변화시켰다. 이런 현상은 유튜브나 넷플릭스 같은 플랫폼 출현으로 가속화되었다. OTT 플랫폼은 사용자들이 원하는 시간에 원하는 콘텐츠를 선택해 볼 수 있는 편리함을 제공한다. 또 사용자 취향과 선호도를 분석해 개인화된 콘텐츠를 추천하는 알고리즘을 활용함으로써 시청자들에게 새로운 경험을 제공하고 있다. 이에 따라 수많은 사람이 OTT 플랫폼을 이용하게 됐다.

방송통신위원회가 지난해 12월 발표한 '2022 방송매체 이용 형태 조사'에 따르면 우리나라 국민의 OTT 이용률은 72.0%로 전년 대비 2.5%p 증가했다. 연령별로는 20대 OTT 이용률이 95.9%로 가장 높고 10대와 30대는 각각 90.6%, 90.9%를 차지했다. 40대(86.9%)부터 연령대가 높을수록 OTT 이용률이 낮아져 50대는 70.2%, 60대는 54.4%, 70대 이상은 16.3%를 기록했다.[4] OTT를 이용할 때 사용하는 기기로는 스마트폰(89.1%)이 가장 큰 비중을 차지했다.[5]

이처럼 미디어 산업이 빠르게 변화하면서 우리 생활의 많은 부분이 디지털화되고 있다. 신앙생활 역시 이러한 디지털 변화에 영향을 받고 있다. 이제 우리는 OTT 플랫폼과 같은 디지털 플랫폼을 통해 언제 어디서든 신앙생활을 이어갈 수 있게 되었다.

대표적인 기독교 OTT 플랫폼으로는 '라잇나우미디어'(RightNow Media)가 있다. 라잇나우미디어는 2만 5,000여 개 이상의 검증된 신앙 콘텐츠를 제공한다. 이 플랫폼을 통해 사용자들은 자신의 신앙과 관련된 다양한 자료에 언제든 접근할 수 있다. 라잇나우미디어는 개인화된 신앙 경험을 제공하며 설교, 찬양, 성경공부 등 다양한 종류의 신앙 콘텐츠와 온라인 소그룹 도구를 지원한다. 현재 라잇나우미디어는 9개 언어를 지원하며 전 세계 2만 5,000여 개 이상의 교회가 가입되어 있다.

OTT 크리스천
(OTT Christian)

'OTT 크리스천'이란 디지털 기술을 활용해 언제 어디서나 신앙생활을 실천하며 자신의 취향과 필요에 따른 맞춤형 신앙 콘텐츠를 이용하고, 이를 통해 신앙생활을 영위해 나가는 코로나19 이후 나타난 새로운 형태의 크리스천을 말한다.

CGN에서 제공하는 '퐁당'(fondant)은 국내 최초 기독교 OTT로 사용자 선호도와 취향에 따라 콘텐츠를 제공한다. 퐁당은 알고리즘 기반의 추천 시스템을 통해 각 사용자의 행동 패턴과 선호도를 분석, 맞춤형 콘텐츠를 제공한다. 이 플랫폼을 통해 사용자는 다양한 주제와 관점에 대한 신앙 콘텐츠를 경험하고 탐색할 수 있

OTT 플랫폼이 제공하는 다양한 신앙 콘테츠와 발전된 디지털 기술은 OTT 크리스천의 증가와 함께 새로운 사역의 장을 열었다.

다. 2023년 6월 기준 퐁당의 콘텐츠 수는 약 3만여 개이며 가입자 수는 약 12만 명이다.

교인들의 온라인 사역에 대한 기대치를 살펴보면 이러한 OTT 플랫폼들이 얼마나 중요한 역할을 할 것인가를 예측할 수 있다. 목회데이터연구소의 최근 통계 조사에 따르면 교인들이 가장 기대하는 온라인 사역은 '성경공부'로 전체 응답자 32.3%가 이를 선택했다. 이는 교인들이 신앙의 깊이와 이해를 높이는 데 있어 성경공부가 가장 중요한 역할을 한다는 점을 보여준다. 이러한 수치는 또 온라인 성경공부에 대한 수요의 규모를 반영한다.

두 번째로 높은 응답은 '찬양 및 예배팀 활동'으로 응답자 18.3%가 이를 선택했다. 이는 교인들이 찬양과 예배를 통해 공동체의 일원으로서 서로를 연결하고 신앙을 표현하는 것을 중요하게 생각한다

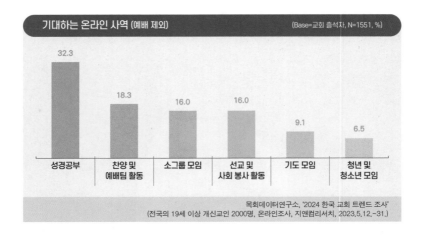

기대하는 온라인 사역 (예배 제외)　　　　　　　　(Base=교회 출석자, N=1551, %)

- 성경공부: 32.3
- 찬양 및 예배팀 활동: 18.3
- 소그룹 모임: 16.0
- 선교 및 사회 봉사 활동: 16.0
- 기도 모임: 9.1
- 청년 및 청소년 모임: 6.5

목회데이터연구소, '2024 한국 교회 트렌드 조사'
(전국의 19세 이상 개신교인 2000명, 온라인조사, 지앤컴리서치, 2023.5.12.~31.)

는 것을 보여준다. 세 번째로는 '소그룹 모임'이 16.0%가 나왔다. 이는 개인화된 신앙 경험뿐 아니라 교인들이 신앙 공동체 안에서 상호 작용하고 소통하는 것을 중요하게 생각한다는 것을 보여준다. 소그룹 모임은 교인들이 서로 지지하고 깊이 있는 신앙 대화를 나눌 수 있게 하는 중요한 사역이다.

이러한 통계 분석을 통해 교인들은 맞춤형 신앙 콘텐츠를 기반으로 개인적 신앙성장과 공동체 내 소통 그리고 교회와의 상호 작용을 모두 중요하게 생각한다는 점을 알 수 있다. 이는 '라잇나우미디어'나 '퐁당' 같은 OTT 플랫폼들이 제공하는 다양한 콘텐츠와 기능이 교인들의 온라인 사역에 대한 기대감을 충족시킬 수 있음을 보여준다.

### 종교에 스며드는 AI

"AI가 종교 단체의 역할을 대체할 수 있다고 생각하는가? 그렇다!"

2023년 6월 9일, AI 기술 선두주자인 오픈AI의 샘 알트만(Sam Altman) 대표와 그렉 브로크만(Greg Brockman) 사장이 한국을 방문했다. 이들과의 간담회에서 가장 독특한 질문 중 하나는 'AI가 종교단체의 역할을 대체할 수 있느냐'였다. 브로크만 사장은 이에 대해 "그렇다"고 확신 있게 대답했다. 그는 "이미 AI 목사가 존재하고 사람들이 처한 상황에 따라 적절한 성경 구절을 제시하며 조언하는 역할을 수행하고 있다"고 말했다.[6] 그의 응답은 AI가 종교에 어떤 변화를 가져올지에 대한 새로운 관점을 제시해주고 있다.

실제로 온라인에서는 기도하는 가톨릭 신자들을 위해 성인의 이름을 딴 AI 챗봇이 출시됐다. 스위스 스타트업 회사인 '임팩트 온'이 운영하는 챗봇 사이트 '프레가닷오그'(prega.org)는 챗GPT를 기반으로 작동하며 유명한 이탈리아 성인 성 비오(Sanctus Pius de Petrapulsina)를 모델로 프로그래밍된 AI '비오 신부'(Padre Pio) 챗봇과 대화할 수 있다.

한국에서도 유사한 서비스가 출시되어 운영 중이다. '주님 AI'(현 초원AI)[7]라는 이름의 서비스는 크리스천 및 비기독교인들의 다양한 고민과 질문에 AI가 '성경적'으로 답변을 제공한다. 이 서비스는 질문에 대한 성경 말씀을 제시하고 해석하며 질문에 대한 기도문을 생성해준다. 또 성경 구절을 이미지와 함께 합성해 카드 형식으로 제공한다. 챗GPT를 파인튜닝(미세조정)해 출시한 서비스는 2023년 5월 기준, 5만 2,000여 명이 가입해 사용하고 있다.

2019년 2월 23일, 일본 교토(京都)시 사찰 고다이지(高台寺)에서는 안드로이드 로봇 관음상인 '마인더'(Mindar)의 첫 법요(불교 의식)가 열렸다. 25분간 진행된 법요에서 마인더는 '인간이란 무엇인가'에 대한

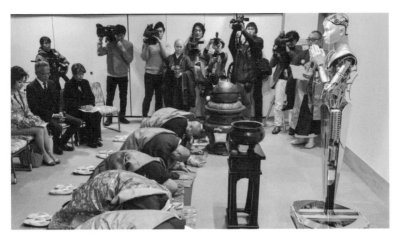

로봇 관음상 마인더(Mindar)가 승려들에게 설법을 하고 있다.    연합뉴스

화두를 던지며 "상대에게 공감하는 마음은, 로봇에게는 없지만 인간
이 갖추고 있는 힘"이라는 '가르침'을 주었다.[8]

　이와 같은 AI 성직자 로봇이나 서비스가 인기를 얻는 이유는 그 편
의성에 있다. 사람들은 점차 성직자와의 직접적 대면을 회피하려는 경
향을 보인다. 성직자를 만나는 대신 AI를 통해 복잡하고 민감한 개
인적 질문을 쉽게 묻고, 때와 장소에 상관없이 즉시 답을 얻을 수 있
기를 바란다. 앞으로 AI를 활용해 음성을 생산하는 '텍스트 음성 변
환 기술'(TTS, Text to Speech)이나, 가상의 인물을 만들어주는 '버추얼
휴먼 기술'(Virtual human)이 결합하면, AI 성직자의 등장은 지금 당장
이라도 구현할 수 있는 기술이 될 전망이다.

　하지만 이러한 AI 성직자에 대한 비판도 존재한다. AI는 본질적으
로 인간의 신앙과 가치관 그리고 그 경험을 완전히 이해하거나 대체할

수 없다는 점에서 한계를 가진다. 또 AI는 종교적 상황에 대한 복잡한 사람의 감정과 반응을 온전히 이해하거나 반영하는 데 어려움이 있다. 이로 인해 AI 성직자가 제공하는 도움이 실제로는 사람들에게 혼란을 초래하거나 신앙 본질을 왜곡할 수도 있다는 우려가 있다. 그리고 AI 성직자가 종교 서비스 과정에서 개인의 신앙 정보 같은 민감한 내용을 어떻게 보호할 것인지에 대한 이슈도 존재한다. 이런 문제들은 AI 성직자의 윤리적 이슈를 포함한 다양한 측면에서의 고려를 요구하고 있다.

# 등장 배경

'OTT 크리스천'이란 디지털 기술을 활용해 언제 어디서나 신앙생활을 실천하며 자신의 취향과 필요에 따른 맞춤형 신앙 콘텐츠를 이용하고, 이를 통해 신앙생활을 영위해 나가는 코로나19 이후 나타난 새로운 형태의 크리스천을 말한다. OTT 크리스천은 본인이 필요한 신앙 콘텐츠의 소비를 넘어 성경공부나 기도, 목회자와의 소통 그리고 교인 간 공동체 활동 등 신앙생활의 전반적인 부분을 온라인 환경에서 실현하는 자이다. 이러한 OTT 크리스천의 등장 배경에는 '초개인화 기술'과 'AI 기술' 발전이라는 두 가지 기술 혁신이 중요한 역할을 했다.

## 1. 초개인화 시대와 평균의 종말

'초개인화 시대'(hyper-personalization)는 각 개인의 특성, 요구, 취향에 따라 서비스나 제품이 맞춤 제작되는 시대를 의미한다. 이는 기존

'개인화'에서 한 걸음 더 나아가 개인의 시간적, 공간적 변화를 고려한 세부적 특성까지 반영하는 발전을 나타낸다. 개인화가 주로 개인의 선택을 지원하는 데 초점을 두는 것이었다면, '초개인화'는 개인의 동적 변화까지 고려해 더 섬세한 맞춤형 서비스를 제공하는 것을 추구한다.

토드 로즈(Todd Rose)는 《평균의 종말》(21세기북스)에서 '평균이라는 허상'에 대해 비판적으로 서술한다. 평균은 현대 산업 사회가 만들어낸 허상이며 실제 평균에 해당하는 사람은 없다는 것이다. 그는 다양한 사례를 제시하면서 앞으로의 교육이나 인재 선발 방법은 평균이라는 허상에서 벗어나 각자에게 맞는 맞춤형 교육을 해야 한다고 주장한다. 이는 더 이상 평균적인 사람을 대상으로 하는 기존 접근 방식은 끝나고, 개인의 독특한 특성과 요구를 충족시키는 새로운 접근 방식이 시작된 것을 의미한다.

이러한 변화는 종교 분야에도 영향을 미치고 있다. 과거에는 교회나 사찰 같은 종교적 공동체에서 주어진 교리를 일방적으로 받아들이는 형태의 신앙생활이 일반적이었지만, 현재는 각 개인의 신앙적 이해와 경험에 따라 신앙생활을 개인화하려는 경향이 강해지고 있다. 이런 점에서 초개인화 시대는 종교 분야에서도 개인의 요구와 취향에 맞춘 신앙 서비스를 요구하고 있다.

## 2. AI의 등장과 종교 큐레이션 가능성

AI 기술의 발전은 초개인화된 신앙생활의 가능성을 크게 확대시킨다. AI는 빅데이터를 분석해 개인의 신앙생활 패턴과 성향, 필요성 등을 파악하고 이에 맞는 신앙 콘텐츠를 큐레이션하는 것이 가능하다. 각 개인에게 맞춤화된 콘텐츠를 제공함으로써 신앙생활의 질을 향상시키고, 신앙 공동체와의 소통을 더 풍부하게 만드는 데 큰 역할을 할 수 있다.

예를 들어 AI를 활용한 앱은 사용자의 신앙 활동 패턴을 분석해 사용자가 필요로 하는 성경 구절이나 기도문, 신앙 관련 콘텐츠를 추천해줄 수 있다. 사용자가 자신의 신앙생활에 필요한 정보와 자료를 쉽게 찾을 수 있도록 도와주며 더 깊고 개인화된 신앙생활을 경험하도록 돕는다.

AI의 등장은 또한 신앙 공동체의 경계를 넓히는 데도 기여한다. AI 기술을 활용한 앱은 사용자를 기반으로 한 신앙 공동체를 형성하고, 이를 통해 서로 다른 신앙 경험을 가진 사람들이 상호 소통하고 경험을 공유할 수 있는 플랫폼을 제공한다. 신앙 공동체는 물리적 공간에서 벗어나 디지털 공간으로 확장하며 이는 다양한 신앙 경험과 이해를 포괄하는 포용적인 신앙 공동체를 가능하게 한다.

따라서 AI의 등장과 종교 큐레이션 가능성은 개인화된 신앙생활의 가능성을 크게 확대시키고, 이는 종교 분야에서의 트렌드 변화에 중요한 배경이 된다. 이런 변화는 신앙생활을 더 풍요롭고 개인화된 경험으로 만들 것이다.


## OTT 크리스천

### : On cloud, Tailored curation, Tele-party


### 1. On cloud (클라우드) : 언제, 어디서나!

최근 조사(2023년 5월)에 따르면 일반 교인들 사이에서 '온라인 예배'

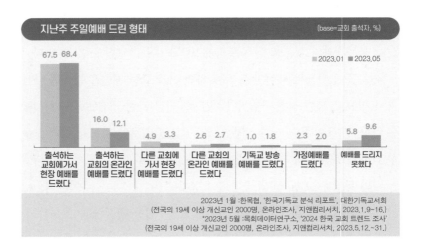

지난주 주일예배 드린 형태 (base=교회 출석자, %)

■2023.01 ■2023.05

67.5 68.4 / 16.0 12.1 / 4.9 3.3 / 2.6 2.7 / 1.0 1.8 / 2.3 2.0 / 5.8 9.6

출석하는 교회에가서 현장 예배를 드렸다 / 출석하는 교회의 온라인 예배를 드렸다 / 다른 교회에 가서 현장 예배를 드렸다 / 다른 교회의 온라인 예배를 드렸다 / 기독교 방송 예배를 드렸다 / 가정예배를 드렸다 / 예배를 드리지 못했다

2023년 1월 :한목협, '한국기독교 분석 리포트', 대한기독교서회
(전국의 19세 이상 개신교인 2000명, 온라인조사, 지앤컴리서치, 2023.1.9~16.)
'2023년 5월 :목회데이터연구소, '2024 한국 교회 트렌드 조사'
(전국의 19세 이상 개신교인 2000명, 온라인조사, 지앤컴리서치, 2023.5.12.~31.)

에 대한 만족도가 1년 사이에 상대적으로 낮아진 것으로 나타났다. 온라인 예배 만족도는 2022년 93.7%였는데 2023년에는 85.8%로 7.9%p 하락했다. 또한 2023년 1월과 5월 조사 결과를 비교해보면, 온라인 예배 참석률은 16.0%에서 12.1%로 감소하는 반면, '예배를 드리지 못했다'는 응답은 5.8%에서 9.6%로 증가했다. 이 점은 주목할 필요가 있는데, 온라인 예배에 불만족한 교인들이 현장 예배로 복귀하기보다는 예배를 드리지 않는 신앙생활을 선택하고 있음을 시사한다.

현재 온라인 예배 참석자들이 직면한 가장 큰 문제는 예배를 시청하는 것 이상의 영적 관리를 받지 못한다는 것이다. 온라인 예배 참여만으로는 충분하지 않고 상담, 양육, 소그룹 활동 등 다양한 신앙 활동이 온라인으로 확장되지 않으면 곧 지루해져 교회를 쉽게 이탈하게 된다.

그러나 OTT 크리스천은 이 문제를 클라우드(Cloud) 기술을 통해 해결하려 한다. 클라우드는 OTT 플랫폼에서 다양한 콘텐츠를 저장하고 처리하고 배포하는 핵심 인프라로, 사용자들이 원하는 시간과 장소에서 콘텐츠를 자유롭게 이용할 수 있게 해준다. OTT 크리스천은 이 클라우드 기술을 활용해 언제 어디서나 교회와 적극적으로 소통하며 자신의 신앙생활을 유지하려 한다. 이렇게 함으로써 OTT 크리스천은 교회와 자기 신앙의 연결을 강화하고 교회 이탈을 방지하는 데 중요한 역할을 할 수 있다는 것이다.

　교인들이 온라인에서 소외감을 느끼지 않도록 하기 위해서는 교회와의 끊김 없는 연결, 즉 클라우드가 필수적이다. 교회는 교인들이 언제든 영적 갈증을 해소할 수 있도록 설교 콘텐츠를 제공해야 한다. 또 삶의 어려움이 발생했을 때 즉시 상담이나 기도를 요청할 수 있는 통로를 마련해야 하며, 성경에 대한 궁금증 해결이나 더 깊은 묵상을 원할 때도 소통할 수 있는 수단이 필요하다. 이를 실현하기 위해 안정적인 클라우드 시스템 구축이 필요하다.


"정말 고마워요. 당신이 아니었다면 오늘 밤 저는 무슨 짓을 했을지 몰라요."[9]


　삶의 의미를 찾지 못해 극단적 선택을 할까 망설였던 대니얼은 한 인터넷 사이트에서 자원봉사자와 채팅 상담을 한 뒤 위와 같은 반응을 남겼다. 이 사이트는 미국의 미디어 선교단체인 그라운드와이어(groundwire.net)에서 운영하는 '지저스케어스닷컴'(jesuscares.com)이다. 방문객이 이곳에서 대화 주제와 이

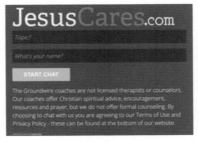

지저스케어스닷컴(jesuscares.com)

름만 입력하면 '코치'로 불리는 자원봉사자와 365일 24시간 모든 종류의 상담을 받을 수 있다. 그라운드와이어는 이런 방식으로 2022년 한 해에만 53만 3,414명이 예수를 영접하도록 했다. 이는 2021년(19만 2,506명)보다 두 배 이상 늘어난 수치이다. [10]

그라운드와이어의 사례는 디지털 플랫폼을 통한 실질적인 소통이 얼마나 중요한지를 잘 보여준다. 이러한 트렌드는 교회마다 다르게 적용되며 이미 많은 교회가 온라인 환경에서 교인들과 소통을 강화하는 데 다양한 전략을 수립해 나가게 하고 있다. 특히 교회들은 '카카오톡 채널'이나 '구글 독스' 같은 무료 서비스를 활용해 클라우드 시스템을 통한 실시간 소통을 고려하고 있다. 이런 서비스들은 클라우드를 기반으로 운영돼 언제 어디서든 접속이 가능하며 교인들과 실시간으로 소통할 수 있다. 이처럼 교인들에게 메시지를 보내거나 교인들의 질문에 답변하거나 신앙 관련 정보를 제공하는 등의 활동은 모두 클라우드 시스템을 기반으로 이루어진다.

서울의 한 대형 교회는 홈페이지를 새롭게 개편하면서 카카오톡 채널을 활용한 교인들과의 소통에 집중하고 있다. 홈페이지에는 일대일 기도 요청 버튼이 추가되었는데, 홈페이지 방문자들은 이 버튼을 클릭해 언제든지 자신의 기도제목을 전송할 수 있다. 이렇게 제출된 기도제목은 대기 중인 교역자들에게 바로 전달되며, 교역자들은 해당 기도제목을 읽고 대상자를 위한 기도문을 작성해 보내준다. 이런 새로운 소통 방식을 통해 기존 교인뿐 아니라 교회 외부의 새로운 신자들도 교회에 대한 관심을 갖게 해 등록하게 되는 경우들이 지속적으로 보고되고 있다.

한편 교회는 유튜브 댓글을 통한 교인들과의 실시간 소통에도 주목해야 한다. 현재 유튜브는 다양한 콘텐츠

기도 요청은 온라인사역실 카카오채널을 통해서도 가능합니다.

**Ch 온라인사역실 카카오채널**

00교회 홈페이지에 마련된 일대일 기도 버튼

를 제공하며 그 사용자 기반은 끊임없이 증가하고 있다. 이러한 플랫폼을 통해 교회는 신앙 관련 영상을 공유할 뿐 아니라 댓글을 통해 교인들의 질문에 답변하고 그들의 신앙 고민에 조언할 수 있다.

특히 실시간 채팅과 영상 댓글에 대한 교회의 진솔한 답변은 교인들에게 신앙적 도움을 제공할 뿐 아니라, 교회와 교인 사이의 실질적인 연결을 강화하는 데도 기여한다. 목회자가 채팅을 통해 직접 소통하고 관심을 표현함으로써, 교인들은 자신의 의견과 상황이 공감을 받는다고 느끼고 교회에 더 가까이 다가갈 수 있다. 또한, 댓글을 통한 상호작용은 교인들이 교회의 영상 콘텐츠를 보고 싶어하는 이유나 그들이 무엇에 궁금해하는지, 어떤 도움을 필요로 하는지 등의 중요한 정보를 제공한다. 이런 정보는 교회가 교인들의 요구에 더 잘 대응하고 그들의 신앙생활을 지원하는 데 유용한 자료가 될 수 있다.

결국 교회는 OTT 크리스천의 실시간 소통 특성을 이해하고 스스로 하나의 거대한 클라우드로 변화해야 한다. 이는 교회가 디지털 시대에 신앙을 나누고 선교 활동을 효과적으로 수행하는 데 있어 중요한 요소이다. 그럴 때 교회는 교인들과의 연결을 깊게 하고 그들의 신앙생활을 지원하며 복음의 메시지를 더 널리 전파할 수 있을 것이다.

## 2. Tailored curation (맞춤형 큐레이션) : 나만을 위한!

우리가 살아가는 현대 사회는 정보의 홍수 속에 있다. 인터넷과 다양한 미디어를 통해 수많은 정보가 쏟아진다. 이런 상황에서 양질의 정보를 선택하는 것은 이전보다 더 중요한 일이 되었다. 이 중요성은 신앙에 있어서도 마찬가지이다.

OTT 크리스천의 큐레이션이란 교인들에게 맞춤형 신앙교육, 훈련 그리고 전도 등의 콘텐츠를 제공하는 능력을 가리킨다. AI의 큐레이션 능력은 교인들의 고유한 상황에 맞는 신앙훈련과 양육 콘텐츠를 제공하는 데 있어 탁월한 장점이 있다. 예를 들어 사춘기 자녀를 둔 부모에게는 관련 성경공부, 직장인들에게는 그에 맞는 신앙훈련이 필요할 것이다. 이렇게 교인 개개인의 상황을 고려해 필요한 신앙교육의 기회를 제공하는 것, 이것이 AI 큐레이션의 핵심이다.

현대 사회는 다양성이 확대되고 있으며 이에 따라 교인들의 삶의 자리도 다양화되고 있다. 같은 나이대 교인이라도 결혼 유무나 가정 형태(1인 가구, 무자녀 가정 등)에 따라 생활 환경과 기도제목이 전혀 다를 수 있다. 이런 다양성을 고려하지 않는 전통적 신앙교육은 교인들의 실제 상황과 간극이 있을 수밖에 없다.

그러나 AI를 활용한 맞춤형 신앙교육은 이런 문제를 해결한다. AI는 교인들의 개별 상황을 파악하고 그에 따라 적절한 신앙교육을 제공함으로써 교인들의 실질적인 문제와 고민을 극복하는 데 도움을 줄 수 있다. 또 AI는 콘텐츠의 홍수 속에서 교인들에게 가장 필요하고 양질의 콘텐츠를 찾아주는 역할을 한다. 교인들의 생애 주기에 따른 다양한 삶의 질곡을 신앙적으로 잘 이겨낼 수 있는 가이드라인을 제공한다.

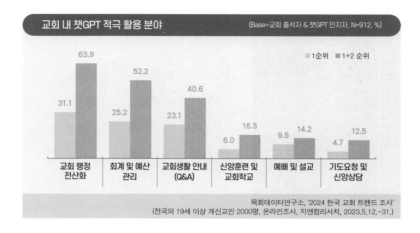

교회 내 챗GPT 적극 활용 분야 (Base=교회 출석자 & 챗GPT 인지자, N=912, %)

■ 1순위 ■ 1+2 순위

| 분야 | 1순위 | 1+2 순위 |
|---|---|---|
| 교회 행정 전산화 | 31.1 | 63.9 |
| 회계 및 예산 관리 | 25.2 | 52.2 |
| 교회생활 안내 (Q&A) | 23.1 | 40.6 |
| 신앙훈련 및 교회학교 | 6.0 | 16.3 |
| 예배 및 설교 | 9.5 | 14.2 |
| 기도요청 및 신앙상담 | 4.7 | 12.5 |

목회데이터연구소, '2024 한국 교회 트렌드 조사'
(전국의 19세 이상 개신교인 2000명, 온라인조사, 지앤컴리서치, 2023.5.12.~31.)

목회데이터연구소의 한국 교회 트렌드 조사에서 교인들에게 '앞으로 교회 안에서 챗GPT와 같은 인공지능 기술이 적극적으로 활용될 분야는 어디라고 생각하는가?'라는 질문을 던졌을 때, '교회 행정 전산화'(63.9%)가 가장 많은 응답을 받았다. 교회 행정은 다양한 영역을 포함하고 있지만 많은 노력과 에너지가 필요한 부분은 바로 직분자 교육과 관리에 관련된 영역이다. 교회 일꾼을 발굴하고 훈련시키는 과정에서 AI 기술을 활용한 큐레이션과 관리 시스템이 도입된다면 더 효율적이고 체계적인 교육과 관리가 가능할 것이다. 이런 과정을 통해 교회의 행정 업무가 간소화되고 교육 및 관리에 관련된 부담이 줄어들 수 있다.

기독교 OTT 플랫폼인 풍당에는 '신앙성장 영역 점검'이라는 기능이 있다. 이 기능은 사용자가 답변하는 몇 가지 설문조사를 통해 개인의 신앙성장 영역과 수직/수평 척도를 평가한다. 이 평가는 균형 잡힌 신앙성장을 돕기 위한 참고 자료로 활용된다.

점검표는 개인의 신앙성장 영역을 4개의 대분류와 13개의 소분류

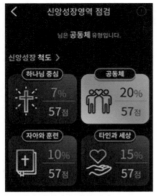
'퐁당'의 신앙성장 영역 점검

로 구분한다. 이 분류를 통해 도출된 결과값은 사용자에게 더 정교하게 맞춤화된 콘텐츠를 제공하기 위한 데이터베이스로 사용된다. 이는 사용자 개개인의 신앙 상태와 필요에 따른 콘텐츠를 추천하고 제공함으로써 사용자들이 신앙성장과 변화를 체계적으로 이해하고 관리할 수 있게 한다.

또한 교회에서 퐁당의 '클래스'라는 기능을 사용하면 소속 교인만을 위한 맞춤형 성경 강의 개설이 가능하다. 기존 퐁당에 등록되어 있는 강의들을 활용할 수도 있고, 임직 대상자를 위한 특별 교육용 강의를 별도로 추가하거나 큐레이션 하는 것도 가능하다. 이를 통해 지정된 교육 대상자들은 주어진 일정에 따라 강의를 수강하고, 진행 상태에 따라 수료가 결정된다. 이는 교회 내에서 구성원들의 신앙교육과 성장을 체계적으로 지원하는 데에 매우 효과적이다.

이처럼 AI를 통한 개인화된 신앙교육은 교인들이 그들의 신앙을 더 풍부하게 하고, 교회가 교인들에게 더 효과적인 신앙 서비스를 제공할 수 있도록 돕는다. 이 인공지능을 활용한 큐레이션은 앞으로 초개인화 시대 신앙교육에 큰 변화를 가져올 것이다.


## 3. Tele-party (텔레파티) : 함께하는 공동체!

디지털 시대 신앙생활의 특징 중 하나는 예배 형식이 실시간 중계와

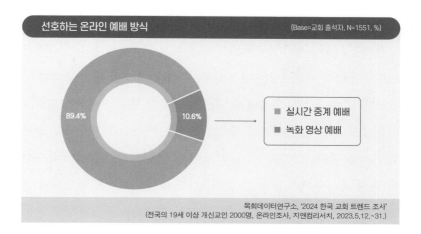

선호하는 온라인 예배 방식　　　(Base=교회 출석자, N=1551, %)

89.4%　　10.6%

■ 실시간 중계 예배
■ 녹화 영상 예배

목회데이터연구소, '2024 한국 교회 트렌드 조사'
(전국의 19세 이상 개신교인 2000명, 온라인조사, 지앤컴리서치, 2023.5.12.~31.)

녹화 영상 사이에서 선택할 수 있다는 점이다. 이러한 변화는 교회와 신자 간의 소통 방식뿐만 아니라 신앙생활의 질과 풍성함에 영향을 미친다. 여기서 중요한 문제는 이 두 가지 형식 중 교인들은 어떤 방식을 더 선호하는지와 그 이유가 무엇인지 이해하는 것이다.

이번 조사에서는 개신교인 89.4%가 압도적으로 실시간 중계 예배를 선호하는 것으로 나타났다. 이는 녹화된 예배를 선호하는 10.6%에 비하면 매우 높은 수치이다. 이 결과는 개신교인들이 공동체 감각과 동시성을 큰 가치로 두고 있음을 보여준다. 실시간 중계 예배를 선호하는 이유는 '정해진 시간에 예배를 참여할 수 있다'(35.8%)는 의견이 가장 많았고, '성도들이 동시에 예배를 드린다는 의미가 있다'(33.4%), '예배의 생동감이 있다'(27.5%) 순으로 나타났다.

이와 반대로 녹화 영상을 선호하는 이유는 '원하는 시간에 예배를 드릴 수 있다'가 53.9%였다. 그러나 이것이 의미하는 바는 녹화 영상 예배도 일정 부분 가치가 있지만 실시간 예배가 교인들에게 주는 공동체 경험의 강력함과 생동감을 대체할 수 없다는 것이었다.

실제로 녹화 영상 기반 온라인 예배와 실시간 중계 온라인 예배를 비교하면 녹화 예배에서는 영적 약화, 단절감, 지루함 등의 문제가 두드러졌다. 반면 실시간 예배는 생동감, 만족감 등의 긍정적인 요소가 더 강조되었다. 이는 실시간 예배가 더 높은 생동감을 제공하고 공동체 감각을 강하게 한다는 사실을 보여준다. 따라서 기술이 예배 형태와 표현 방식을 바꾸는 현대 사회에서도 실시간 예배는 공동체의 중심에서 그 가치를 지속적으로 발휘한다는 사실을 재확인하게 된다.

이런 점에서 우리는 OTT 크리스천의 특징 중 하나인 '텔레파티'(Tele-party) 문화를 주목해야 한다. 본래 '파티'(party)란 OTT 플랫

목회데이터연구소, '2024 한국 교회 트렌드 조사'
(전국의 19세 이상 개신교인 2000명, 온라인조사, 지앤컴리서치, 2023.5.12.~31.)

폼에서 여러 사람이 동시에 같은 콘텐츠를 함께 시청하는 형태를 말한다. 이것은 사람들이 비대면 환경에서도 공동체 감각을 유지하고, 함께 경험을 공유할 수 있게 해준다. 이런 파티 문화는 OTT 플랫폼을 통해 영화나 TV 프로그램을 함께 시청하는 것으로 나타나고 있다. 사용자들은 채팅이나 이모티콘 등으로 서로 소통하며 자신의 의견을 표출하고 다른 사람의 반응에 공감한다. 영화나 TV 프로그램 시청에서 시작한 이런 문화는 이제 신앙생활에도 접목돼 공동체 형태의 OTT 신앙생활을 가능하게 한다.

서울의 한 개척 교회는 비대면 소통의 중요성을 인식하고 매일 아침 유튜브를 통해 실시간 '아침 기도회'를 진행한다. 참여자들은 실시간 채팅을 통해 목회자와 소통하며 다른 참여자들과 적극적으로 대화한다. 말씀에 대한 질문이나 고민을 올리면 목회자로부터 즉시 답변을 받을 수 있다. 이는 교회와 교인들, 심지어 교회를 처음 접하는 사람들까지 모두 온라인에서 공동체의 일원이 될 수 있게 한다.

미국의 한 대형 교회에서는 주일마다 교회가 아니라 소그룹 리더의 집에서 모인다. 이렇게 모인 소그룹 구성원들은 커다란 TV를 통해 실시간 예배에 함께 참여하는 '파티'를 진행한다. 예배 후에는 간단한 식사와 교제를 나누고 이후 구역 모임을 진행해 온라인과 오프라인을 결합한 새로운 형태의 공동체를 경험한다.

OTT 크리스천의 '텔레파티' 문화는 비대면 시대에도 교회와 교인들이 연결돼 있음을 보여주며 교회생활의 새로운 가능성을 열어준다. 이런 변화는 교회의 소통 방식뿐 아니라 교회의 온라인 예배 방식, 심지어 교회가 사회와 소통하는 방식에까지 영향을 미칠 수 있다.

# 트렌드 전망 및 시사점

OTT 신앙생활은 단순히 신앙 관련 콘텐츠를 소비하는 것을 넘어 앞으로 디지털화가 진행되는 교인들의 전반적인 삶에 큰 영향을 미칠 것으로 보인다. 이는 OTT 크리스천이 직접 선택하고 탐색할 수 있는 방대한 정보를 제공함으로써 신앙 경험을 재정의하는 획기적인 방식이다. 이러한 변화의 전망과 그로 인한 시사점을 분석하면서 변화에 따르는 문제점과 대응 방안도 함께 살펴보고자 한다.

## 1. 플랫폼 선택

OTT 시대에서는 교회가 어떤 플랫폼을 선택하는지가 중요하다. 다시 말해 플랫폼은 실질적으로 교회가 교인들에게 메시지와 가치를 어떻게 전달하느냐, 그리고 디지털 전략이 어떻게 실행되느냐를 결정짓는 요소이다. 교회가 선택하는 OTT 플랫폼이 곧 교회의 '디지털 홈'이 되는 것이다.

예를 들어 교회가 유튜브를 OTT 플랫폼으로 선택한다면 교회는 유튜브 채널을 통해 예배, 설교, 찬양 등 콘텐츠를 공유하고 교인들과 소통할 수 있다. 또 댓글이나 공유 기능을 통해 교인들과 직접적인 상호작용을 이끌어낼 수 있다. 하지만 유튜브는 단지 하나의 예일 뿐이다. 문자메시지, 이메일, 전화, SNS, 메신저, 홈페이지, 기독 OTT 등과 같이 다양한 플랫폼이 존재하며 교회는 이렇게 다양한 플랫폼을 각 사역에 맞춰 적절히 활용할 능력이 필요하다.

따라서 교회는 플랫폼을 선택할 때 OTT 플랫폼의 특징, 사용자 특성 그리고 기술적 제한 등을 신중하게 고려해야 한다. 더 나아가 이러한 선택은 단순히 기술적인 문제를 넘어 교회의 비전과 목표를 반영하며 이를 효과적으로 실현하기 위한 전략으로써 고려해야 한다.

OTT 플랫폼은 각기 다른 장단점과 특성을 지니고 있다. 일부 플랫폼은 실시간 스트리밍에 강점이 있고 또 다른 플랫폼은 미디어 파일의 저장과 공유에 더 적합할 수 있다. 또 플랫폼마다 사용자의 연령대, 선호 콘텐츠 유형, 사용 패턴 등이 다를 수 있다. 따라서 교회는 자신의 목표와 필요에 가장 잘 부합하는 플랫폼을 선택해야 한다. 이를 위해 각 플랫폼의 특성과 사용자 행동을 분석하고 이를 교회 상황과 목표에 맞게 비교하는 작업이 필요하다.

마지막으로 OTT 플랫폼의 선택에 있어 기술적인 제한성을 고려해야 한다. 일부 플랫폼은 교회가 원하는 기능을 제공하지 않거나 교인들이 플랫폼을 쉽게 사용할 수 없는 경우가 있을 수 있다. 이런 문제를 해결하기 위해서는 교회가 해당 플랫폼의 기술적인 제한성을 잘 이해하고 극복하는 방법을 찾아야 한다. 이는 플랫폼과의 협력을 통해 이루어질 수도 있고, 필요에 따라 교회가 자체적으로 개발 능력을 갖추거나 외부 전문가를 참여시켜 문제를 해결할 수도 있다. 이 과정에서 교회는 자신의 목표와 비전을 기반으로 최적의 플랫폼 선택을 위한 기준을 설정하고 실행해야 한다.


## 2. 맞춤형 콘텐츠 제공

다양한 종류의 콘텐츠를 제작하고 선보이는 것은 OTT 시대 교회에서 매우 중요하다. 비디오, 오디오, 텍스트 등 여러 형식의 콘텐츠를 제작함으로써 교회는 교인들의 필요와 선호도에 맞춰 메시지를 전달할 수 있다. 이를 위해 교회는 콘텐츠 제작에 관한 전문 지식과 기술을 습득하거나 이를 수행할 수 있는 인력을 양성하고 활용해야 한다. 이러한 노력은 교회의 메시지가 교인들에게 효과적으로 전달되고 그들의 신앙생활에 더 긍정적인 영향을 미칠 수 있게 한다.

그러나 교회가 직접 모든 콘텐츠를 제작하는 것이 필수는 아니다. 특히 소형 교회의 경우 인력이나 자금 조달 측면에서 제작 인력을 확보하기란 불가능하다. 이미 잘 만들어진 콘텐츠를 도입하고 소개하는 것 역시 중요한 전략이다. 세계적인 신학자나 목사의 설교, 찬양 음악, 교육 자료 등 다양한 종류의 신앙 관련 콘텐츠가 넘쳐나고 있다. 이러한 콘텐츠를 적절하게 활용함으로써 교회는 자체적인 콘텐츠 제작 부담을 줄이고 동시에 교인들에게 다양하고 풍부한 콘텐츠를 제공할 수 있다.

나아가 콘텐츠를 도입하고 소개하는 것 역시 신중한 계획과 실행이 필요하다. 교회는 도입할 콘텐츠가 자신의 신앙적 가치와 메시지에 부합하는지, 그리고 교인들의 필요와 선호에 맞는지를 잘 평가해야 한다. 또 콘텐츠를 어떻게 선보일 것인지, 그리고 이를 통해 어떻게 교인들의 소통과 참여를 촉진할 것인지 그 전략을 갖고 있어야 한다. 이렇게 함으로써 교회는 자체 콘텐츠 제작과 외부 콘텐츠 도입을 통해 교인들에게 다양하고 풍부한 신앙 경험을 제공할 수 있다.

## 3. AI 리터러시

2023년 3월 목회자들을 대상으로 한 챗GPT 조사 결과(미래목회와 말씀연구원)에 따르면 응답자 79%가 앞으로 설교 준비를 위해 챗GPT를 사용할 것이라 전망했고, 교회가 AI 기술을 활용하는 것에 대해 긍정적이라는 답변(55.6%)이 부정적이라는 답변(39.2%)보다 높았다.

이러한 목회자 인식을 보면 AI에 대한 이해와 활용 능력, 즉 'AI 리터러시'(Literacy)는 OTT 시대의 교회에서 필수적인 역량이다. AI 리터러시란 사람들이 AI의 작동 방식, 장단점, 윤리적 고려사항 등을 이해하고 AI를 도구로 활용하면서 상황에 맞게 판단하는 능력을 의미한다.

교회의 메시지를 교인들에게 효과적으로 전달하기 위해 챗GPT와 같은 AI 기술을 활용해 콘텐츠를 개인화하고, 적절한 시기에 콘텐츠를 제공하며 교인들의 반응을 분석하는 등 다양한 활용 방안을 고려해야 한다. 이를 위해 교회 지도자들은 AI의 기본 원리와 활용 방법에 대한 이해가 필요하며 이를 통해 교회의 콘텐츠 제작과 배포, 그리고 소통 과정에서 AI를 효과적으로 활용할 수 있는 능력을 키워야 한다.

나아가 교회는 AI 윤리와 책임을 항상 염두에 두어야 한다. AI를 활용하면 교인들의 개인정보 수집 및 분석이 가능해지지만, 이는 프라이버시 침해나 신앙생활에 부적절한 영향을 미칠 수 있는 위험성을 내포하고 있다. 따라서 AI 활용 과정에서 교인들의 개인정보를 적절하게 보호하고, AI 활용이 교인들의 신앙생활에 긍정적인 영향을 미치도록 책임을 다해야 한다.

이런 노력을 통해 교회는 AI를 활용해 OTT 크리스천에게 풍부하고 개인화된 신앙 경험을 제공하면서 동시에 그들의 프라이버시를 보호하고 신앙생활에 긍정적인 영향을 끼칠 수 있을 것이다.

04

# Meme
# Generation

# 밈 제너레이션

코로나19를 지나면서 다음세대 신앙 전수의 생태계가 급변했다. 마치 터널을 통과하면 빠르게 다른 지역으로 넘어가듯 코로나는 다음세대 신앙 전수의 생태계를 빠르게 변화시켰다. Z세대(1990년대 중반에서 2000년대 초반에 태어난 세대) 중심에 있는 청소년은 태어날 때부터 스마트폰을 달고 나온 '포노 사피엔스'로서 '디지털 원주민'이며, 심리적으로는 '질풍노도의 시기', 종교적으로는 '미전도종족'으로 불리고 있다. 이것만으로도 복잡한데 여기에 'Meme Generation'(밈세대)라는 말이 추가되고 있다.

청소년은 '밈'(meme) 없이는 대화를 못 할 정도다. 잠자는 시간보다 인터넷을 더 많이 사용하고 오프라인보다 온라인에서 더 많은 대화를 하는 청소년에게 밈은 새로운 소통 방식으로 자리를 잡았다. 진화생물학 용어인 밈이 디지털 세대의 소통 방식을 일컫는 말로 재탄생한 것이다. 오늘의 청소년을 이해하기 위해서는 밈을 이해해야 한다.

밈세대는 세 가지 트렌드를 보인다. 첫째, 'Modeling Elders'로서 신앙형성에서 부모와 교사 등 기성세대를 모델링 하는 특징이 있다. 둘째, 'Making Environment'로서 문화 형성에 온오프라인을 양손잡이처럼 사용한다는 것이다. 셋째, 이전에 어떤 인류보다 기술 친화적이고, 수평적이며 개방적이고 공정과 정의를 추구하는 세대로 한국 교회 미래를 책임질 세대라는 것이다. 2024년 청소년 사역은 머리 아픈 사역이 아니라 가슴 뜨거워지는 사역이 될 것이다.

이 단어를 읽어 보시기 바랍니다. 'Meme'

어떻게 읽었는가? '미미' 혹은 '메메'라고 읽었다면, 간곡히 부탁하는데 절대로 청소년 앞에서 그렇게 읽어서는 안 된다. 그렇게 읽는 순간 청소년은 당신 앞에서 안개처럼 사라질 것이다. 청소년은 'Meme'을 '밈'이라고 읽는다. 밈(meme)이란 인터넷에서 이미지, 동영상, 해시태그(#), 유행어 등의 형태로 급속히 확산해 사회 문화 일부로 자리 잡은 소셜 아이디어, 트렌드 등을 일컫는다.[1] 인터넷에서 시작된 유행이 각종 커뮤니티나 SNS를 통해 재창조되는 패러디물이다.

밈이라는 단어는 본래 리처드 도킨스(Clinton Richard Dawkins)의 저서 《이기적 유전자》(을유문화사)에서 제시된 학술 용어이다. 밈이라는 말은 모방을 뜻하는 그리스어 미메시스(mimesis)와 유전자(gene)의 합성어이다. 책에서 도킨스는 밈을 "인간의 유전자처럼 자기복제적 특징을 지니며 번식해 대를 이어 전해져 오는 사상이나 종교, 이념 같은 정신적 사유"로 정의했다. 즉 도킨스가 말하는 밈은 사람들 사이에서 구전을 통해 재생산되는 모든 문화적 현상을 총칭한다. 밈이라는 단어는 본격적인 인터넷 보급과 함께 새로운 소통 방식을 설명하는 단어로 사용되고 있다.

대표적 밈 사례 중의 하나가 미국의 트럼프 전 대통령이 '하바나'(Havana)라는 노래를 부르면서 춤을 추는 영상이다. 이 영상은 트럼프 대통령이 하바나라는 노래를 부르며 춤을 춘 것이 아니라 그의 연설과 다양한 장면이 담긴 영상을 짜깁기해 편집한 영상이다. 영상은 무려 1억 3,000만회 이상의 조회 수를 기록하며 '좋아요'만 310만

개에 달했다. 과거 페이스북에 기부 캠페인으로 유행한 아이스 버킷 챌린지 같은 운동도 밈이다.

## 청소년, "밈(meme) 없이는 대화 못해!"

특별히 밈에 열광하는 세대가 있다. 바로 Z세대이다. 디지털 환경에 익숙한 Z세대들은 일상적인 대화 속에서 무의식적으로 밈을 사용한다. 과거 드라마 '야인시대' 주인공 김두한이 미군과의 협상 속에서 '사 딸라'(4 dollars)를 외치는 대사나, 영화 '타짜'의 캐릭터인 곽철용이 외치는 "묻고 더블로 가!"와 같은 대사들이 현재 청소년들의 대화에서도 빈번하게 사용되는 게 그 예이다. 청소년들에게 밈이란 떼려야 뗄 수 없다. Z세대의 중심에 있는 청소년 트렌드를 이해하기 위해서는 밈 트렌드를 아는 것이 필수가 됐다. 청소년은 '밈세대'라 해도 과언이 아니다.

밈이 인터넷의 발달과 함께 다양한 장르를 복제하고 패러디해 복잡하게 느껴지는 것처럼, 청소년기는 매우 복합한 시기이다. 우선 연령 구분 자체가 명확하지 않다. '청소년 기본법'에서는 청소년의 나이를 9세 이상 24세 이하로 규정한다. 반면 '청소년 보호법'에서는 19세 미만으로 규정한다. '근로기준법'에서는 15세 이상 18세 미만으로 되어 있다. 청소년의 생물학적 나이 구분 자체도 복잡하다.

하지만 청소년의 정서적 상태에 비하면 생물학적 나이 구분은 도리어 단순하다고 할 수 있다. 흔히 청소년 시기는 '정체성 혼란의 시기', '주변인', '질풍노도의 시기', '과도기', '심리적 불안기' 등으로 표현한다. 심지어 '중2'는 환자로 취급하기도 한다. 한마디로 이해하기 힘들다는 것이다.

4차 산업 시대가 되면서 청소년은 더 이해하기 힘든 대상이 됐다. 청소년은 '디지털 원주민'으로서 디지털 이주민들이 보기에 낯선 인류이다. 아이폰은 2007년 처음 출시되었다. 2023년 기준 고1 학생들의 출생 연도와 같다. 즉 청소년들은 스마트폰이 없는 시대를 살아본 적이 없는 세대이다. 이들은 기술 친화적이고 수평적 인간관계, 익명성, 개방성, 다양성, 연결성, 초월성과 같은 특징을 지니고 있다.

'포노사피엔스'(phono sapiens, 스마트폰이 낳은 신인류)답게 청소년은 수면 시간보다 인터넷을 더 많이 이용한다. 한국언론진흥재단이 발표한 '2022 10대 청소년 미디어 이용 조사'에 따르면 중고생의 스마트폰을 포함한 인터넷 사용 시간은 하루 평균 479.6분(약 8시간)으로 조사됐다. 2022년 기준 청소년의 평일 평균 수면 시간은 7.2시간이다.

2019년 조사에는 인터넷 이용 시간이 하루 평균 267.2분(약 4시간 30분)이었는데 2년 사이 1.8배로 증가한 것이다. 2023년 작성한 행정안전부 자료에 의하면 이런 특징을 지닌 중고등학생이 전 국민의 9.17%이다. 이는 무시할 수 없는 수치이자 한국 교회의 미래를 책임질 자원이다. 아니, 이미 한국 교회 가운데 적지 않은 존재감을 드러내고 있다.

이 글에서는 2024년 청소년 트렌드를 분석하면서 청소년을 '밈세대'로 규정하고, 이들의 트렌드를 크게 두 가지로 구분해 설명하고자 한다. 첫째 특징은

밈
(Meme)

'Meme'은 인터넷에서 이미지, 동영상, 해시태그(#), 유행어 등의 형태로 급속히 확산해 사회 문화 일부로 자리 잡은 소셜 아이디어, 트렌드 등을 일컫는다. 즉 인터넷에서 시작된 유행이 각종 커뮤니티나 SNS를 통해 재창조되는 패러디물이다.

밈세대는 스마트폰이 없는 시대를 한 번도 살아본 적이 없는 세대로 기술 친화적, 수평적 인간관계, 익명성, 개방성, 다양성, 연결성, 초월성과 같은 특징을 지닌다.

'Modeling Elders'로서 신앙 형성에 있어서는 기성세대를 모델링하는 특징을 강하게 보이고 있다. 둘째 특징은 'Making Environment'로서 문화 형성에 있어서 온라인과 오프라인을 양손잡이처럼 활용한다는 것이다. 밈세대인 청소년은 밈처럼 복제를 당하고 복제를 하는 방식을 통해 자신들의 트렌드를 형성해 가고 있다.

## Modeling Elders

### 1. 신앙형성의 토양, 가정

"코로나를 겪으면서 부모님과 더 가까워진 것 같아요."

청소년이 답한 신앙생활에 가장 큰 영향을 준 사람 (%)

| | 2019년 | | 2021년 |
|---|---|---|---|
| 어머니 | 53 | | 54 |
| 아버지 | 30 | | 33 |
| 목회자 | 33 | | 25 |
| 교회 친구·선후배 | 24 | | 24 |
| 교회학교 교사 | 19 | | 11 |
| 학교 친구·선후배 | 13 | | 10 |

\* 전국 개신교 중고생 500명 대상

*안산제일교회/목회데이터연구소, '2021 크리스천 중고생의 신앙생활에 관한 조사연구', 2021.6.17.
**2019년 자료 : 한국 교회탐구센터/21세기교회연구소, '크리스천 중고생의 신앙의식 조사', 2019.12.6.
***2021년 조사 시는 '코로나19 이후 신앙성장에 도움받은 것'으로 질문하였음

"집에 있는 시간이 많아지니까 자연스럽게 부모님과 신앙적인 이야기도 많이 한 것 같아요."

2021년 여성가족부에서는 코로나 등 환경 변화에 따른 청소년 삶의 현주소를 보여주는 조사를 진행한 바 있다. 조사는 청소년 7,170명을 대상으로 했다. 주요 분석 결과를 살펴보면 청소년들의 삶의 변화는 대체적으로 부정적인 변화가 많았다. 예를 들면 학교생활(부정적 48.4%, 긍정적 11.4%), 사회에 대한 신뢰(부정적 43.7%, 긍정적 8.3%)가 부정적인 결과로 나타났다.

하지만 반대로 좋아진 것이 있다면 바로 '가족관계'(긍정적 22.1%, 부정적 9.6%)이다.[2] 이는 코로나로 가정 내 부모와 청소년들 사이의 관계가 가까워지고 좋아졌다는 것을 보여준다. 이런 현상은 교회 안

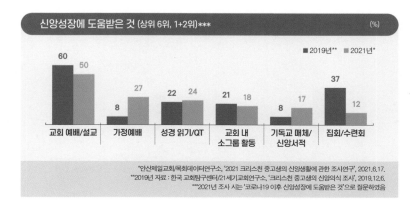

신앙성장에 도움받은 것 (상위 6위, 1+2위)*** (%)

■ 2019년** ■ 2021년*

- 교회 예배/설교: 60 / 50
- 가정예배: 8 / 27
- 성경 읽기/QT: 22 / 24
- 교회 내 소그룹 활동: 21 / 18
- 기독교 매체/신앙서적: 8 / 17
- 집회/수련회: 37 / 12

*안산제일교회/목회데이터연구소, '2021 크리스천 중고생의 신앙생활에 관한 조사연구', 2021.6.17.
**2019년 자료 : 한국 교회탐구센터/21세기교회연구소, '크리스천 중고생의 신앙의식 조사', 2019.12.6.
***2021년 조사 시는 '코로나19 이후 신앙성장에 도움받은 것'으로 질문하였음

에서도 똑같이 일어났다.

2019년 목회데이터연구소 조사에 따르면 '청소년의 신앙생활에 가장 큰 영향을 준 사람'이 누구인지를 묻는 항목에서 1위는 '어머니'(53%)이고, 2위는 '목회자'(33%), 3위가 '아버지'(30%)였다. 그런데 2021년 조사에 의미 있는 변화가 일어났는데 '목회자'와 '아버지'의 순위가 바뀐 것이다. '아버지'가 33%로 '목회자' 25%를 앞지르고 2위가 됐다. 팬데믹 기간을 보내면서 청소년 신앙 형성에 부모의 영향력은 목회자의 영향력을 능가하게 되었다. 이는 반드시 주목해야 할 부분이다. 또한 신앙성장에 가장 큰 도움을 주는 활동이 무엇인지 묻는 항목에서는 '가정예배'가 2019년에는 8%였으나, 2021년에는 27%로 3배 이상 상승했다.

이는 청소년의 신앙에 있어서 가정과 부모의 영향이 점점 커져가고 있음을 보여준다. 청소년 신앙 형성에 대한 전통적인 공식은 목회자를 중심으로 교회 안에서 이루어지는 것이었는데, 팬데믹을 거치며 부모를 중심으로 한 가정예배가 신앙 형성에 큰 영향 요인이 되었다.

청소년 신앙 형성의 출발 역시 가정이다. 목회데이터연구소의

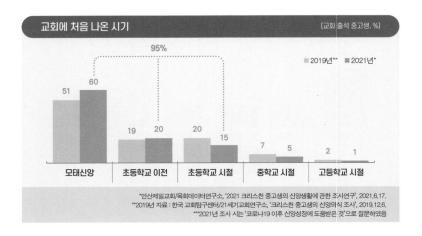

교회에 처음 나온 시기 (교회 출석 중고생, %)

95%

■ 2019년** ■ 2021년*

| 모태신앙 | 초등학교 이전 | 초등학교 시절 | 중학교 시절 | 고등학교 시절 |
|---|---|---|---|---|
| 51 / 60 | 19 / 20 | 20 / 15 | 7 / 5 | 2 / 1 |

*안산제일교회/목회데이터연구소, '2021 크리스천 중고생의 신앙생활에 관한 조사연구', 2021.6.17.
**2019년 자료 : 한국 교회탐구센터/21세기교회연구소, '크리스천 중고생의 신앙의식 조사', 2019.12.6.
***2021년 조사 시는 '코로나19 이후 신앙성장에 도움받은 것'으로 질문하였음

'2021 크리스천 중고생의 신앙생활 관련 조사연구'에 따르면 '교회에 처음 나온 시기'에 대한 질문에서 모태신앙 비율이 60%나 되는 것으로 나타났다.

이 조사에서 더욱 의미 있는 부분은 중학교 이전에 교회에 나가기 시작한 비율이 95%라는 것이다. 이런 현상은 가족이 신앙 형성에 모판이란 것을 증명하며 한국 교회가 '가족 종교화'되었고, 청소년기 이전에 가족을 제외한 다른 통로를 통해서는 새신자가 거의 유입되지 못하고 있다는 것을 보여준다. 이는 또한 영혼 구원과 신앙 형성에 교회학교 사역이 얼마나 중요한지를 보여주고 있다.

부모는 청소년 신앙 형성에 결정적인 역할을 함과 동시에 신앙을 해체하는 데도 큰 영향을 미친다. 조사 결과는 기독교 청소년의 예배 참석에 가장 큰 걸림돌 중 하나가 부모가 될 수 있음을 보여주고 있다. 앞의 조사에서 교회 중직자 부모 29%는 자신의 자녀가 교회에 출석하는 것을 좋아하지 않는다고 응답했다. 부모 모두 비개신교인

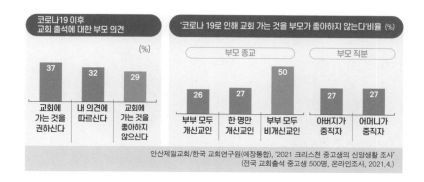

안산제일교회/한국 교회연구원(예장통합), '2021 크리스천 중고생의 신앙생활 조사'
(전국 교회출석 중고생 500명, 온라인조사, 2021.4.)

의 경우 그 비율은 50%까지 올라간다. 교회 출석 여부에 부모가 큰 영향을 미치고 있음을 방증한다.

크리스천 부모의 이중적인 모습은 자녀의 신앙을 허무는 데 있어 결정적이다. 이중적인 부모의 신앙은 자녀 신앙의 방파제가 아니라 도리어 출구가 되고 있다. 데이비드 킨나만(David Kinnaman)이 쓴 《unchristian》에서 미국 교회에서 청소년이 교육 부서를 졸업한 이후에 교회를 떠나는 비율이 86%라고 했다. 이런 현상이 벌어지는 가장 큰 원인 중 하나로 기독교인들이 말과 행위가 일치하지 않는 위선적 존재라는 인식 때문이라고 지적했다.

같은 저자가 쓴 《You Lost Me》에서는 청년 교회 이탈 현상의 원인을 더 직접적으로 기술했다. "결정적인 요인은 부모 신앙의 이중성이다. 부모의 모습에서 하나님을 느끼지 못할 때, 삶에서 하나님에 대한 질문을 해결받지 못할 때 다음세대들은 하나님을 떠난다."

한국의 상황도 별반 다르지 않다. 목회데이터연구소의 크리스천 청소년 조사(2023) 결과에 따르면 '청소년이 학교 친구들에게 교회 출석을 말하지 않는 이유'를 묻는 항목에서 '부모의 이중적인 모습'이 세

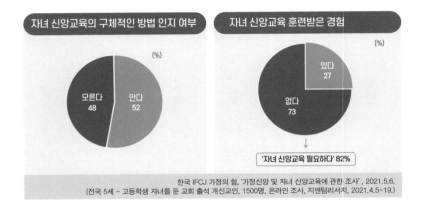

한국 IFCJ 가정의 힘, '가정신앙 및 자녀 신앙교육에 관한 조사', 2021.5.6.
(전국 5세 ~ 고등학생 자녀를 둔 교회 출석 개신교인, 1500명, 온라인 조사, 지앤컴리서치, 2021.4.5~19.)

번째 높은 순위로 나타났다.

청소년 신앙 형성에 부모 역할이 이렇게 결정적인데, 교회는 부모 교육을 위해 얼마나 신경을 쓰고 있을까? 2021년 한국 IFCJ 조사에 의하면 고3까지의 자녀에 대해 교회 출석 부모들에게 '자녀 신앙교육의 구체적인 방법 인지' 여부를 물었는데, '안다'가 52%, '모른다'가 48%로 나타났다. 기독 부모 절반이 구체적인 자녀 신앙교육 방법을 모르고 있다. 다소 충격적이기까지 하다.

반면, '출석 교회로부터 자녀 신앙교육을 훈련받은 경험'에 대해서는 '있다'가 27%에 불과했다. 무려 73%의 부모들은 교회로부터 자녀 신앙교육 훈련을 받은 경험이 없었다. 더욱 심각한 것은 '훈련 내용 실천 여부'에 대해서는 '계속 실천하고 있는 부모'가 18%에 불과하다는 점이다. 이는 전체 부모의 5%에 해당한다. 절반가량의 부모들은 자녀 신앙교육의 구체적인 방법을 모르고, 73%의 부모는 이와 관련된 교육을 받은 경험도 없고, 5%의 부모만이 교육받은 대로 실천하고 있다. 한국 교회 가정에서의 자녀 신앙교육 현주소이다.

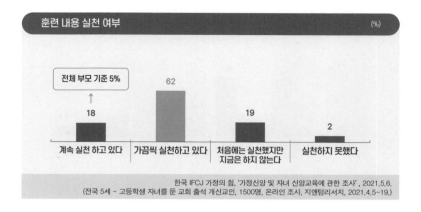

한국 IFCJ 가정의 힘, '가정신앙 및 자녀 신앙교육에 관한 조사', 2021.5.6.
(전국 5세 ~ 고등학생 자녀를 둔 교회 출석 개신교인, 1500명, 온라인 조사, 지앤컴리서치, 2021.4.5~19.)

상황이 이렇다보니 부모가 행하는 신앙교육은 뒷전으로 밀려날 수밖에 없다. 한국 IFCJ의 조사에서 부모의 교육 우선순위에 대해 질문한 결과 1순위가 인성교육, 2순위 지성교육, 3순위 진로교육이었고 4순위가 신앙교육이었다. 이는 기독교 신앙을 가진 부모도 기독교 신앙을 전수하는 신앙교육보다는 인성과 지성에 대한 교육을 더 중요하게 생각한다는 얘기다.

부모는 청소년 신앙 형성에 모판과 같다. 청소년은 부모의 영혼을 닮는다. 부모를 모델링 하여 자신의 신앙을 형성한다. 존 웨슬리(John Wesley) 역시 "나는 영국의 모든 신학자보다 나의 어머니에게서 기독교에 대해 더 많이 배웠다"라고 말했다. 카라 파월(Kara Powell)은 150개 교회, 500명의 청소년과 청년, 50개의 기독 가정을 대상으로 7년 넘게 현장을 연구하고 그 임상 결과를 담은 《The sticky faith guide for your family》라는 책을 썼다. 결과는 간단하고 명확하다. "가장 큰 영향을 주는 요소는 가정과 영적 부모이다." 2024년 청소년 신앙 형성을 위해서는 부모의 신앙을 먼저 형성해야 한다.

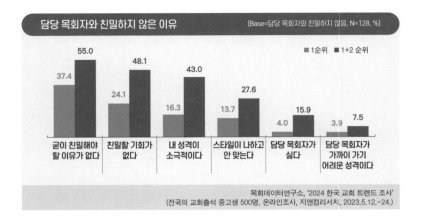

**담당 목회자와 친밀하지 않은 이유**　　　(Base=담당 목회자와 친밀하지 않음, N=128, %)

■ 1순위　■ 1+2 순위

| | 1순위 | 1+2 순위 |
|---|---|---|
| 굳이 친밀해야 할 이유가 없다 | 37.4 | 55.0 |
| 친밀할 기회가 없다 | 24.1 | 48.1 |
| 내 성격이 소극적이다 | 16.3 | 43.0 |
| 스타일이 나하고 안 맞는다 | 13.7 | 27.6 |
| 담당 목회자가 싫다 | 4.0 | 15.9 |
| 담당 목회자가 가까이 가기 어려운 성격이다 | 3.9 | 7.5 |

목회데이터연구소, '2024 한국 교회 트렌드 조사'
(전국의 교회출석 중고생 500명, 온라인조사, 지앤컴리서치, 2023.5.12.~24.)

## 2. 신앙 형성의 뿌리, 목회자와 교사

"목사님이 제 이름을 불러주시고 기도도 해주셨어요."

"선생님하고 친하기도 하고 좋은 친구랑 함께해서 성경공부가 재미있어요."

청소년의 신앙형성에 있어서 목회자와 교사의 영향력은 부모만큼 크다. 부모에 의해 교회에 소속된 자녀는 교회 목회자와 교사를 통해 신앙을 체계적으로 학습해 간다. 청소년 신앙 형성에 부모가 모판이라면 목회자와 교사는 뿌리와 같다. 청소년이라는 씨앗의 뿌리가 잘 내리기 위해서는 친밀감이란 햇빛을 충분히 공급받아야 한다. 청소년은 모델링을 통해 신앙을 형성해 가기 때문에 학습에 있어서 친밀감은 교육의 핵심이라고 할 수 있다.

이번 목회데이터연구소 조사에서 청소년들에게 현재 성경공부(공과

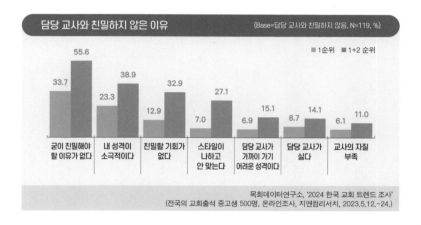

목회데이터연구소, '2024 한국 교회 트렌드 조사'
(전국의 교회출석 중고생 500명, 온라인조사, 지앤컴리서치, 2023.5.12.~24.)

공부)에 만족하는 점을 물었을 때 1위는 '좋은 선생님'(35.2%)이었고, 2위는 '좋은 친구들과 함께 보내는 시간'(29.1%)이었다. 성경공부를 하는 가장 큰 이유로 생각했던 '신앙적 유익'은 18.0%로 3위였다. 이는 크리스천 청소년들에게 '관계'라는 키워드가 매우 중요하다는 것을 보여준다. 청소년은 '좋은 이야기'를 듣는 것이 아니라 '좋아하는 사람의 이야기'를 듣는다는 것을 다시 한번 확인해주었다.

그렇다면 청소년들은 목회자, 교사와 어느 정도 친밀감을 유지하고 있을까? 조사 결과 목회자와의 친밀도는 71.7%, 교사와의 친밀도는 73.6%로 나타났다. 목회자와 친밀하지 않다고 말한 청소년은 28.3%이고, 교사와 친밀하지 않다고 응답한 학생은 26.4%였다. 청소년 신앙 형성에 있어서 친밀감은 씨앗에게 햇빛과 같은 것인데 목회자, 교사와 친밀하지 않다면 청소년들의 신앙은 어떻게 형성되고 있는 것일까?

친밀하지 않다고 응답한 청소년들에게 '담당 목회자 또는 교사와 친밀하지 않다고 느끼는 이유'를 물었다. 두 대상 공통적으로 가장

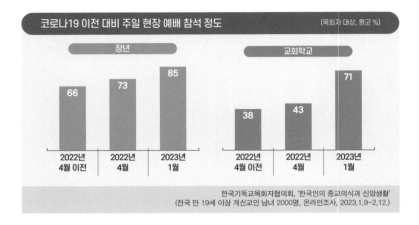

코로나19 이전 대비 주일 현장 예배 참석 정도 (목회자 대상, 평균 %)

장년

66  2022년 4월 이전
73  2022년 4월
85  2023년 1월

교회학교

38  2022년 4월 이전
43  2022년 4월
71  2023년 1월

한국기독교목회자협의회, '한국인의 종교의식과 신앙생활'
(전국 만 19세 이상 개신교인 남녀 2000명, 온라인조사, 2023.1.9~2.12.)

높은 응답을 보인 것은 '굳이 친밀해야 할 이유가 없다'였다. 목회자
와 '굳이 친밀해야 할 이유가 없다'고 응답한 청소년은 55.0%, '교사
와 친밀해야 할 이유가 없다'고 응답한 청소년은 55.6%였다.

'담당 목회자가 싫다'(15.9%), '담당 목회자가 가까이 가기 어
려운 성격이다'(7.5%)와 '담당 교사가 가까이 가기 어려운 성격이
다'(15.1%), '담당 교사가 싫다'(14.1%) 같은 결과는 목회자와 교사를
향해 경종을 울리고 있다. 특별히 청소년 10명 중 1명(11.0%)은 '교사
의 자질 부족'을 지적하고 있다. 코로나 이후 교회학교 사역자와 교
사 수급에 어려움을 겪고 있다. 그러나 이런 데이터를 접하면서 교역
자와 교사 모집도 중요하지만 가장 먼저 교역자와 교사가 청소년을
잘 교육할 수 있도록 역량을 강화하는 것이 시급하다 하겠다.

팬데믹 이후 청소년의 예배 모습은 어떻게 변했을까? 한국기독교목
회자협의회(한목협)가 2023년 1월 조사한 결과에 따르면 장년 현장
예배는 코로나 이전 대비 85%까지 회복됐고, 교회학교는 71%까지

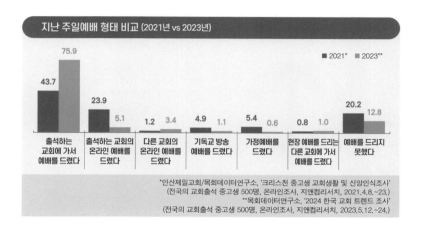

지난 주일예배 형태 비교 (2021년 vs 2023년)

■ 2021* ■ 2023**

| 출석하는 교회에 가서 예배를 드렸다 | 출석하는 교회의 온라인 예배를 드렸다 | 다른 교회의 온라인 예배를 드렸다 | 기독교 방송 예배를 드렸다 | 가정예배를 드렸다 | 현장 예배를 드리는 다른 교회에 가서 예배를 드렸다 | 예배를 드리지 못했다 |
| --- | --- | --- | --- | --- | --- | --- |
| 43.7 / 75.9 | 23.9 / 5.1 | 1.2 / 3.4 | 4.9 / 1.1 | 5.4 / 0.6 | 0.8 / 1.0 | 20.2 / 12.8 |

*안산제일교회/목회데이터연구소, '크리스천 중고생 교회생활 및 신앙인식조사'
(전국의 교회출석 중고생 500명, 온라인조사, 지앤컴리서치, 2021.4.8.~23.)
**목회데이터연구소, '2024 한국 교회 트렌드 조사'
(전국의 교회출석 중고생 500명, 온라인조사, 지앤컴리서치, 2023.5.12.~24.)

회복됐다. 교회학교는 아직까지 장년 현장 예배 회복률을 따라가지 못하고 있다.

청소년의 경우는 2021년 43.7%가 현장 예배를 드렸으나 2023년에는 75.9%가 현장 예배에 참여하고 있다. 현장 예배 참여율이 높아지고 있는 추세여서 다행스러운 일이다. 예배를 드리지 않는 비율도 20.2%에서 12.8%로 감소했다. 팬데믹 이후 언택트 문화가 깊숙이 자리를 잡았지만, 예배는 현장 예배를 선호하고 있다. 현장 예배의 중요성이 강조돼야 하는 이유이기도 하다.

공과공부(성경공부) 시간은 어떻게 진행되고 있을까? 성경공부 여부에 대해서는 '참여한다'가 63.9%, '참여하지 않는다'가 36.1%였다. 성경공부를 참여하지 않는 부분이 꽤 높았는데 그 이유로는 '성경공부가 재미없다'가 42%로 가장 높았고, '성경공부를 통해 얻는 신앙적 유익이 없어서'(19.0%), '성경공부 방법이 단조로워서'(6.8%), '선생님이 교사로서 자질이 부족해서'(4.3%) 순이었다. 청소년 신앙 형성을 위해

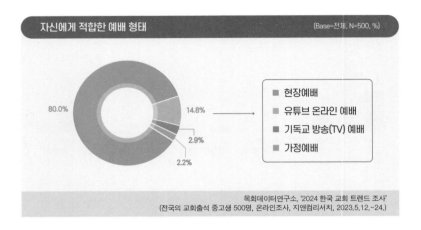

담당 교역자와 교사 역량 강화가 시급한 대목이다.

온라인 환경에 친숙한 밈세대이지만 청소년은 여전히 자신에게 가장 적합한 예배 공간으로 '현장 예배'를 꼽고 있다. 청소년은 AI 시대를 이끌 주역이지만 예배는 아날로그 방식을 선택한다. '자신에게 적합한 예배의 형태'를 물었을 때 무려 80%가 현장 예배가 적합한 형태라고 응답했다. 17.7%만 온라인 예배가 적합하다고 답했다. 청소년은 특히 현장에서의 예배와 성경공부를 통한 교제를 선호한다고 해석할 수 있을 것이다. 청소년은 관계 지향적인 존재이다. 청소년은 배가 고픈 것보다 관계에 더 목말라하고 있다. 성적이 올라가지 않는 것보다 친구들에게 인기가 없는 것에 더 괴로워한다. 청소년은 여전히 좋은 목회자, 교사와의 친밀한 관계를 원하고 있다.

전통적으로 청소년 신앙 형성에 있어서 교육 방법은 '성경을 청소년에게 가르치는 것'이었다. 하지만 팬데믹 이후 교육 방법은 '청소년에게 성경을 가르치는 것'이어야 한다. '성경을 청소년에게 가르치는 것'

은 가르치는 내용에 집중된 교육이다. 하지만 밈세대는 자신에게 의미 있는 것을 빠르게 흡수하고 복제한다.

'청소년에게 성경을 가르치는 것'은 먼저는 학습을 받는 청소년에게 집중하는 것이다. 청소년과 좋은 관계를 맺고 그의 상황을 면밀히 살펴 그들의 상황에 맞는 말씀을 가르치는 것이다. 청소년들은 예배와 성경공부에서 온라인보다는 현장을 선호한다. 그 현장이란 다른 게 아니다. 친밀감과 진정성을 느낄 수 있는 공간이어야 한다.

교육부는 2025년부터 교과서를 디지털화해 맞춤형 학습이 가능한 형태인 'AI 디지털 교과서'를 학교에 보급할 계획이다. AI의 교육적 활용을 위한 '하이테크' 교육을 진행하는 것이다. 하지만 역설적이게도 하이테크 교육의 성공을 위해 교사의 '하이터치'(High Touch)를 강조하고 있다. 다음세대 신앙 형성을 위해 담당 목회자와 교사는 하이터치가 강조돼야 한다.

## Making Environment

### 1. 청소년 문화를 창조하라

"저는 고민이 있으면 친구에게 이야기해요."

"교회에 갈 때 다른 건 잘 모르겠고 친구 만나는 게 제일 기대돼요."

2023년 여성가족부 청소년 통계에 따르면 청소년의 고민 상담 대상 1위는 '친구 및 동료에게 주로 고민을 나눈다'(43.7%)였다.[3] 이는 청소년 시기 또래 집단의 영향이 얼마나 큰지 알 수 있는 지점이다. 실제로 교육부에서는 2022년 12월 또래 상담 성과 보고 대회를 열어 또래 상담이 얼마나 중요한지 나누는 시간을 가졌다.[4]

또래 상담은 학교 내 상담자 학생이 학교생활에 어려움을 겪는 또래 친구의 고민을 들어주고 공감하며 조력하는 활동이다. 2022년부터 25만여 명의 또래 상담자들이 활동하고 있다. 교육부에 따르면 또래 상담자는 운영학교 지도교사 등으로부터 또래 상담교육을 받은 후 학교에서 따돌림, 학교폭력 등 어려움을 겪고 있는 친구를 발견해 '먼저 다가가 공감하기', '이야기 잘 들어주기', '함께 고민하기' 등의 활동으로 학교폭력 예방에 도움을 주고 있다. 이처럼 공교육 제도 속에서도 또래를 통해 청소년 문제를 해결하려는 움직임을 보이고 있다.

이러한 흐름은 교회에서도 이어지고 있다. 목회데이터연구소의 조사 결과에 따르면 청소년들에게 중고등부 예배 및 활동에 기대하는 것을 질문했을 때 가장 많은 대답은 '친구 선후배와의 만남'이었다. 이는 청소년이 교회에 대해 기대하는 것으로 또래가 매우 중요하다는 것을 말해준다. 청소년들은 또래 공동체와 함께 의미 있는 일을 하고 싶어 한다.

"미래 사회 문제의 당사자는 저희예요. 당사자로서 문제 해결을 위한 정책, 정치 변화를 요구해야겠어요."

밈세대는 더 이상 아무것도 모르는 아이들이 아니다. 디지털 네이

| | 계 | 친구 동료 | 부모 | 아버지 | 어머니 | 형제 자매 | 인터넷 (SNS) | 스승 | 기타 | 선 후배 | 스스로 해결 |
|---|---|---|---|---|---|---|---|---|---|---|---|
| 2018 | 100.0 | 49.1 | 28.0 | 4.1 | 23.9 | 5.1 | - | 1.5 | 1.0 | 1.5 | 13.8 |
| 2020 | 100.0 | 43.4 | 27.1 | 4.2 | 23.0 | 6.1 | 1.4 | 1.0 | 0.9 | 0.8 | 19.1 |
| 2022 | 100.0 | 43.7 | 29.7 | 4.2 | 25.5 | 4.8 | 0.6 | 1.0 | 0.9 | 1.3 | 18.1 |
| 남자 | 100.0 | 44.5 | 27.5 | 5.6 | 21.9 | 3.3 | 0.6 | 1.5 | 0.4 | 1.7 | 20.5 |
| 여자 | 100.0 | 42.9 | 31.9 | 2.7 | 29.2 | 6.4 | 0.5 | 0.5 | 1.4 | 0.8 | 15.5 |
| 13~18세 | 100.0 | 38.1 | 36.5 | 4.4 | 32.1 | 3.7 | 0.7 | 2.0 | 0.7 | 0.6 | 17.8 |
| 19~24세 | 100.0 | 48.0 | 24.5 | 4.0 | 20.5 | 5.7 | 0.5 | 0.2 | 1.0 | 1.8 | 18.3 |

청소년의 고민 상담 대상 (13세~24세) (%)

통계청, 「사회조사」

티브인 밈세대 영향력은 온라인에서는 기성세대를 압도한다. 2003년 생인 세계적 환경 운동가 그레타 툰베리(Greta Thunberg)가 유엔(UN) 본부에서 열린 기후 행동 정상회의에서 연설할 때 그의 나이는 16살 이었다. 2014년 노벨 평화상 수상자인 말랄라 유사프자이(Malala Yousafzai)는 1997년생으로 수상 당시 17살이었다. 이스라엘 감옥에 투옥되었다가 8개월 만에 석방된 팔레스타인 저항 운동가 아헤드 타 미미(Ahed Tamimi)는 2001년생으로 투옥되었을 때 16살이었다. 홍 콩 민주화 역시 10대의 역할이 컸고, 2021년 미얀마 민주화 운동의 주도 세력도 10~20대였다.

오늘날 청소년은 사회 이슈나 정치 문제에 큰 관심을 갖고 있다. 2023년 발표된 한국청소년정책연구원 조사에 따르면 사회 문제에 대 해 참여할 필요가 있다고 대답한 비율이 85.7%였다. 이중 고등학생 비율만 보면 90.9%로 대다수 청소년들이 사회 문제에 관심이 있으며 참여해야 한다는 인식을 갖고 있었다.

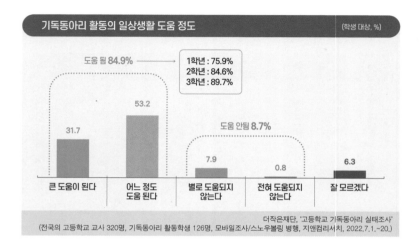

기독동아리 활동의 일상생활 도움 정도 (학생 대상, %)

도움 됨 84.9%
1학년 : 75.9%
2학년 : 84.6%
3학년 : 89.7%

31.7
53.2

도움 안됨 8.7%
7.9
0.8
6.3

큰 도움이 된다 / 어느 정도 도움 된다 / 별로 도움되지 않는다 / 전혀 도움되지 않는다 / 잘 모르겠다

더작은재단, '고등학교 기독동아리 실태조사'
(전국의 고등학교 교사 320명, 기독동아리 활동학생 126명, 모바일조사/스노우볼링 병행, 지앤컴리서치, 2022.7.1.~20.)

2019년 9월 27일 서울 광화문 인근에 약 500명의 청소년이 모였다. 학교에서 수업을 받고 있어야 할 시간인데 학생들은 조퇴 혹은 결석을 하고 광화문 앞에 모였다. 청소년들은 'Climate Action F'라는 플래카드를 들고 기후 문제에 대한 목소리를 냈다.

이 집회는 서울에서만 열린 게 아니라 전 세계 150여 개국 2,400여 개 도시, 400여만 명이 참여했다. 2022년 9월에도 청소년은 광장으로 나왔다. 서울 용산구의 고등학교에 재학 중인 한 학생은 '앞으로의 5년 기후 대응 골든타임'이라는 피켓을 들고 용산역 앞 광장에 나왔다.[5] 청소년들은 기후위기 등 미래 사회 문제를 직면할 당사자라고 생각한다.

밈세대는 단순한 기독교 문화 소비자가 아니라 창조자이다. 청소년 단체인 더작은재단의 '고등학교 기독동아리 실태 보고서'에 따르면 기독동아리 활동을 하는 학생 중 84.9%는 '신앙성장과 일상생활에 도움이 된다'고 답했다.[6] 3학년의 경우 89.7%의 학생이 '도움이 된다'

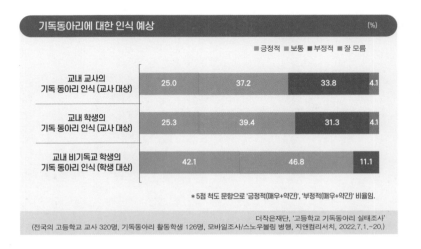

기독동아리에 대한 인식 예상 (%)

■긍정적 ■보통 ■부정적 ■잘 모름

| 구분 | 긍정적 | 보통 | 부정적 | 잘 모름 |
|---|---|---|---|---|
| 교내 교사의 기독 동아리 인식 (교사 대상) | 25.0 | 37.2 | 33.8 | 4.1 |
| 교내 학생의 기독 동아리 인식 (교사 대상) | 25.3 | 39.4 | 31.3 | 4.1 |
| 교내 비기독교 학생의 기독 동아리 인식 (학생 대상) | 42.1 | 46.8 | 11.1 | |

*5점 척도 문항으로 '긍정적(매우+약간)', '부정적(매우+약간)' 비율임.

더작은재단, '고등학교 기독동아리 실태조사'
(전국의 고등학교 교사 320명, 기독동아리 활동학생 126명, 모바일조사/스노우볼링 병행, 지앤컴리서치, 2022.7.1.~20.)

고 응답했다. 청소년은 자신만의 문화를 만들어 가길 원한다.

기독동아리에 대한 인식 또한 나쁘지 않다. 비기독교 학생의 기독 동아리 인식이 '긍정적'(42.1%), '보통'(46.8%), '부정적'(11.1%)으로 나타나고 있다. 밈세대인 청소년은 서로의 가치를 인정하고 서로의 활동에 대해 열린 마음을 갖는다. 청소년 신앙형성을 위해 학교 안에 기독동아리를 만드는 일은 시대의 트렌드에 따르는 것이다. 교회는 이 부분을 심도 있게 고민해야 한다.

기독동아리 활동을 하는 청소년 78.6%는 동아리 활동 이전에도 기독교를 믿는 학생들이었다. 하지만 기독교 동아리 안에 비기독교 (14.3%)가 포함되어 있고, 기독동아리 활동으로 기독교를 믿게 된 청소년도 7.1%나 됐다. 기독동아리는 타종교 혹은 종교가 없는 청소년이 기독교를 알아가는 접점이 되고 있다.

학원복음화 인큐베이팅 사역을 담당하는 최새롬 목사는 "중고등

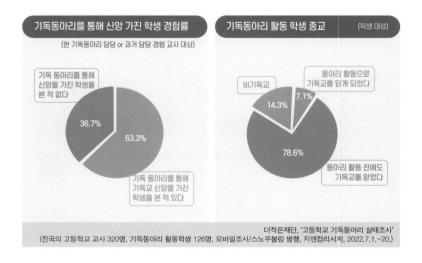

**기독동아리를 통해 신앙 가진 학생 경험률**

(현 기독동아리 담당 or 과거 담당 경험 교사 대상)

기독 동아리를 통해 신앙을 가진 학생을 본 적 없다 **36.7%**

**63.3%** 기독 동아리를 통해 기독교 신앙을 가진 학생을 본 적 있다

**기독동아리 활동 학생 종교** (학생 대상)

비기독교 **14.3%**

동아리 활동으로 기독교를 믿게 되었다 **7.1%**

**78.6%** 동아리 활동 전에도 기독교를 믿었다

더작은재단, '고등학교 기독동아리 실태조사'
(전국의 고등학교 교사 320명, 기독동아리 활동학생 126명, 모바일조사/스노우볼링 병행, 지앤컴리서치, 2022.7.1.~20.)

학교에 약 260만 명의 학생들이 있다. 이 역시 한국 교회가 관심을 가져야 할 복음의 황금어장"이라고 표현했다.[7] 복음의 황금어장인 학교를 변화시키는 것이 그만큼 중요해지고 있다는 것을 의미한다.

먼저 기독 청소년은 학교 안에 함께 모임을 할 수 있는 기도모임을 세우고 그곳에 비기독교인 청소년을 초대해 함께한다. 기독 청소년은 그렇게 학교 모임에서 성경적 질서가 세워질 수 있도록 하는 것이다. 즉 학교 내 기독동아리를 단순히 기독 청소년들만의 모임이 아닌, 시대 문제를 성경적 가치관으로 나눌 수 있는 광장으로 세우는 것이다.

## 트렌드 전망 및 시사점

5천 년 전 이집트 피라미드에서 발견된 문구 중에 "요즘 젊은 것들은 버릇이 없다"라는 문장이 있다고 한다. 5천 년 전이나 지금이나 청소년은 늘 이해하기 힘든 대상이었다. 2024년 교회를 생각할 때 많은 염려가 있지만, 그중에 모든 교회가 안고 있는 고민 중 하나는 청소년 교육일 것이다.

하지만 2024년 트렌드를 볼 때 청소년 사역은 위기가 아니라 재도약할 수 있는 기회이다. 청소년은 이전 어떤 세대보다 가장 똑똑한 세대이며 가장 큰 영향력을 지닌 밈세대이기 때문이다. 밈세대인 청소년은 다음세대의 주역이 아니라 이미 현 시대의 주역이다. 청소년의 영향력은 온라인에서 압도적이며 오프라인에서도 그 힘을 과시하고 있다. 밈세대는 무한한 가능성의 세대이다.

그런 의미에서 밈세대를 '뉴제너레디션'(New-Genereadytion)이라고 부를 수 있을 것이다. 이들은 '새롭게 준비된 세대'이다. 부모와 교사를 모델링 하고(Modeling Elders), 새로운 기독교 문화를 창조할(Making Environment) 세대이다. 한국 교회의 미래를 책임지기 위해 준비된 세대이다. 교회는 뉴제너레이션과 함께하는 법을 배워야 한다.

데이비드 킨나만(Daivd Kinnaman)은 "코로나 펜데믹은 다음세대 신앙 전수 현장의 날씨가 아니라 기후를 바꾸어버렸다"고 했다. 기후가 바뀌었다면 새로운 기후에 살아남는 법을 익혀야 한다. 예전과 같은 방식으로는 새로운 시대에 살아남을 수 없다.

청소년의 신앙 형성을 위해서 부모와 목회자, 교사의 역량을 강화해야 한다. 청소년은 모델링을 통해 신앙을 형성한다. 미국 칼빈대학 교수인 제임스 스미스(James K. A. Smith)는 "제자도는 정보 습득(information)의 문제라기보다는 재형성(reformation)의 문제"라고 했다. 부모가 본을 보일 때 자녀의 신앙이 형성(form)된다는 것이다. 그러므로 부모, 목회자, 교사의 역량을 강화하는 것이 청소년을 살리는 첫 번째 단계이다. 이제 청소년의 신앙 형성의 문제는 청소년만의 문제가 아니다. 교회 전체의 문제이다.

팬데믹 이후 많은 교회가 가정교육과 부모의 자녀 신앙교육에 대한 중요성을 강조하고 있다. 매우 바람직한 방향이다. 2023년 1월 한목협의 '한국인의 종교생활과 신앙의식 조사'에서도 교회학교 성장을 위한 첫 번째 동력(목회자 대상)으로 '부모 교육과 훈련'을 꼽았다.

동일한 질문에 대해 2017년에는 30.3%였으나 2023년에는 39.7%까지 상승했다. 2023년까지 전국의 거의 모든 교회가 부모의 자녀 신앙교육을 강조했다. 그러나 방향은 잡았는데 그 방향으로 찾아가는 길은 아직까지 모르는 상황인 듯하다. 외침은 있지만 실행 지침이 없다. 총론은 있는데 각론이 없다. 교회는 부모가 자녀를 신앙교육할 수 있도록 지지하고 지원하고 지도해야 한다.

특별히 교회는 청소년 자녀를 둔 부모들이 기독 부모로서 살아갈 수 있도록 지원해야 한다. 대부분 Z세대 청소년을 양육하는 부모는 X세대이다.[8] 한때 X세대는 개성으로 똘똘 뭉친 '신인류'라고 불리던 혁명의 아이콘이었다. 하지만 신인류 X세대의 부모들도 그들의 자녀인 Z세대 청소년 앞에서는 신앙교육의 답을 찾지 못하고 있다.

3040세대 부모의 직장 스트레스는 극에 달하고 몸과 마음이 지쳐 'SBNR'(Spiritual But Not Religious)로 이동하고 있다. 청소년 자녀를 둔 부모들은 자녀 신앙은 둘째치고 자신의 신앙도 지키지 못하고 있다. 교회는 청소년의 부모 세대를 살리기 위한 친밀한 모임과 전인격적 성장을 위한 공동체와 교육을 제공해야 한다.

하지만 많은 교회가 이 사역을 감당할 내적, 외적 자원이 부족하다. 그렇다면 노회와 총회는 교회가 이 사역을 할 수 있도록 적극적으로 도와야 한다. 2022년 대한예수교장로회 통합 서울서북노회에서는 155개 교육 담당 목회자들이 '교회학교 교육을 위한 노회의 지원 사항'의 1위(41%)로 '교회와 가정 연계 신앙교육 자료 제공'을 요청했다. 교육의 모든 책임을 가정과 부모에게 돌리고 교회는 뒤로 빠지면 안 된다. 가정교육이 중요해졌기에 그만큼 교회교육이 더욱 중요해진 것이다. 교회가 부모를 교육해야 부모가 가정에서 자녀를 교육할 수 있다.

교회는 또 청소년들을 '위한' 사역을 멈추고 청소년에 '의한' 사역이 일어날 수 있도록 해야 한다. 작금의 청소년은 어떤 시대 청소년보다 기술 친화적이고 수평적이고 개방적이며, 참여적이고 초연결되어 있다. 교회는 청소년을 위해서 무엇인가를 대신하려고 하지 말고, 청소년 스스로 자신들이 기독 문화를 창조해갈 수 있도록 지원해야 한다. 행사에 동원하는 것이 아니라 기획 단계부터 동참시켜야 한다.

청소년에 '의한' 사역은 '옴니채널'(Omni-Channel)로 진행해야 한다. 옴니채널이란 라틴어로 '모든 것'을 의미하는 '옴니'(omni-)와 '채널'(Channel)의 합성어이다. 즉 소비자가 온오프라인을 자유자재로 넘나들며 원하는 상품을 검색하고 구매할 수 있는 경로를 의미한다. 2022년 방송통신위원회 조사에 따르면 10대 청소년 스마트폰 보유율은 99.4%에 달하며, 전체 연령층 평균(93.4%)을 크게 웃돌았다.[9]

시대의 트렌드는 이제 오프라인과 온라인을 구분하지 않고 연결한다. 옴니채널 구축은 오늘날 기업들의 선택이 아닌 필수 사항으로 자리 잡고 있다.[10] LG생활건강은 청소년들을 위한 기능성 샴푸와 바디워시를 옴니채널을 통해 선(先) 런칭 하고 있으며 다른 기업들도 옴니채널 구축을 위해 발 빠르게 움직이고 있다. 이러한 시대적 트렌드에 익숙해진 청소년들과 소통하기 위해서라도 교회 또한 옴니채널을 구축해야 한다. 교회는 어떤 방식으로 옴니채널을 구축할 수 있을까?

청소년 사역을 위한 교회의 옴니채널 구축 방법 중 하나는 온라인 예약과 오프라인 상담을 연계하는 것이다. 구체적으로는 청소년들이 고민하는 다양한 주제에 맞춘 상담 일정을 온라인으로 공지하고 미리 신청을 받아 오프라인에서 만나는 방식이다. SNS를 통해 공부, 외모, 직업, 친구 관계와 관련된 주제를 선정하고 카카오톡 메시지, DM 또는 댓글을 활용해 고민 상담이 가능한 소그룹 인원을 선착순으로 받는다. 그리고 미리 공지한 시간과 장소에서 만나 고민을 나누는 시간을 갖는다. 중요한 점은 미리 주제와 상담 일정을 공지함으로써 '옴니채널'이 구축되었음을 알리는 것이다. 온오프라인을 자유롭게 넘나들며 청소년들과 이야기를 나눌 수 있는 사역 기반을 만들고, 나아가 하나님에 대해 더 깊이 나눌 수 있는 기회를 만들 수 있다.

청소년이 직접 주도하는 온라인 사역도 대안이 될 수 있다. 교회는 청소년이 스스로 자신들의 영상을 만들도록 도울 수 있다. 다시 말하지만, 청소년은 자신만의 창조력을 발휘하고 싶어 한다. 미국 교회 온오프라인 영역에서 영향력을 발휘하는 목회자 중에는 크레이그 그로쉘(Craig Groeschel) 목사가 있다. 그는 라이프처치(LifeChurch)를 담임하고 있으며 미국에서 가장 혁신적인 교회 1위, 가장 영향력 있는 목회자 5위에 선정되기도 했다.

라이프처치 청소년 사역의 독특함은 청소년들이 자체적으로 '온라인 콘텐츠 크리에이터'가 되어 영상을 제작한다는 것이다. 청소년을 대상으로 한 라이프처치 홈페이지(Switch Youth)에는 콘텐츠 크리에이터가 되길 원하는 학생들이 온라인 신청서를 작성하고, 그들의 신앙 이야기와 고민을 온라인 콘텐츠로 만들 수 있도록 별도 페이지를 운영하고 있다. 복음에 그들만의 시대적 옷을 입히는 것이다. 우리나라에도 주우리교회 청소년부 학생들의 경우 '갓펜스튜'[11]라는 유튜브 채널을 통해 학생들의 다양한 일상 이야기를 제작해 제공하고 있다.

청소년은 현존하는 한국 교회 미래이다. 2024년 청소년 교육 문제는 모든 교회의 숙제가 될 텐데, 그 숙제를 청소년, 그들의 부모들과 함께 풀어가길 바란다. 그들 안에 답이 있다. 그들 안에 있는 복음에 능력이 있다. 누가 먼저 실행하느냐에 다음세대 사역 성패가 달려 있다.

05

# 3040
# Millennials

# 약한 고리 3040

3040세대가 주목받고 있다. 인간의 수명이 연장되면서 인생의 절반에 해당하는 3040세대가 어떻게 사는지에 따라 개인의 인생뿐 아니라 사회 전체가 영향을 받을 수밖에 없기 때문이다. 일반 사회보다 고령화가 더 심각한 교회 역시 새로운 청년층에 해당하는 이 연령대에 주목하고 있다.

3040세대는 오늘날 한국 사회와 교회에서 새롭게 등장한 대표 세대이다. 특히 이 세대는 대부분 젊은 부부들로 구성되어 있어 침체에 빠질 경우 교회학교도 약화될 수밖에 없다. 이는 단순히 3040세대만의 문제가 아니라 다음세대까지 그 파장이 미친다는 것이며 결국 한국 교회의 미래도 좌우된다고 할 수 있다.

중년기에 접어드는 3040세대는 인생에서 큰 전환기를 맞이한다. 개인의 정체성 면에서나 신앙적인 면에서 많은 혼란을 경험하기 때문이다. 이 세대는 흔히 신세대도, 쉰세대도 아닌 '낀세대'라고 불린다. 한때 40대는 '잊혀진 세대'라고 불리기도 할 만큼 정체성이 매우 약하다.[1] 이들은 20대에 사회생활을 시작해 결혼과 함께 새로운 가정을 형성하면서 생활 환경이 크게 변한다. 부모 의존에서 벗어나 분가와 자녀 출산으로 새로운 삶을 개척해 나가야 하는 시기이기도 하다.

교회 안의 3040세대 역시 마찬가지이다. 청년세대를 마감하고 기성세대로 넘어가는 과정이지만 기성세대에 대한 거부감으로 장년부에 쉽게 편입되지 못한다. 삶의 불안정과 분주함으로 신앙도 약화되기 쉽다. 대면 예배 출석 비율이 가장 낮은 연령대가 이 세대이고, 요즘 이슈로 떠오른 '플로팅 크리스천'(온라인상에서 떠다니는 성도)도 이 세대가 주도하고 있다.[2] 가나안 성도의 주된 연령대 역시 40대였다. 3040세대는 한국 교회의 약한 고리가 되고 있다.

# 이전과는 다른 3040세대

"요즘 젊은 사람들은 애 하나 키우는 게 뭘 그렇게 힘들다고 하는지 모르겠어. 우리 때는 애 서넛 낳고도 일 잘하고 신앙생활도 열심히 했는데…."

"아이 키우며 직장생활하기도 쉽지 않은데 교회에 가면 왜 신앙생활을 열심히 하지 않느냐고 핀잔 들을 때가 많아요."

지금의 3040세대는 이전의 3040세대와는 다르다. 오늘날 3040세대는 이전에 경험하지 않았을 어려움들을 경험하고 있다. 21세기 이전까지는 이전 세대들과 거의 같았고 인구 이동이 많지 않았기 때문에 부모나 다른 친인척과 긴밀한 인간관계를 유지할 수 있었다. 그러나 오늘날에는 결혼, 가족생활, 직장생활 등에 불확실성이 상존한다. 스스로 삶에 대한 '결단'을 과거보다 더 많이 내려야 한다. 이런 현실은 개인이 자유롭게 더 많은 부분에서 선택할 수 있음을 말해주지만, 동시에 삶의 선택에 대해 자신이 책임을 져야 하는 어려움도 내포한다.

오늘날 대다수 사람은 자신이 일생 동안 한 분야에서 같은 일에만 매달릴 것이라고 생각하지 않는다. 한 분야에서 경력을 쌓은 사람들은 오히려 중년기에 이르면 자신이 몸담고 있는 일의 수준이 불만족스럽거나 더 나은 기회가 차단되었다고 느낄 수 있다. 특히 여성들의 경우 가족을 지원하고 자식을 키우는 데 일생을 보내야 한다는 부담감 그리고 경력 단절에 대한 두려움이 있다. 이러한 초중년기의 위기는 중년의 삶을 맞이하는 사람들에게 아주 심각한 현실이 되고 있다.

삶의 환경이 서로 다른 세대 사이에 나타나는 세대 차이도 심각하다. 몇 년 전 출간된 《90년생이 온다》(웨일북)는 우리 사회에서 나타나는 세대 차를 극명하게 보여준다. 본래 세대라는 개념은 비슷한 시기에 동일한 문화권에서 태어나 역사적 경험을 공유하고 그에 따라 유사한 의식과 행위 양식을 갖는 '동시 출생 집단'(birth cohort)을 의미한다.[3]

한 세대는 대체로 부모와 자녀의 나이 차이인 30년을 의미하지만 요즘 회자되는 세대 담론에서는 비슷한 역사적 배경이나 사회에서의 사건들을 경험한 동일 경험 집단을 중심으로 세대를 구분하고 있다. 그래서 세대 차이는 보통 부모와 자녀들 사이에 나타나는 것으로 보았으나 최근의 세대 갈등은 10년 터울에서도 나타나고 있다.

90년대에 시작된 신세대 담론은 주로 70년대에 출생한 젊은이들의 특징과 관련해 논의되었는데, 이전 세대들이 누리지 못했던 경제적 풍요, 정보화와 지구화, 민주화, 교육 자율화, 대중 소비문화의 발달이 배경이 됐다. 그 이후 청년세대와 기성세대 사이의 갈등이 격화되면서 청년세대를 이해하기 위한 다양한 표현이 등장했다. 'X세대'는 캐나다 작가의 소설 제목으로 등장인물들이 60년대에서 70년대 출생 청년들인 데서 유래했고, 'N(Net)세대'는 1977~1997년에 태어난 청소년들을 가리킨다. 최근 밀레니얼 세대로 표현되는 M세대를 거쳐 Z세대에 이르고 있다.

이렇게 세대 차이를 촘촘하게 논의하게 된 데에는 현대 사회의 급격한 변화가 있다. 어느 사회나 변화 과정 중에 있지만, 특히 한국 사회는 다른 사회에 비해 변화 속도가 빠르다. 근대화 경험만 해도 서구에서 200년에서 300년에 걸쳐 서서히 이루어진 데 반해, 우리 사회는 50~60년 정도의 짧은 시기에 일어났기 때문에 흔히 '압축적 근대화'

라 할 정도로 급격한 변화를 겪었다. 이러한 근대화 과정은 경제 영역 뿐 아니라 사회 모든 영역에 영향을 미쳐 엄청난 변화를 가져왔고 세 대 차이도 더 두드러지게 하고 있다.

### 3040세대, 그들은 누구인가?

이렇게 급격한 사회 변화에 적응하는 것은 어느 사회 구성원에게나 쉽지 않은 일이지만, 특히 초기 성인기에 속하는 사람들에게는 더 어 려운 일이다. 성인이 된 이후 적응이 필요한 시기에 사회 자체도 급변 하기 때문에 더 큰 정체성 혼란과 위기에 빠질 수 있기 때문이다. 더 욱이 기독교인의 경우 기독교 신앙인으로서의 정체성과 가치관 등을 제대로 정립하지 못하면 의미 있는 삶을 영위하기도 힘들뿐더러 정신 적 혼란 속에서 우울증 같은 문제에 시달릴 수도 있다.

초기 성인기는 학자에 따라 다르게 정의되고 있는데 대개 20대부 터 짧게는 30대까지, 그리고 폭넓게는 40대까지를 포함하는 것으로 보고 있다. 또 법적으로는 성인이지만 성인이라고 판단되는 객관적 인 지표를 획득하지 못한 시기로 여기기도 한다.

최근 우리 사회는 기대 수명이 길어지고 있어서 전체 생애주기 가운데 중간에 해당 하는 나이가 점점 높아지고 있다. 1970년 에는 61.9세였던 평균 수명이 2000년에는 76.0세로 늘었고 2021년에는 83.6세까지 늘었다. 이에 따라 전체 수명 가운데 절반

3040 세대
(3040 Millennials)
직장에서의 불안한 위치와 과 중한 업무, 가정에서의 육아 및 가사 부담으로 교회 활동에 소 극적으로 참여하게 됨으로써 자칫 신앙이 침체기로 접어들 위험이 있는 세대이다. 현재 대 면 예배 출석률도 가장 낮아서 교회의 약한 고리로 여겨진다.

청년세대를 마감하고 기성세대로 넘어가는 과정에 있는 3040세대는 정체성의 큰 혼란과 불안정한 삶, 육아 문제, 과도한 업무 스트레스 등 신앙생활에 집중하기 어려운 환경에 놓인 세대이다.

에 해당하는 나이도 30세에서 40세로 증가했다. 인구 전체의 중간에 해당하는 나이를 말하는 중위 연령도 계속 증가해 2022년은 45.0세로 높아졌다. '꽃중년', '신중년'이라는 말이 나온 것도 이런 배경에서다. 이전에는 준노인 취급을 받던 나이가 이제는 한창나이로 바뀐 것이다. 공자는 마흔을 '불혹'(不惑)이라 했지만 요즘에는 '패기의 마흔', '철없는 마흔'이라고 할 정도로 인식이 달라졌다.

결혼 연령도 크게 늦어지고 있다. 과거에는 서른 살 전에 결혼하지 않으면 '노처녀', '노총각'이라고 부르기 일쑤였지만, 2022년 기준 평균 초혼 나이는 남성 33.7세, 여성 31.3세로, 남녀 모두 서른 살 넘어 결혼하는 게 일반화됐다. 2015년 인구주택총조사에 따르면 40~44세 남성 22.5%가 미혼이고 45~49세 남성 13.9%가 미혼이다. 40대 남성 5명 중 한 명은 미혼인 것이다.

최근 통계청에서는 25~49세 남성 절반이 미혼이라는 결과를 발표하기도 했다. 이렇게 마흔 살 안팎에 결혼을 해도 그리 늦었다고 생각하지 않는 게 요즘 풍토이다보니 노처녀, 노총각이라는 말 자체를 쓰지 않게 되었다. 게다가 학업 기간이 증가하고, 노동시장으로의 진입은 지연되고 있어, 결과적으로 부모에 대한 의존 기간도 증가하고 있다. 이에 따라 초기 성인기도 더 길어지는 추세다.

이렇게 인생 절반에 해당하는 이 시절을 어떻게 사느냐가 자신의 인생 후반과 노년기에 지대한 영향을 미치게 된다. 사회적 관점에서 보더라도 이 나이대 사람들의 삶의 양태에 따라 우리 사회 전체가 영향을 받을 수 있다. 2021년 인구주택총조사 결과에서 30대는 695만 명이고, 40대는 812만 명으로 이 둘을 합하면 1,507만 명이다. 40대 인구는 우리나라 연령대 중 가장 많은 비중을 차지하는 베이비붐 세대의 끝자락에 해당하는 50대(858만 명)보다 조금 적고 전체에서 두 번째로 많은 연령대이다.

이들 30, 40대가 전체 인구에서 차지하는 비율은 각각 13.4%, 15.7%로 합해서 29.1%이다. 전체 인구의 3분의 1 가까이 되는 것이다. 이 나이대 사람들이 경제 활동을 어떻게 하는지, 결혼해서 아이를 얼마나 낳는지에 따라 출산율도 영향을 받고 결과적으로 국력까지 달라질 수 있다.


### 30과 40도 다르다

이들은 1970년대 초부터 1990년대 초에 출생한 사람들로 우리나라가 산업화에 박차를 가하며 성장 가도에 있던 시기 이후에 태어나 가난과 궁핍을 경험하지 않았다. 베이비붐 세대가 일군 정치 민주화와 경제 발전에 따른 과실을 어렸을 때부터 향유한 세대이다. 궁핍했던 경험을 해본 적이 거의 없기 때문에 가난을 겪어본 기성세대와 문화적 괴리가 상당히 심하다.

그런데 성장 과정에서 교육정책의 혼선이 빚어지고, 사춘기 또는 청년 시기에 외환위기라는 급격한 사회변동을 겪으면서 극단적인 개인주의와 정글 자본주의가 체화되어 이른바 '스펙 쌓기'에 골몰하는 양태를 보이기도 한다. 또 가치관 측면에서도 옳고 그름이 분명하던 시대에서 가치가 다원화됨으로써 옳고 그름에 대한 판단이 유동적이 된 시대로의 전환을 경험하면서 정체성 확립이 더 어려워지게 된 세대이다.

하지만 30대와 40대의 정체성이 동일하다고 말하기는 어렵다. 40대는 주로 과거의 신세대를 말하던 X세대와 겹치고, 30대는 밀레니얼 세대와 겹치기 때문이다. 크게 보면 모두 초기 성인기에 속하지만, 우리 사회에서 이들은 삶의 경험도 다르고 삶의 방식에서도 차이가 난다.[4]

앞서 말했듯 요즘 세대 차이는 10년 단위로도 크게 나타나고 있다. 40대는 이전의 86세대(80년대에 대학을 다닌 60년대생)와 비슷하게 사회에 대한 관심도 크고 나름의 역사의식도 있다. 그러나 개인주의가 더 심화된 30대는 거대 담론에는 큰 관심이 없고 미시적 차원을 중요하게 생각한다. '더 나은 미래'에 대한 기대 역시 시대에 따라 다르다. 똑같이 '정의로운 사회'를 말해도 80년대 청년세대가 추구한 정의와 90년대생들이 지향하는 '정의'는 확연히 다르다.[5]

공정에 대한 인식도 다르다. 기성세대와 40대가 사회 전반에서 과정의 공정과 결과의 공정성을 더 중시하는 경향이 있다면, 30대는 과정의 공정성과 노력에 대한 대가로서의 공정성을 중시한다. 30대는 외환위기 IMF 사태와 글로벌 금융위기 이후 단 '1점' 차이로 대학과 직장이 갈리는 극한 경쟁 시스템 속에서 자랐다.

동시에 여성의 대학 진학률이 남성 진학률을 앞설 정도로 성평등 환경과 촛불혁명이라는 유례없는 시국을 경험한 세대다. 이는 공정하지 않은 처사를 마주할 때 격렬히 분노하는 특성을 만들었다. 그래서 이들은 '인국공(인천국제공항) 사태'에서 나타난 것처럼 자격이 없는 이들에게 기회를 주는 것은 공정하지 않다고 생각하고, 사회의 책임을 개인에게 묻는 것은 공정하지 않다고 생각한다.[6] 취업이 어렵고 경제 상황이 나빠져 어두운 미래를 만든 것은 기성세대의 책임인데 자신들을 향해 나태하고 미래를 준비하지 않는다며 비난하는 것을 받아들이지 못한다.

### 세대 담론에 가려진 척박한 현실

이들이 우리 사회에서 갖는 의미에 비해 그들의 경제 사정은 그리 넉넉하지 않다는 것이 큰 문제다. 이 세대는 이전 세대와 달리 내 집 마련은 현실적이지 않다고 포기했고 자녀를 위한 양육비를 감당하기 위해 맞벌이가 일반화된 세대이다. 연애와 결혼, 출산을 포기한 3포 세대라는 말을 들었고 헬조선을 외치며 20대 청년기를 보냈다. 이들은 우리 사회에서 최초로 부모보다 잘 살지 못하는 세대가 될 가능성이 크다. 사회가 발전하면서 자녀 세대는 언제나 부모 세대보다 경제적으로 풍요로운 삶을 살았지만, 지금 30대는 그렇지 않을 가능성이 많다. 그러면서 욜로(YOLO, You Only Live Once), 워라밸(Work and Life Balance)이 자연스럽게 이들의 가치관으로 자리 잡게 되었다.

결혼하지 않은 30대 남성은 1인 가구 거주자가 많아 현재 우리나라 1인 가구 가운데 21.8%를 차지한다. 최근에는 결혼하지 않는 40대도 늘고 있는데, 통계청 자료에 따르면 40대 중에서 '결혼을 반드시 해야 한다'라는 생각은 남자의 경우 10년 전 36.3%에서 20.1%로 크게 줄었고, 여자의 경우도 31.8%에서 12.5%로 절반 이하가 줄었다.

반대로 '결혼은 해도 좋고 안 해도 좋다'라는 의견은 남자의 경우 17.6%에서 29.4%로 늘었고, 여성은 24.6%에서 40.7%로 크게 늘었다. 여기서 혼인율은 소득과 비례한다는 사실이 중요한데, 월 소득이 높을수록 혼인율이 높았다.[7] 이런 경향은 기독교인들에게도 동일하게 나타난다. 기독 청년들의 결혼 의향은 경제 수준과 상관성이 있다.[8]

문제는 이러한 1인 가구의 급증이 질병, 소외, 빈곤 등 사회병리 현상으로 발전할 수 있다는 점이다. 혼자 사는 삶이 트렌디하고 세련돼 보일 수 있지만, 오히려 전통적 빈곤 문제와는 다른 차원에서 새로운 사회적 위험을 증가시키고 있다. 특히 1인 가구는 다인 가구에 비해 공동생활에 따른 비용 절약 효과 등이 없어 빈곤화가 더 심화될 수 있다.

그리고 1인 가구가 2인 이상 가구보다 고용, 소득, 주거, 의료, 안전 등에서 위험에 더 많이 노출돼 있다. 이미 오래 전부터 사회문제가 된 독거노인들의 고독사뿐 아니라 최근 문제가 되고 있는 3040세대의 고독사도 심각해질 우려가 있다. 고독사 통계에 의하면 독거노인보다 40~50대의 고독사 비율이 더 높다.

사실 1인 가구에는 비자발적 1인 가구가 포함돼 있다. 1인 가구 증가 원인 중에 빈곤 문제가 있기 때문이다. 개인이 자유로이 선택한 1인 가구뿐 아니라, 경제적인 빈곤으로 결혼을 포기하거나 가정을 부양할 수 없어서 어쩔 수 없이 1인 가구로 전락한 사람들도 적지 않다. 이런 경우 빈곤 문제가 해결되지 않는다면 일생을 혼자 살아야 하기 때문에 더 심각한 문제가 야기된다. 이런 점에서 우리 사회의 갈등 문제를 단순히 '세대'라는 말만으로는 설명할 수 없다는 주장이 제기되고 있다. 세대 문제 이면의 불평등과 사회 계층 문제를 들여다봐야 한다는 것이다.[9]

### 크리스천 3040세대도 다르지 않다

3040세대 크리스천의 일상도 녹록지 않다. 통계 결과로 이들의 삶을 들여다보자. 21세기교회연구소, 한국 교회탐구센터, 목회데이터연구소가 2022년 11월 공동으로 조사한 '3040 크리스천의 신앙의식 및 생활실태 조사' 결과에 의하면 이들은 현재 생활에 대해 39.1%만 만족한다고 응답했다. 사회로 진입하는 시기 전후에 불만족이 높다는 것은 미래에 대한 불안감이 그만큼 크다는 것을 의미한다.

그런데 경제 수준이 올라갈수록 만족도는 올라갔다. 경제 수준 상층의 만족도가 67.0%로 중층의 48.3%보다 훨씬 높았으며 하층 23.1%에 비해서는 3배 가까이 높았다. 그리고 신앙 단계가 가장 높은 4단계의 만족도(58.3%)보다 더 높아 다른 요인보다 경제 수준이 생활 만족도에 가장 큰 영향을 미치고 있는 것으로 나타났다.

생활에 만족하는 이유로는 '가족 간의 화목'(60.9%)이 가장 높았는데, 생활에 만족하지 못한다는 응답자들은 그 이유로 '경제력'(78.4%)이 압도적으로 높았다. 이것은 2030세대(67.7%)보다 더 높은 비율이다. 생활에 만족하는 요인으로 경제력이 3위 응답으로 나타난 것을 고려하면 경제력은 생활 만족에 충분조건이라기보다는 필요조건이라

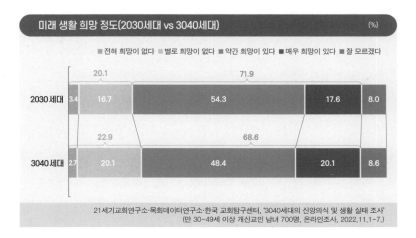

**미래 생활 희망 정도(2030세대 vs 3040세대)** (%)

■전혀 희망이 없다 ■별로 희망이 없다 ■약간 희망이 있다 ■매우 희망이 있다 ■잘 모르겠다

| | 20.1 | | 71.9 | | |
|---|---|---|---|---|---|
| 2030 세대 | 3.4 / 16.7 | | 54.3 | 17.6 | 8.0 |

| | 22.9 | | 68.6 | | |
|---|---|---|---|---|---|
| 3040 세대 | 2.7 / 20.1 | | 48.4 | 20.1 | 8.6 |

21세기교회연구소·목회데이터연구소·한국 교회탐구센터, '3040세대의 신앙의식 및 생활 실태 조사'
(만 30~49세 이상 개신교인 남녀 700명, 온라인조사, 2022.11.1~7.)

할 수 있다. 앞서 살펴본 바와 같이 같은 세대라 하더라도 경제 수준에 따라 삶의 형편이 다른 것을 알 수 있다.

이것은 미래의 전망에 대한 의견에서도 알 수 있다. 3040세대는 자신들의 미래에 대해 68.6%가 '희망이 있다'고 응답했고, 22.9%는 '희망이 없다'고 응답해 3040세대 4명 중 1명은 자신의 미래를 비관적으로 보고 있었다. 이 역시 경제 수준에 따라 차이가 분명했다. 경제 수준 상층에서 희망 있다는 비율이 90.6%였고, 하층에서는 60.3%로 나타나 미래 희망 여부에 경제 수준이 가장 큰 영향을 미치는 것으로 조사됐다.

이와 함께 미래 생활이 희망이 없다고 보는 요인은 사회 요인(24.4%)보다 개인 요인(73.8%)이라는 응답이 더 많았다. 그런데 30대(28.4%)는 40대(20.9%)보다 사회 요인을 더 크게 보고 있어 두 세대 간 인식 차이를 나타냈다. 앞서 살펴본 것처럼 더 젊은 세대들이 자신들의 문제는 기성세대 또는 사회가 만들었다는 인식이 강한 것이다. 그런데 미래에 희망이 없다고 보는 이유는 뚜렷하게 경제 요인을 꼽았다. 미래에 희망이 없다고 보는 개인 요인으로 '경제력이 부족해서'가 81.4%로 다른 이유들을 압도했으며 사회 요인 역시 '돈이 있어야 성공의 뒷받침이 되는 사회이므로'가 71.8%로 가장 많았다.

3040세대는 일상생활에서 받는 스트레스가 많은데 가장 크게 스트레스를 주는 요인은 '취업'(73.5%)과 '직장/사회생활'(70.8%)인 것으로 나타났다. '가사 노동 및 육아'(52.7%), '결혼 문제'(37.6%)가 그다음이었다. 특히 '취업 문제'는 여성(85.2%)이, 30대(75.5%)와 경제 수준 하층(73.5%)에서는 '직장/사회생활'로 인한 스트레스를 더 많이 받고 있는 것으로 나타났다. 우리 사회에서 여성이 더 많은 취업난을 겪고 있고, 직장생활에서 더 불안정한 30대와 경제 수준 하층에서 스트레스를 많이 받고 있는 것이다.

여기서 신앙과 교회생활에 대한 부정적인 영향은 직장/사회생활보다 가정생활이 더 컸다. 가사 노동 및 육아에 지친 응답자의 41.7%가, 직장/사회생활에 스트레스를 받는 응답자의 37.2%가 스트레스로 자신의 신앙에 '부정적 영향을 받는다'고 응답했다. 두 경우 모두 스트레스로 인해 '신앙 자체에 대한 관심이 약화된다'는 응답이 가장 많았는데, 직장/사회생활에 스트레스를 받는 응답자들(60.1%)이 가사와 육아에 지친 응답자들(47.0%)보다 신앙에 더 큰 부정적 영향을 미치는 것으로 나타났다.

그런데 이렇게 스트레스를 받는다는 3040세대 중에서 절반 가까이(48.3%)는 교회에 가면 이런 문제가 해소된다고 응답해 신앙생활이 일상생활에서 겪는 문제 해결에 도움이 되고 있는 것으로 나타났다. 또한 교회 직분이 높을수록, 신앙 단계가 높을수록 교회에서 '해소된

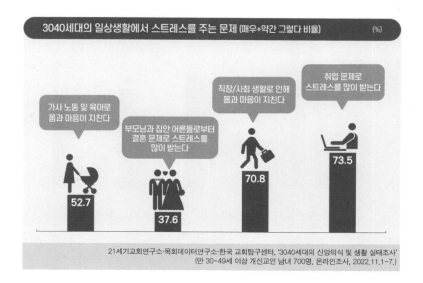

**3040세대의 일상생활에서 스트레스를 주는 문제** (매우+약간 그렇다 비율)　(%)

가사 노동 및 육아로
몸과 마음이 지친다
52.7

부모님과 집안 어른들로부터
결혼 문제로 스트레스를
많이 받는다
37.6

직장/사회 생활로 인해
몸과 마음이 지친다
70.8

취업 문제로
스트레스를 많이 받는다
73.5

21세기교회연구소·목회데이터연구소·한국 교회탐구센터, '3040세대의 신앙의식 및 생활 실태조사'
(만 30~49세 이상 개신교인 남녀 700명, 온라인조사, 2022.11.1~7.)

다'는 응답이 높아 신앙의 영향이 크다는 것을 확인할 수 있다.

### 종교에 무관심한 3040세대

이러한 3040세대를 위해 교회가 합당한 역할을 해야 하지만, 정작 이들은 종교에 큰 관심이 없다. 한국갤럽 조사에 따르면 우리나라 무종교인은 20대 다음으로 30대(75.5%)와 40대(66.8%)에서 가장 많다. '종교에 대한 관심이 없다'는 응답이 30,40대가 각각 53%와 55%로 나타나 절반이 넘는다. 특히 30대에서는 지난 5년간 무종교인이 가장 많이 늘었고, 과거 신앙 경험은 30대에서 개신교라는 응답이 18%로 가장 많았다. 30대에서 가장 많은 사람들이 교회에 다니다가 무종교인이 되었다는 것이다.[10] 그리고 지난 2월 발표한 기독교윤리실천운동의 교회의 사회 신뢰도 조사에서는 30대에서 교회에 대한 신뢰

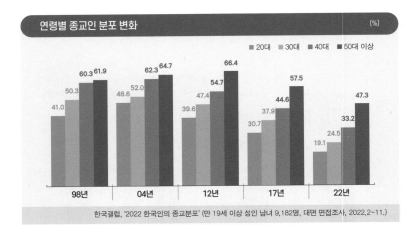

| 연령별 종교인 분포 변화 | | | | (%) |
|---|---|---|---|---|

■ 20대 ■ 30대 ■ 40대 ■ 50대 이상

98년: 41.0 / 50.3 / 60.3 / 61.9
04년: 48.6 / 52.0 / 62.3 / 64.7
12년: 39.6 / 47.4 / 54.7 / 66.4
17년: 30.7 / 37.9 / 44.6 / 57.5
22년: 19.1 / 24.5 / 33.2 / 47.3

한국갤럽, '2022 한국인의 종교분포' (만 19세 이상 성인 남녀 9,182명, 대면 면접조사, 2022.2~11.)

가 14.4%로 가장 낮게 나왔다. 목회자에 대한 신뢰는 12.8%로 더 낮았다.

3040 개신교인은 어떤가? 2015년 인구 센서스 기준으로 전체 개신 교인 가운데 30대 비율은 18.6%, 40대는 19.5%로 다른 종교에 비해 월등히 많았다. 문제는 이들 가운데 가나안 성도가 매우 많다는 것 이다. 2017년 한국기독교목회자협의회 조사 결과에 따르면 30대 가 나안 성도 비율은 20대와 비슷한 25%이고, 40대 가나안 성도는 전 연령대에서 가장 많은 34%로 나타났다. 2023년 같은 기관이 발표한 추적 조사 결과에서는 30대에서 가나안 성도 비율이 33.3%로 가장 많았고, 40대도 이와 비슷한 33.1%였다. 이는 전체 연령에서 가장 많 은 비율이다. 3040세대 개신교 신자 3명 가운데 1명은 교회에 출석하 지 않고 있다는 뜻이다.

또 앞서 언급한 바와 같이 교회 안의 3040세대는 현재 대면 예배 출석률이 가장 낮아서 '잠재적 가나안 성도'도 상당수에 이를 것으로 추정되고 있어 교회의 약한 고리로 여겨진다. 그러한 원인 가운데 하나는 우리 사회의 3040세대들과 마찬가지로 교회 안에서의 30,40대 역시 인생의 전환기에서 혼란을 겪고 있다는 것을 방증한다. 이들은 20대 청년부에서 활동하던 때의 뜨겁고 의욕 넘치는 신앙에서 다소 진지하고 보다 원숙한 신앙으로 변화하는 과정을 겪는다. 30대는 무비판적으로 쉽게 믿고 뜨거워질 수 있는 젊은이들이 아니다.

하지만 그렇다고 흔들리지 않는 확실한 자기 고백적 신앙 위에 서기에는 여전히 많은 경험들을 필요로 한다. 더군다나 직장에서의 불안한 위치와 과중한 업무, 가정에서의 육아 및 가사 부담으로 교회 활동에 소극적으로 참여하게 됨으로써 자칫 신앙이 침체기로 접어들 위험이 있다. 주일에 교회에 와서도 어린아이를 돌보느라 예배에 집중하지 못하고 모임에 참여하기도 어렵게 된다. 실제로 각 교회 청장년부 모임이 이런 이유로 활성화되지 못하는 경우가 많다.

## 3040세대의 불안정한 신앙 상태

실제로 조사에서는 3040 크리스천의 신앙이 불안정한 것으로 나타났다. 신앙은 여전히 부모 의존적이고 홀로서기가 되지 않는다. 이들은 절반 이상(52.6%)이 취학 전 어린 시절에 교회를 다니기 시작했다. 신앙생활은 많은 경우 '부모의 영향/전도/모태 신앙'(60.1%)으로 시작했고, 신앙에 영향을 주는 사람 역시 '부모'가 39.6%로 가장 많았다. 3040세대가 신앙생활을 하는 이유는 '구원을 위해'(23.4%)보다는 '마음의 평안을 위해'(33.9%)라는 응답이 더 많았다. 2030세대와 5060세대가 '구원을 위해'라고 가장 많이 응답한 것과는 달랐다. 내

세에 대한 신앙보다는 척박한 현실에서 마음의 안정을 추구하는 경향이 더 큰 것으로 해석된다.

3040세대의 36.0%는 과거에 신앙의 회의를 느낀 적이 있었고, 44.3%는 지금도 회의를 느끼고 있는 것으로 조사됐다. 3040세대의 80%가 신앙에 대한 회의를 경험한 것으로 나타나 이들의 신앙이 매우 불안정한 것을 알 수 있다. 특히 예배 참석 빈도가 낮고, 교회에 불출석할수록 현재도 신앙적 회의를 경험하는 비율이 높았는데, 이는 신앙에 대한 회의가 예배 및 교회 출석에 직접적인 영향을 미치고 있는 것으로 분석된다. 신앙적 회의를 하게 되는 것은 교리나 신앙의 본질적 문제(하나님의 존재와 역사, 성경)라기보다는 기독교인들의 윤리적 문제에 대한 실망(38.6%)이 훨씬 많다. 이들은 주변 기독교인들에게 큰 영향을 받고 있다는 것을 알 수 있다.

이들 세대는 자신의 미래 신앙에 대해서도 매우 비관적이었다. 10년 후 자신의 신앙 상태에 대해 '기독교 신앙도 유지하고 교회도 잘 나갈 것 같다'는 응답은 42.1%로 절반에도 미치지 못했고, 49.7%는 '기독교 신앙은 유지하지만, 교회는 잘 안 나갈 것 같다'고 응답해 스스로 가나안 성도가 될 것이라고 예견이라도 하듯 답했다. 이는 2030세대 53.3%가 '기독교 신앙도 유지하고 교회도 잘 나갈 것 같다', 39.9%가 '가나안 성도가 될 것 같다'고 응답한 것보다 더 부정적인 결과이다. 신앙생활에서 어느 정도 도움을 받고 있지만 정작 신앙은 깊게 자리 잡지 못하고 있음을 보여준다.

이렇게 신앙 상태가 불안정한 이유 가운데 하나는 3040세대에서 신앙 단계가 초신자인 비율이 많기 때문이다. 자신의 신앙 단계

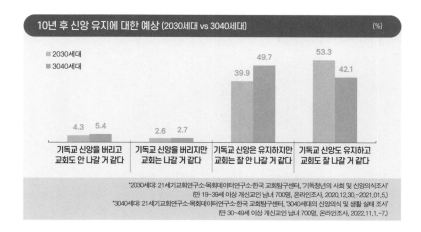

10년 후 신앙 유지에 대한 예상 (2030세대 vs 3040세대)                    (%)

■ 2030세대
■ 3040세대

| 기독교 신앙을 버리고 교회도 안 나갈 거 같다 | 기독교 신앙을 버리지만 교회는 나갈 거 같다 | 기독교 신앙은 유지하지만 교회는 잘 안 나갈 거 같다 | 기독교 신앙도 유지하고 교회도 잘 나갈 거 같다 |
|---|---|---|---|
| 4.3 / 5.4 | 2.6 / 2.7 | 39.9 / 49.7 | 53.3 / 42.1 |

*2030세대: 21세기교회연구소·목회데이터연구소·한국 교회탐구센터, '기독청년의 사회 및 신앙의식조사'
(만 19-39세 이상 개신교인 남녀 700명, 온라인조사, 2020.12.30.~2021.01.5.)
*3040세대: 21세기교회연구소·목회데이터연구소·한국 교회탐구센터, '3040세대의 신앙의식 및 생활 실태 조사'
(만 30-49세 이상 개신교인 남녀 700명, 온라인조사, 2022.11.1.~7.)

를 1에서 4단계 중 선택하도록 했을 때 초신자에 해당하는 1단계가 42.6%로 가장 많았다. 4단계라는 응답은 8.6%에 불과했다. 이는 5060세대뿐만 아니라 2030세대와 비교해도 큰 차이를 보인다. 5060세대에서는 2단계가 32.2%로 가장 많았고, 4단계(28.8%)가 그다음이었다. 2030세대에서도 1단계가 가장 많았지만 36.7%로 3040세대보다는 적었다.

또한 코로나 이후에 신앙상태가 약해진 것 같다는 응답은 신앙 1단계에서 훨씬 많이 나왔고, 4단계에서는 오히려 깊어진 것 같다는 응답이 많았다. 신앙이 좋은 사람은 더 좋아지고 약한 사람은 더 약해지는 양극화가 뚜렷하게 나타나고 있다.

그런데 여기서 중요한 사실은 신앙 단계가 경제적 요인에 의해 영향을 받고 있다는 것이다. 경제 수준 하층에서는 1단계와 2단계라는 응답이 가장 많았고, 상층에서는 3단계와 4단계라는 응답이 가장 많았다. 물론 예배 출석 빈도나 직분 차이도 크게 영향을 미치는 요인이

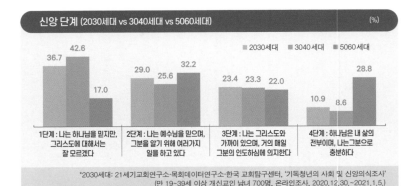

신앙 단계 (2030세대 vs 3040세대 vs 5060세대)                    (%)

■ 2030세대   ■ 3040세대   ■ 5060세대

1단계 : 나는 하나님을 믿지만, 그리스도에 대해서는 잘 모르겠다 — 36.7 / 42.6 / 17.0
2단계 : 나는 예수님을 믿으며, 그분을 알기 위해 여러가지 일을 하고 있다 — 29.0 / 25.6 / 32.2
3단계 : 나는 그리스도와 가까이 있으며, 거의 매일 그분의 인도하심에 의지한다 — 23.4 / 23.3 / 22.0
4단계 : 하나님은 내 삶의 전부이며, 나는 그분으로 충분하다 — 10.9 / 8.6 / 28.8

*2030세대: 21세기교회연구소·목회데이터연구소·한국 교회탐구센터, '기독청년의 사회 및 신앙의식조사'
(만 19~39세 이상 개신교인 남녀 700명, 온라인조사, 2020.12.30.~2021.1.5.)
*3040세대: 21세기교회연구소·목회데이터연구소·한국 교회탐구센터, '3040세대의 신앙의식 및 생활 실태 조사'
(만 30~49세 이상 개신교인 남녀 700명, 온라인조사, 2022.11.1.~7.)
*5060세대: 21세기교회연구소·목회데이터연구소·한국 교회탐구센터, '5060세대의 신앙의식 조사'
(만 50~69세 이상 개신교인 남녀 700명, 온라인조사, 2021.10.20.~25.)

지만 이와 함께 경제 요인이 신앙 단계에 적지 않은 영향을 미친다는 것은 많은 점을 시사한다. 결국 경제적으로 여유가 있어야 신앙생활에 충실하게 임할 수 있고 경제적으로 불안정하면 신앙생활도 불안정해진다는 것을 의미한다.

### 교회 활동이 저조한 3040세대

3040세대는 절반 이상이 현장 예배를 드리지 않는다. 교회에서 현장 예배를 드리는 비율이 44.0%밖에 되지 않아 전 연령대에서 현장 예배 회복이 가장 느리다. 절반(50.4%)은 온라인 예배를 드리고 있다. 다른 교회 활동도 활발하지 않으며, 소그룹 참여, 청년부나 전도회 참여, 교회 봉사 참여율 모두 3040세대가 5060세대보다 훨씬 적다.

봉사 활동을 하지 않는 이유로는 '시간이 없어서'(22.5%)와 '일상생활로 지쳐 쉬고 싶어서'(16.5%)가 제일 많아 시간이나 육체적으로 여유가 없는 것을 알 수 있다. 그런데 '교회 일에 관여하고 싶지 않아

| 3040세대 신앙 단계 (성별/경제수준별) | | | | | | | (%) |
|---|---|---|---|---|---|---|---|
| 구분 | | 사례수 (명) | 1단계 (기독교 입문층) | 2단계 (그리스도 인지층) | 3단계 (그리스도 친밀층) | 4단계 (그리스도 중심층) | 계 |
| 전체 | | (700) | 42.6 | 25.6 | 23.3 | 8.6 | 100.0 |
| 성별 | 남자 | (310) | 44.8 | 25.8 | 19.4 | 10.0 | 100.0 |
| | 여자 | (390) | 40.8 | 25.4 | 26.4 | 7.4 | 100.0 |
| 경제수준 | 상 | (88) | 34.1 | 20.5 | 30.7 | 14.8 | 100.0 |
| | 중 | (292) | 43.5 | 24.3 | 24.7 | 7.5 | 100.0 |
| | 하 | (320) | 44.1 | 28.1 | 20.0 | 7.8 | 100.0 |

21세기교회연구소·목회데이터연구소·한국 교회탐구센터, '3040세대의 신앙의식 및 생활 실태조사'
(만 30~49세 이상 개신교인 남녀 700명, 온라인조사, 2022.11.1.~7.)

서'(14.8%)와 '특별히 하고 싶은 마음이 없어서'(13.2%)가 그다음으로 '나와, 교회 일 자체에 관심이 없다'는 응답도 적지 않았다.

이러한 경향은 교회 직분에 대한 생각에서도 나타난다. 3040세대는 교회 직분에 대해 '당연히 맡아야 할 사명으로 감사하게 감당하고 있다'는 생각이 50.0%로 절반에 그쳤다. 그리고 '교회에서 주어진 것이므로 별다른 생각 없이 하고 있다'는 응답(40.2%)이 적지 않았는데 이런 생각은 30대에서 더 강했다. '맡고 싶지 않지만 상황 때문에 한다'는 부정적 응답도 11.7%로 10명 가운데 1명 꼴로 나타났다. 서리집사와 직분이 없는 성도들에게 교회에서 중직을 맡긴다면 어떤 태도를 보일 것인지 질문했는데 '열심히 하고 싶다'는 12.2%밖에 되지 않았고 '부담스럽지만 받아들인다'는 소극적 수용자가 29.4%였다. 절반이 넘는 58.5%는 '하고 싶지 않다'고 응답해, 다수는 직분에 대해 거리를 두는 입장을 보였다.

이런 결과는 젊은 세대들이 위계질서를 불편해하거나 직분에 대한 그들의 생각에도 그대로 반영되고 있다. 최근 젊은이들 사이에서는 한국 사회의 연고주의 근간을 이뤘던 동창회, 향우회, 친족 모임은 약화하고, 취미 활동이나 관심사를 나눌 수 있는 여러 형태의 동호회나 살롱은 활발하다. 젊은이들이 연고주의 모임을 기피하는 이유는 그런 모임에서는 상하관계와 위계질서를 중요하게 여겨서 선후배나 손위, 손아랫사람을 따지기 때문이다.

젊은 세대들은 이렇게 직장 밖에서도 위계 서열을 따지는 것을 불편하게 여기는데 교회에서 직분도 위계 서열을 특징으로 하기에 기피하는 것이다. 필자가 조사한 중직자 의식조사에서는 직분자들 사이에 위계질서가 중요하다는 응답이 80.3%로 나타나, 한국 교회에서 위계질서는 여전히 강조되고 있는 것으로 나타났다. 하지만 이는 젊은 세대들의 인식과는 매우 다른 것이다.[12] 이와 관련해서는 6장 '교회 거버넌스'에서 좀 더 구체적으로 다루고 있다.

그런데 교회가 행하는 사회봉사 활동에 대해서는 3040세대 47.3%가 '참여한다'고 응답했다. 이는 교회 안에서의 봉사나 다른 활동보다 높은 비율이었고, 5060세대의 참여율(41.7%)보다 5.6%p 더 높았다. 그리고 앞으로 교회의 사회봉사 활동에 참여할 의향이 있는지를 물었을 때 61.7%가 참여할 의향이 있다고 응답했다. 이것은 기존 교회의 소그룹 활동이나 청년부, 전도회, 문화, 취미 모임에 대한 참여 의향이 50%가 되지 않은 것에 비하면 높은 비율이다. 따라서 3040세대는 전통적인 교회 내부 활동보다는 교회 밖 사회봉사 활동에 더 관심이 많다는 것을 알 수 있다.

출석 교회에 대한 만족도는 77.9%로 나타나 다른 세대의 만족도

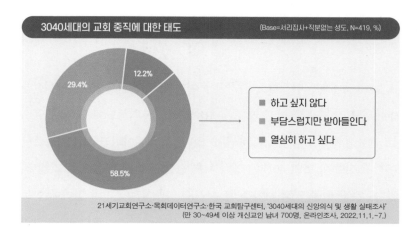

21세기교회연구소·목회데이터연구소·한국 교회탐구센터, '3040세대의 신앙의식 및 생활 실태조사'
(만 30~49세 이상 개신교인 남녀 700명, 온라인조사, 2022.11.1.~7.)

수준과 비슷했다. 만족하는 이유에 대해 '이웃과 사회를 위한 사회적 책임 역할 수행'(33.3%)을 가장 많이 꼽았다. 큰 차이는 아니지만 2030세대와 5060세대에서는 '교인 간에 진정성 있는 관계와 교제'가 1위였는데, 3040세대에서는 교회 안의 공동체성보다 사회에 대한 공적 책임을 더 중요하게 여기는 것을 알 수 있다. 출석 교회에 불만족하는 이유로는 '시대의 흐름을 좇아가지 못하는 고리타분함'(31.8%)이 가장 높게 나타났다. 이 또한 사회에 대한 관심으로 볼 수 있는 부분이다. 다른 세대와 비교해볼 때 '교회가 영적인 해답을 주지 못함'의 응답률이 높았는데 이는 3040세대가 신앙의 자기 결정 및 신앙적 회의가 많은 시기이기 때문인 것으로 보인다.

## 트렌드 전망 및 시사점

    3040세대라는 인생의 전환기에는 여러 가지 혼란을 경험하고 신앙 면에서도 갈등을 겪을 수 있다. 가정생활과 사회생활에 대한 부담으로 신앙생활이 소극적으로 바뀔 수 있다. 목회데이터연구소의 코로나 추적 조사에서 보면 40대는 영적 체험 경험도 20대 다음으로 가장 적었다. 가장 최근 영적 체험을 한 시기도 5년 이전이 거의 절반에 이르렀으며 최근에는 영적 체험을 해본 적이 거의 없었다.[13] 이 역시 이들이 신앙적으로 매우 취약하다는 것을 보여준다. 따라서 교회와 기성세대는 3040세대가 이 시기를 잘 지낼 수 있도록 격려하며 기다려줄 필요가 있다. 특히 가정이나 직장생활에 대한 지혜를 나누고 신앙관을 잘 정립할 수 있도록 도와야 한다.

    목회자들도 이 세대에 관심이 적지 않다. 목회데이터연구소의 '2024 한국 교회 트렌드 조사'에서 향후 목회적으로 좀 더 집중할 예정인 세대는 '교회의 허리 세대인 3040세대'라는 응답이 31.4%로 가장 많았다. 그런데 3040세대를 위한 모임이 필요하다는 데는 거의 모두(98.5%) 동의하지만 실제로 교회 안에 그런 모임이 없다는 응답은 절반을 넘을 정도(58.7%)로 구체적인 방안이 마련되지 않은 상황이다.

    3040세대도 자신들을 위한 모임에 높은 관심을 나타냈다. 교회 안에 3040 모임이 없는 경우, 모임이 생긴다면 참여할 의향이 있는지를 묻자 절반 이상(58.7%)이 참여 의향을 나타냈다. 특히 직장인들을 위한 모임에 대해서는 3040세대 직장인 70.4%가 필요하다고 응답했다. 기혼자들의 경우 교회 안에 부부 및 육아를 위한 모임이 필요하

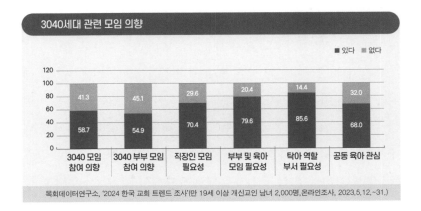

목회데이터연구소, '2024 한국 교회 트렌드 조사'(만 19세 이상 개신교인 남녀 2,000명, 온라인조사, 2023.5.12.~31.)

다는 데 79.6%가 동의하며 높은 관심을 나타냈다.

3040세대를 위해 교회는 먼저, 3040세대의 정서와 문화를 이해해야 한다. 단순히 잃어버린 세대, 교회를 떠난 세대로 치부하고 그들을 교회로 데려오는 것에만 만족하지 말고 이들의 현실적인 어려움과 고통에 공감하면서 영적 필요에 집중해야 한다. 목회의 효율성으로 접근하기보다 통전적으로 접근해야 한다는 말이다.[14] 단순히 목회의 대상으로 여기기보다 목회의 동반자 또는 동역자라는 생각의 전환이 필요하다. 만약 이들에게 기본적인 종교 서비스를 제공하고 5060세대처럼 교회에 대한 충성을 기대하려 한다면 이들의 탈종교적 성향을 제대로 파악하지 못하는 것이다.[15]

앞서 살펴본 것처럼 3040세대는 기존의 교회 내부 활동보다는 교회 밖 사회에 대해 높은 관심을 나타냈다. 이들이 신앙적 회의를 갖게 되는 것도 주변 기독교인들에게 실망한 것이 가장 큰 이유이다. 교회에 대한 신뢰가 가장 낮은 것에서 알 수 있듯 전통적인 교회 활동보다는 사회적 실천에 관심이 많다. 사회적, 공적 가치를 구현하고자 노력하는 교회를 더 선호한다.[14] 따라서 세상을 살아가는 그리스도인으로서의 정체성을 정립하고 사회봉사 활동의 장도 확대할 필요가 있다.

한편 예배 참석이 쉽지 않은 3040세대의 현실을 고려해 온라인 예배를 포함하여 3040세대가 예배에 적극 참여할 수 있는 방안을 마련해야 한다. '2024 한국 교회 트렌드 조사'에서 보면 출석하는 교회 내에 예배뿐 아니라 행사 때, 자녀를 맡아서 돌보아주는 도우미나 그런 역할(탁아 기능)을 하는 부서가 있는지에 대해서 61.9%가 없다고 응답했다. 동시에 이런 교회의 배려가 필요하다는 데에는 85.6%가 동의해 강한 필요성을 나타냈다.

최근에는 사회 제도에 의존하지 않고 부모 스스로 협동 방식으로 아이들을 양육하고 교육하는 공동 육아에 대한 관심이 젊은 부부들 사이에서 높아지고 있는데 자녀가 있는 3040세대 중에서도 68.0%가 공동 육아에 관심이 있는 것으로 나타났다. 따라서 탁아방 운영이나 공동 육아 등을 통해 젊은 부부들이 신앙 모임에 적극적으로 참여할 수 있도록 도울 수 있는 방안을 강구해야 할 것이다.

소그룹을 활발하게 운영하는 교회에서는 교인들이 주일예배는 참석하지 못해도 소그룹에는 참석하도록 유도하는 경우가 있는데, 예배에 참석하지 않는 3040세대들이 소그룹을 통해 신앙이나 생활 면에서 도움을 받을 수 있도록 할 필요가 있다. 앞서 조사 결과에 나타난 것처럼 3040세대 신앙인들은 삶의 만족도나 미래에 대한 희망이 신앙 단계에 따라 높아지는 것으로 나타났다. 신앙이 깊을수록 현재의 삶에 만족하고 미래에 대해서도 희망적으로 본다는 것이다. 이를 위해 청장년부나 신혼부부 모임을 활성화해 스스로 공동체성을 강화할 수 있도록 하는 것도 도움이 될 것이다.

그런데 이번 설문조사에서는 3040세대가 소그룹에 관심이 적은 것으로 나타났다. 이는 기존 교회 소그룹이 대부분 전통적인 구역이나 속회 방식으로 운영되고 있고 교인 관리 차원에서 형식적으로 운영되고 있기 때문이다. 소그룹 편성도 본인들의 관심과 상관없이 교회에서 일방적으로 배정하는 경우가 대부분이다. 따라서 이런 방식보다는 성도들의 비전이나 선호 활동에 따라 다양한 소그룹을 제공하고 스스로 선택해 참여하도록 해야 한다. 기존 구역이나 속회는 상하 서열의 위계질서가 있기 때문에 자발적 참여를 기반으로 하는 수평적 네트워크형 소그룹이 필요하다 하겠다.

그런데 3040세대의 신앙에 영향을 미치는 또 하나의 변수는 경제적 수준이었다. 경제 수준에 따라 신앙 단계도 올라가는 것으로 나타났다. 결국 경제적으로 여유가 있어야 신앙도 더 깊어지고 생활도 더 안정된다는 의미이다. 따라서 경제적으로 여의치 않은 이들에게 더 깊은 관심이 필요하다. 교회가 경제 문제 해결에 직접적인 역할을 하기는 어렵다 하더라도 이들의 현실 문제에 관심을 갖고 함께하는 자세가 필요하다.

최근 주목받고 있는 대안 경제 운동은 공정 무역, 사회적 기업, 윤리적 소비와 같은 '공동체주의적 자본주의' 활동을 뜻한다. 이는 현재의 자본주의 문제를 극복할 뿐만 아니라 세계적인 빈곤 문제를 구조적으로 해결할 수 있는 하나의 중요한 방법으로 이해되고 있다. 이러한 대안 경제 운동에 교회도 관심을 갖고 참여한다면 3040세대도 함께할 수 있을 것이다.[17]

무엇보다 중요한 것은 이들이 인생 전환기에 올바른 가치관과 신앙관을 갖도록 도와주는 것이다. 단순히 예배 참석을 잘하고 교회 봉사를 많이 하는 것을 넘어, 직장과 사회생활에서, 그리고 가정과 자녀 양육에서 신앙인으로서의 정체성을 가지고 이를 실천할 수 있도록 도와야 한다. 여기서 5060세대가 이들의 신앙적 멘토 역할을 해줄 필요가 있다. 이번 조사에서도 3040세대의 69.1%가 신앙적 멘토가 필요하다고 응답했다. 교회의 허리 역할을 해야 할 3040세대가 교회의 약한 고리가 되지 않도록 다각도의 노력이 필요한 때이다.

# 06
# Bottom-up Community

# 교회 거버넌스

기업 경영에서 ESG의 중요성이 대두되면서 거버넌스(Governance)가 대세다. ESG는 환경(Environment), 사회적 책임(Social), 지배구조(Governance)인데 지구를 망가뜨리지 말고 더불어 살아가면서 우리가 사는 세상의 지속가능성을 높이자는 의미이다. 이중 거버넌스는 의사결정 시스템을 말한다. 건강한 거버넌스는 참여적이고 민주적이며, 공정하고 투명하게 소통하는 좋은 의사결정을 한다. 한국 기업이 실제 가치보다 낮게 평가되는 '코리아 디스카운트'는 건강하지 못한 거버넌스 때문이라는 지적이 많다.

2030청년세대는 건강한 거버넌스, 특히 공정성과 소통, 수평적이고 참여적인 문화를 중시한다. 한국 사회와 기업들은 청년세대의 이런 요구에 부응하기 위해 애를 쓰고 있다. 한국 교회는 어떤가? 청년들이 교회를 떠나고 있어 발등에 불이 떨어졌다. 교회에 대한 낮은 사회적 신뢰도는 회복되지 못하고 있다. 이런 모습에 대한 원인 중에는 좋은 의사결정 시스템을 갖추지 못한 '교회 거버넌스'가 있다.

많은 교회가 여전히 목회자와 당회 중심이며 일방적이고 투명하지 않은 의사결정 구조에 머물러 있다. 교회 직분은 서열화되어 평신도와 성직자를 구분한다. 교회 문화는 위계적이고 권위적이다. 참여적, 수평적 문화로 가는 사회 흐름에 한참 뒤처져 있다. 고학력, 지식정보 사회가 되면서 성도들은 미래 사회의 변화를 누구보다 잘 알고 있다. 그렇기에 담임 목회자와 소수 리더만으로 교회를 이끌어가기는 점점 더 어려워지고 있다.

교회는 이제 건강한 거버넌스, 좋은 의사결정 시스템을 고민해야 할 때다. 교회는 무엇보다 예수 그리스도를 머리로 모신 공동체이므로 사람이 아닌 성령님의 인도하심에 민감해야 한다. 세상 조직과 차별화된 교회 공동체의 건강한 거버넌스를 정립할 필요가 있다.

"이번에 교회에서 추진하는 사역이 좋아 보입니다. 그런데 막대한 재정이 들어간다고 하네요. 이렇게 중요한 결정인데 그 과정을 왜 우리는 전혀 모르고 있었죠? 아무리 좋은 일이라도 목사님과 장로님 중심으로 결정하고 성도들에게 일방적으로 통보하는 것은 문제가 있습니다."

한국 교회 교인들은 교회의 의사결정 과정이나 소통 문화를 긍정적으로 보는 것 같지 않다. 국민일보와 목회자그룹인 사귐과 섬김의 개신교인 의식조사에 의하면 교인 스스로가 보는 한국 교회는 한마디로 권위적, 보수적이다. 교인들이 바라는 이상적 교회는 하나님 중심(예배, 기도), 개인 도덕성, 이웃 섬김(사회 구제 봉사)이 균형 잡힌 교회이다. 그러나 현재 모습은 '권위주의적'(56.6%), '보수적'(45.8%)이고, 그 다음이 '전도 중심'(25.7%), '예배 중심'(22.1%) 순이다.

교회의 권위주의적인 모습은 교인이 교회를 옮기고 싶은 생각까지 들게 만든다. 한국 교인 중 3분의 1은 타 교회로 옮길 생각을 한 적이 있다고 답했는데, '설교가 은혜가 안 돼서'(35.5%), '권위주의적이고 비민주적이어서'(25.4%)라고 응답했다. 청년 활성화를 위한 1순위가 권위주의 타파와 의사결정 참여, 2순위가 청년층과 의사소통을 할 수 있는 장을 마련해주기를 원하고 있다.[1] 이는 교회 내 의사결정 그룹인 5060세대도 마찬가지이다. 출석 교회에 불만족하는 이유에서 교회 지도자들의 권위주의적 태도가 두 번째로 높은 31%를 차지한다. 교회 의사결정에서 전체 교인 의견을 '매우 잘 반영한다'는 비율은 19%에 불과했다.[2]

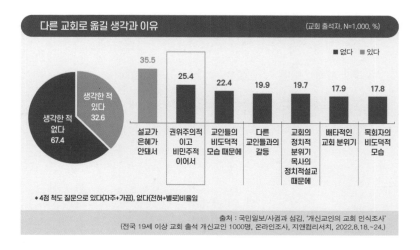

다른 교회로 옮길 생각과 이유 (교회 출석자, N=1,000, %)

■ 없다 ■ 있다

생각한 적
있다
32.6

생각한 적
없다
67.4

35.5 설교가 은혜가 안돼서
25.4 권위주의적이고 비민주적이어서
22.4 교인들의 비도덕적 모습 때문에
19.9 다른 교인들과의 갈등
19.7 교회의 정치적 분위기 목사의 정치적설교 때문에
17.9 배타적인 교회 분위기
17.8 목회자의 비도덕적 모습

* 4점 척도 질문으로 있다(자주+가끔), 없다(전혀+별로)비율임

출처 : 국민일보/사귐과 섬김, '개신교인의 교회 인식조사'
(전국 19세 이상 교회 출석 개신교인 1000명, 온라인조사, 지앤컴리서치, 2022.8.18.~24.)

"장로, 안수집사, 권사 직분을 받아야 교회에서 인정을 받는 것 같아요. 직분이 마치 회사에서 임원, 부장으로 승진하는 것 같고요. 서열 의식도 강해서 우리 교회는 수장로, 선임장로라는 말이 있는데 상당히 힘이 있는 분이에요. 교회를 오래 다니고 헌금과 봉사도 열심히 했는데 장로 투표에서 떨어졌다고 낙심이 이만저만이 아닙니다. 권사 투표에서 떨어진 어떤 여 집사님은 창피해서 교회를 못 다니겠다고 하시네요."

한 기독교 매체에서는 이런 인터뷰도 소개했다. "본인을 가나안 성도라고 소개한 유 아무개 씨는 교회 안에 여성을 위한 자리는 없고, 여성 청년은 교회의 가부장적 문화를 견뎌야 하는 것까지 이중삼중의 고통에 놓여 있다"고 말했다. 이어 "좋은 교회를 찾고 있지만 아직 찾지 못했다"며 교회의 가부장적 문화가 '청년 선데이 크리스천'을 양산하고 있음을 지적했다.[3]

이 사례에서 보듯 교회는 여전히 위계적 직분 제도와 남성 장년 중심 문화가 팽배하다. 교회생활에서 직분이 중요하고(89.2%), 직분자들 사이에 위계질서가 중요하다(80.3%)고 생각한다.[4] 교회에서 여성이 할 일과 남성이 할 일이 구분돼 있고(59%), 교회의 주요 의사결정은 남성들이 맡고 있다(56%)고 느끼는 것이 현실이다.[5]


## 왜 거버넌스인가


앞에서 언급한 교회 사례는 모두 거버넌스와 관련이 있다. 거버넌스는 오래전부터 사용되어 온 개념이지만 ESG가 기업 경영의 화두가 되면서 주목받고 있다. ESG는 기업이 친환경(Environment), 사회적 책임(Social), 거버넌스(Governance) 개선을 통해 지구를 보존하고 더불어 살아가면서 우리가 사는 세상의 지속가능성을 높이자는 의미이다. ESG의 세 가지 키워드 중 거버넌스는 '지배구조'로 번역된다.

거버넌스
(Governance)

거버넌스는 '좋은 의사결정 시스템'으로 상명하복이나 독단이 아니라 민주적 의사결정 체계를 의미한다. 즉 조직의 모든 구성원이 의사결정 과정에 참여하고 협력하고 소통하여 의사결정 과정이 공정하고 투명한 것이다.

'거버넌스'란 말은 그리스어에서 "배를 조종하다"라는 뜻에서 나왔다. 배가 나아가려면 선장 혼자서는 안 되고 선원 등 수많은 사람의 힘이 필요하다는 것이다.[6] 거버넌스를 쉽게 풀면 '좋은 의사결정 시스템'이다. 좋은 의사결정 시스템은 상명하복이나 독단이 아니라 민주적 의사결정 체계를 의미한다. 구체적으로는 수많은 선

교인들은 교회가 건강한 거버넌스 즉, 좋은 의사결정 시스템을 갖추기를 바란다. 전통적인 목회자 당회 중심, 장년 남성 중심의 의사결정 구조와 소통 방식으로는 교인, 특히 젊은 세대를 더 이상 수용할 수 없다.

원이 배를 함께 조종하는 것처럼 조직의 모든 구성원이 의사결정 과정에 참여하고 협력해 소통하는 것이다. 동시에 의사결정 과정이 공정하고 투명한 것을 말한다.

좋은 의사결정을 한다는 것은 말처럼 쉽지는 않다. 또 좋은 의사결정이 항상 좋은 결과를 가져오는 것도 아니다. 이유는 여러 가지이다. 회사의 경우 의사결정자가 잘못된 결정을 내릴 수 있다. 결정한 내용을 구성원이 수용하지 않아 의도한 대로 행동하지 않고, 때로는 부정적 반응으로 갈등이 생기기도 한다.

의사결정 과정에서 환경 변화나 고객의 마음을 제대로 읽지 못해 큰 투자를 한 제품이나 서비스에서 실패를 맛보기도 한다. 의사결정이 쉽지 않은 것은 제한된 합리성(bounded rationality) 때문이다. 완벽한 의사결정을 하려면 완벽하게 합리적인 조건을 가져야 한다. 모든 상황을 명확히 이해하고 다양한 대안 중에서 가장 좋은 대안을 선택할 수 있고, 결정에 영향을 미치는 모든 환경에 대한 완전한 정보를 갖고 있으며, 올바른 의사결정을 내릴 지혜가 있어야 한다.

그러나 인간이 완전한 합리성을 갖는 것은 불가능하다. 그래서 제한된 합리성으로 최선이 아닌 그나마 차선의 적절한 기준을 충족하는 결정을 한다. 당연히 문제가 생기고 실패하기도 한다. 그래서 제한된 합리성을 극복하고 좋은 의사결정을 하기 위해서는 가능한 한 다양한 사람을 참여시켜 소통해야 한다.

유명 브랜드 '구찌'가 좋은 사례이다. 구찌는 2012년부터 3년 연속 매출과 영업이익이 급격히 줄었다. 큰 위기감을 느낀 구찌는 30대 이하 직원으로 구성된 '섀도 커미티'(shadow committee), 소위 그림자 임원 회의를 만들었다. 50대 임원 회의에서 결정한 주제를 섀도 커미티에서 다시 논의하게 했다. 그랬더니 젊은 세대 트렌드에 맞게 임원 회의 결정 사항을 바꾸거나 더 좋은 아이디어를 보탰다. 결과는 대성공이었다.

오늘날은 이른바 'VUCA 시대'로 불린다. VUCA는 환경의 변동이 심하고(Volatility), 불확실하고(Uncertainty), 복잡한 요인이 많고(Complexity), 답을 알기 어려운 모호성(Ambiguity)을 가진다는 의미이다. 의사결정 측면에서 볼 때 VUCA 시대에는 혼자서 완벽한 결정을 할 수 없다. 그래서 많은 기업은 의사결정을 가장 잘할 수 있는 사람들에게 권한을 위임하고 있다.

고객, 신제품개발, 생산, 유통 등에서 현장 상황을 가장 잘 아는 사람이 직위를 막론하고 의사결정을 하거나, 의사결정 과정에 참여할 기회를 주고 이들로부터 다양한 의견을 수렴하는 과정을 거친다. 구찌뿐 아니라 한국의 삼성전자, LG, 포스코 등이 구성원, 특히 젊은 세대를 의사결정에 참여시키고 그들의 의견과 아이디어에 귀를 기울이는 것도 이런 이유에서다. 그 외에도 건강한 거버넌스, 즉 좋은 의사결정을 위해서는 공정성과 투명성, 구성원과의 소통, 누구나 의견을 말할 수 있는 수평적 조직 문화, 여성 참여 등을 요구하고 있다.

"경쟁사는 성과급 설명회를 가졌는데 우리는 언론에 나고 알았다. 더 받겠다는 게 아니다. 우리에게는 투명한 성과급 기준 공개가 더 중요하다. 임원이 자의적 판단으로 성과급 수준을 결정…(중략), 성과급 계산식을 알려달라. 무슨 기준으로 성과급을 정하는지 모르겠다."[7]

대기업에서 연말 성과급이 나올 때마다 반복적으로 벌어지는 논쟁이다. 밖에서 보면 입이 쩍 벌어질 정도의 엄청난 성과급이지만 회사 직원들의 불만 목소리는 이만저만이 아니다. 성과급 금액의 많고 적음을 떠나, 성과급이 결정되는 과정과 기준을 투명하게 알려달라는 것이다. 이에 대해 MZ세대는 다른 어떤 세대보다 공정성에 민감하고 의사결정의 투명성과 소통, 참여를 중시한다고 해석한다.

"CJ제일제당은 상대방을 부를 때 직급 대신 '님' 자 호칭을 사용하고, 임원들의 직급을 '경영 리더'로 통일하는 등 수직적 위계 문화를 해소하기 위해 꾸준히 노력하고 있다. 최 대표도 CJ제일제당 임직원들에게 자신을 '사장님'이나 '대표님' 대신 'ES'라는 친근한 이름으로 불러달라고 한다. 최 대표는 임직원과의 소통도 늘리면서 수평적 조직 문화 정착에 대한 자신의 진심을 전하고 있다."[8]

지금 회사는 위계적 문화로부터 수평적 조직 문화로 이동하는 중이다. 회사 직원 중에 가정에서 부모와 수평적 관계로 자란 2030세대 비중이 늘어나고 있기 때문이다. 또한 어느 때보다 변화가 빠르고 복잡한 기업 환경으로 인해 높은 직위의 소수 사람이 모든 것을 결정할 수 있는 시대도 아니다. 수직적이고 획일적인 문화로는 직원들을 이끌 수가 없고 환경 변화에 즉시 대응하기가 힘들다. 그래서 기업들은 전통적인 서열 중심의 위계적 직급을 파괴하고 호칭을 폐지하며 좌석까지도 자율적으로 선택하도록 하고 있다. 2030세대의 목소리를 듣기 위해 주니어 직원 위원회를 만들어 의견을 수렴하고 대표이사가 이들과 직접 미팅을 하고 있다. 기성세대인 임원, 팀장에게 MZ세대 이해를 위한 강의를 들려주고 수평적 리더십을 발휘하도록 독려하고 있다.

"경계현 삼성전자 반도체 부문(DS) 사장이 미국에서 '더 많은 여성 임원을 양성해야 한다'며 다양성의 가치를 강조했다. … 경 사장은 여성 인재 육성의 중요성을 강조하면서 '다양성은 창의성의 주요 원천'이라며 다양성을 통해 우리는 최고의 성과를 달성할 수 있을 것이라고 말했다. … 리더 역할에서 성별 다양성을 적극적으로 장려함으로써 여성에게 권한을 부여하는 것은 혁신을 주도하며 경쟁력을 향상시키기 위한 것이라고 전했다."[9]

여성들에게 의사결정과 영향력을 발휘할 기회를 주는 것에도 관심이 뜨겁다. 기업이 외부 투자자 및 이해 관계자를 위한 보고서를 낼 때는 DE&I(다양성, 공정성, 포용성)[10]와 관련해 어떤 노력을 하고 있는지를 보여줘야 한다. 그 중심에 여성이 있다. 직장에서 여성 직원 비율, 여성 관리자 및 임원 비율 등이 높을수록 건강한 기업이라고 생각한다. 사회는 좋은 의사결정 시스템을 갖춘 건강한 거버넌스를 위해 다양하게 노력하고 있는데 교회는 어떤 모습일까?

> "우리 교회가 추진하는 그 많은 사업과 재정을 운영하는 방식, 목사님과 장로님의 교회 운영, 봉사하는 성도들의 모습을 보면서 '과연 민주적인 의사결정을 하고 있을까? 우리 교회는 소통이 잘 되나?'라는 생각을 많이 하게 됩니다. 당회, 제직회, 공동의회는 어떻게 구성되고 평신도들은 교회 의사결정에서 어떤 역할을 해야 하는지 궁금해요."

교인들은 교회가 건강한 거버넌스 즉, 좋은 의사결정 시스템을 갖추기를 바라고 있다. 전통적인 목회자 당회 중심, 장년 남성 중심의 의사결정 구조와 소통 방식으로는 교인, 특히 젊은 세대를 더 이상 수용할 수 없다. 사회가 그렇게 변하고 있고 성경의 원리도 그렇기 때문이다. 구체적으로는 첫째, 건강한 의사결정 구조를 사회가 요구하고 있다. 지금은 ESG를 중시하는 시대이다. 기업은 ESG에 책임을 다하고 있다는 '지속가능경영보고서'를 매년 발간하고 있다. 투자자를 포함한 기업의 다양한 이해관계자는 이 보고서를 기준으로 좋은 기업 여부를 판단한다.

무엇보다 건강하고 민주적인 의사결정 구조를 갖추고 있는지를 중요하게 생각한다. 기업이 독단적이고 권위적이며 획일적 의사결정을 하는 경우에는 아무리 친환경, 사회적 책임을 다하려고 해도 이를 실현하기 어렵기 때문이다. 우리나라 기업을 평가할 때 '코리아 디스카운트'라는 말이 있다. 한국 기업의 시장 가치는 실제보다 훨씬 낮게 평가되고 있다는 현상인데, 코리아 디스카운트는 투명성이 부족하고 건강하지 않은 거버넌스 때문이라는 지적이 많다.

둘째, 의사결정에는 구성원의 참여와 협력이 필수적이다. '배를 조종하다'라는 거버넌스의 어원에서 알 수 있듯 선장 혼자서는 배를 움직일 수 없다. 항해사를 포함해 수많은 선원이 협력해야 한다. 지금은 변화가 심하고 불확실한 VUCA 시대이다. 풍랑이 쉼 없이 몰아치는 망망대해를 항해하는 것과 같다.

인공지능(AI)을 포함해 새로운 기술이 끊임없이 밀려오고, 지식과 전문 분야는 갈수록 세분화하고 있다. 이런 환경 속에서는 혼자서 모든 것을 해결하는 것이 불가능하다. 다양한 전문성을 가진 구성원들이 상호 협력해야 한다. 의사결정에서 고려해야 할 요인들이 복잡할수록 다양한 사람들이 참여해 의견을 내고, 함께 최적의 대안을 찾아가는 과정이 필요하다.

셋째, 구성원에게 동기를 부여해 헌신하게 하기 위해서다. 구성원이 의사결정 과정에 참여하면 자연스럽게 책임감을 느낀다. 구성원과 의사결정 내용을 충분히 소통하면 그들의 공감과 수용적인 태도를 끌어낼 수 있다.

마지막으로, 성경은 성도들이 협력하여 그리스도의 몸인 교회를 이루라고 말씀한다. 교회는 하나님의 부르심을 받은 성도가 각자 받은 다양한 은사를 통해 그리스도의 몸을 세우는 곳이다. 몸에 붙은 각 지체가 각자 은사를 따라 협력하고 서로를 섬길 때 그리스도의 몸이 건강하게 성장한다.

> "그분이 어떤 사람은 사도로, 어떤 사람은 예언자로, 어떤 사람은 복음 전도자로, 또 어떤 사람은 목사와 교사로 삼으셨습니다. 그것은 성도들을 준비시켜서, 봉사의 일을 하게 하고, 그리스도의 몸을 세우게 하려고 하는 것입니다."(엡 4:11-12, 새번역성경)

오늘의 교회는 더 이상 목회자 혼자 사역할 수 없다. 교회도 사회나 기업만큼 수많은 복잡한 요인과 불확실한 환경을 맞고 있다. 지금 교회는 코로나 이후 엔데믹, AI, SNS, 다양한 세대, 저출산, 고령화, 사회적 불신 등 많은 도전을 받고 있다. 이제는 전문 지식과 기술을 가진 평신도 역할이 필요할 때이다. 어쩌면 평신도가 목회자보다 더 역동적으로 사역을 감당할 수 있다. 평신도의 다양한 은사를 통해 사역이 더 풍성해질 수 있다. 이를 위해 자발적 참여를 불러일으킬 수 있는 상호의존적이며 수평적인 거버넌스가 더욱 중요하다.

## 한국 교회 거버넌스의 현주소

### 1. 의사결정 과정
한국 교회 교인들은 교회의 의사결정에 대해 어떻게 인식하고 있을까? 전반적으로 교회의 의사결정에 대한 만족도(매우 만족 비율)는 25.3%로 낮은 편이다. 만족도가 낮은 이유는 첫째, 의사결정 과정에서 다양한 구성원의 참여가 미흡하기 때문이다. '관련 부서 의견을 충분히 반영'(34.1%), '다양한 세대와 직분자 참여'(32.3%), '청년 참여'(20.5%), '여성 참여'(31.9%) 정도로 나타났다.

둘째, 의견 수렴이 부족하다. '우리 교회가 다양한 사역, 사무처리 등과 관련된 의사결정을 할 때 성도들의 의견 수렴'은 37.4%로 나타났다. 셋째, 의사결정 사항에 대한 소통도 잘 안 되고 있다. '의사결정 과정, 결과, 내용을 성도들에게 소통하고 있다'(31.3%), '소통하는 공식적인 채널(주보, 홈페이지 등)'은 45.0% 수준이었다.

교회는 교인들이 의사결정 과정에 대해 긍정적으로 인식하도록 부족한 점을 개선할 필요가 있다. 지금 사회는 지배구조 측면에서 건강하고 바람직한 의사결정을 위해 부단히 노력하고 있다. 젊은 세대를 포함한 다양한 구성원의 의견을 반영하고 의사결정 과정에 참여할 기회를 주고 있다. 투명한 의사결정과 소통 채널을 만들어 구성원에게 공정하고 민주적인 의사결정을 시행하고 있다는 신뢰감을 주려고 애쓴다. 사회 구성원으로서 교인들은 이런 변화를 일상에서 경험하고 있다. 따라서 교회도 교인들이 수용할 수 있는 건강하고 합리적인 의사결정을 해야 한다.

물론 교회는 사회나 기업과는 다르다. 교회의 머리는 사람이 아니라 예수 그리스도이다. 성령님의 인도하심을 절대적으로 따라야 한다는 의미이다. 교인들은 주일 이외의 대부분 시간을 일터와 가정을 위해 사용한다. 담임 목회자와 교역자들이 교회 사역을 책임질 수밖

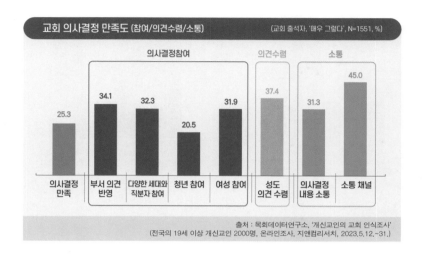

교회 의사결정 만족도 (참여/의견수렴/소통)　(교회 출석자, '매우 그렇다', N=1551, %)

출처 : 목회데이터연구소, '개신교인의 교회 인식조사'
(전국의 19세 이상 개신교인 2000명, 온라인조사, 지앤컴리서치, 2023.5.12.~31.)

에 없는 구조이다. 따라서 교회는 의사결정에 대한 사회의 바람직한 흐름을 잘 살펴가면서, 동시에 교회의 고유한 특성을 반영한 의사결정 과정을 마련해야 한다.

### 2. 직분 제도와 교회 문화

교회 직분 제도는 거버넌스와 깊은 관련성이 있다. 목사와 장로로 구성되는 당회는 교회의 최고 의사결정 기구이다. 당회의 의사결정 과정은 건강한 거버넌스 여부에 영향을 준다. 목사, 장로, 안수집사, 권사 등의 직분은 교회에서 중요한 역할을 하는 자리다. 교회 거버넌스는 이들 직분을 어떻게 받아들이느냐에 따라 달라진다.

한국 교회 교인은 직분 제도를 어떻게 인식하고 있을까? 아쉽게도 그리 건강하거나 긍정적이지는 않다. 설문조사에서는 '우리 교회 직분자는 그 역할을 올바르게 인식하고 있다'(46.1%), '직분자 역할을

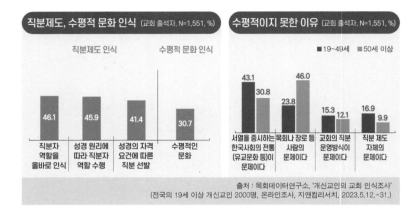

출처 : 목회데이터연구소, '개신교인의 교회 인식조사'
(전국의 19세 이상 개신교인 2000명, 온라인조사, 지앤컴리서치, 2023.5.12.~31.)

성경 원리에 따라 수행하고 있다'(45.9%) 정도로 나타났다. 장로 스스로도 주변 장로에 대해 부정적이다.

2023년 4월 한국장로신문사와 목회데이터연구소가 공동으로 실시한 장로 인식 조사에서 '주변 장로들은 신앙과 교회생활에 모범을 보이고'(91.3%), '희생적으로 장로직을 감당하고 있다'(83.8%)는 인식을 하면서도 '명예에 대한 욕심'(78.6%), '자기 생각을 고집'(77.1%), '권위적이고'(71.4%), '계급으로 장로 직분을 인식'(71.1%) 하는 경향도 크다고 생각하고 있는 것으로 나타났다.[11]

직분자가 왜 이렇게 부정적으로 인식될까? 여러 이유 중 하나는 직분자 선정 과정에 있다. 한국 기독교인 41.4%만이 '성경에서 요구하는 자격을 갖춘 성도를 합리적 과정을 통해 리더로 세운다'고 생각하고 있었다. 장로 스스로도 '사회적으로 지위가 있거나 돈이 있는 사람들이 장로를 해야 한다고 생각하고 있다'가 66.8%였다. 이 때문인지 장로들은 '장로의 자세 및 직분 수행 교육'(66.8%)을 가장 많이 받고 싶어 한다.

교회의 왜곡된 직분 제도는 건강하지 못한 의사결정 구조와 문화를 만들어낸다. 앞서 언급했지만 한국 교회 교인은 교회가 권위적, 보수적이라고 생각한다. 그 이유 중 하나가 서열을 중시하는 유교 문화가 직분 제도와 결합한 결과라고 해석할 수 있다. 교회가 수평적이라는 데 교인 30.7%만 동의하며, 수평적이지 못한 이유로 '서열을 중시하는 한국 사회의 전통(유교 문화)', '목회자나 장로 등의 문제'를 꼽은 것을 봐도 그렇다.

연령에 따라 수평적이지 못한 이유를 다르게 인식하는 것도 주목할 대목이다. 40대 이하(19~49세)는 '서열을 중시하는 한국 사회의 전통'을, 50대 이상은 '목회자나 장로 등 사람의 문제'가 원인이라고 생각한다. 특히 청년들의 인식조사에서 출석 교회에 불만족하는 이유로 '교회 지도자들의 권위주의적 태도'(34.9%), '시대의 흐름을 따라가지 못하는 고리타분함'(31.4%) 등을 꼽았다. 이것은 청년세대가 수평적 관계를 원하고 시대 흐름에 따라 변화를 요구하는 특성을 교회가 제대로 대응하지 못하는 것으로 볼 수 있다.[12]

교회가 건강한 거버넌스, 즉 좋은 의사결정 시스템을 갖기 위해서는 직분 제도에 대한 올바른 인식이 필요하다. 직분을 사회처럼 계급이나 승진의 개념으로 받아들이면 교회 안에 목사, 장로, 안수집사, 권사, 집사, 평신도라는 서열이 형성된다. 서열은 위계적이고 수직적인 의사결정 구조와 권위주의적 교회 문화를 만든다. 하지만 현재의 사회는 위계적이고 권위적인 직급을 없애고 수평적 문화로 이동 중이다.

그러나 교회는 사회와 다르다. 교회는 어떤 사회에도 없는 하나님의 말씀이 있다. 하나님 말씀의 권위는 절대적이다. 직분 제도는 예수 그리스도가 교회를 위해 주셨기 때문에 이것을 폐지하는 것은 올바른 접근이 아니다. 대신 하나님 말씀의 권위를 지키면서 수평적이고 자율적인 문화를 조화시킬 방안을 찾아야 한다.

### 3. 교회 조직 운영

교회는 예수 그리스도를 머리로 하면서 성도들이 한 몸을 이루는 공동체이다. 교회 공동체를 만드신 목적은 하나님나라를 세우기 위해서이다. 공동체는 조직을 만들어 하나님나라의 다양한 사역을 수행함으로써 그 목적을 이룬다. 구체적으로는 당회, 공동의회, 제직회가 있고 예배, 교제, 선교, 봉사, 교육 사역을 위한 부서가 있다. 조직을 효과적이며 합리적으로 운영하기 위해서는 건강한 거버넌스, 즉 좋은 의사결정 시스템을 갖추어야 한다.

건강한 조직 운영은 좋은 의사결정 시스템에 영향을 미친다. 건강한 교회 조직은 하나님나라의 목적에 부합한 의사결정을 한다. 리더들은 조직을 관리할 적합한 역량을 갖고 있으며 교회 각 부서는 본연의 역할과 기능을 수행한다. 부서가 수행하는 사역들은 주기적으로 평가를 받고 부족한 점을 보완한다. 사역의 갈등이 생길 때는 이를 조정하고 해결하는 메커니즘이 있다.

하지만 현실은 정반대이다. 한국 교회 교인들은 교회 조직 운영을 긍정적으로 인식하지 않고 있다. '교회의 리더들이 올바른 비전과 목표를 제시한다'(49.3%), '리더들이 교회 조직을 잘 이해하고 관리한다'(46.2%) 등으로 나타났다. 리더가 교회 비전과 목표를 올바르게

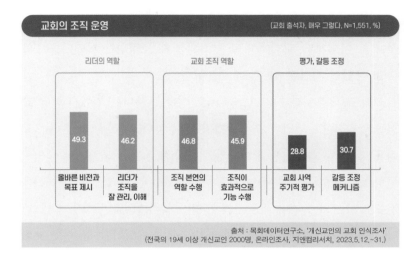

교회의 조직 운영 (교회 출석자, 매우 그렇다, N=1,551, %)

리더의 역할
- 49.3 올바른 비전과 목표 제시
- 46.2 리더가 조직을 잘 관리, 이해

교회 조직 역할
- 46.8 조직 본연의 역할 수행
- 45.9 조직이 효과적으로 기능 수행

평가, 갈등 조정
- 28.8 교회 사역 주기적 평가
- 30.7 갈등 조정 메커니즘

출처 : 목회데이터연구소, '개신교인의 교회 인식조사'
(전국의 19세 이상 개신교인 2000명, 온라인조사, 지앤컴리서치, 2023.5.12.~31.)

하고, 하나님나라 사역을 위해 교회 조직을 제대로 이해해야 올바른 의사결정을 할 수 있다는 점에서 아쉬운 대목이다.

'교회 조직이 본연의 역할을 잘 수행한다'(46.8%), '교회 사역을 효과적으로 수행하는 기능을 잘하고 있다'(45.9%) 정도의 긍정 응답도 마찬가지로 해석할 수 있다. 예를 들면 공동의회, 제직회 등이 교회의 중요한 사안을 살피고 건강한 토론을 통해 의사결정을 하고, 사역 부서가 자체적으로 전문성을 갖고 부서 사역을 논의하고 결정한다면 담임 목회자나 당회가 일방적으로 의사결정을 할 수는 없다.

교회의 다양한 사역과 조직 운영에 대한 주기적인 평가와 피드백은 올바른 의사결정을 했는지 점검하는 기능을 한다. 이에 대해 '주기적인 평가가 이루어진다'는 28.8%만 '그렇다'고 응답해 건강하지 못한 거버넌스를 초래하고 있음을 보여준다. 갈등 관리도 마찬가지이다. 대부분 갈등은 의사결정 과정에서 생긴다. 사람이 모인 곳은 어디든 갈등이 있을 수밖에 없다. 이럴 때 갈등을 조정하는 메커니즘은 필수적이다. 아쉽게도 '교회에서 갈등이 생길 때 조정하는 메커니즘이 있다'고 응답한 사람은 30.7%에 머물렀다.

교회 조직 운영과 거버넌스는 서로 영향을 준다는 점에서 한국 교회는 합리적이고 건강한 조직 운영을 해야 한다. 한국 교회 중에는 교회 규모가 작을 때 담임 목회자가 이른바 '북치고 장구치면서' 주먹구구식으로 교회 조직을 운영하다가 담임목사 혼자 감당하기 어려울 정도로 규모가 커졌음에도 조직 운영방식은 그대로인 경우가 많다. 담임 목회자의 강력한 카리스마로 순조롭게 운영하고 있는 듯 보이지만, 건강하지 못한 거버넌스 이슈가 누적되면서 결국 교회가 힘들어지는 사례를 보게 된다. 이런 점에서 교회의 건강한 조직 운영이 제대로 정립될 필요가 있다.

### 4. 건강하지 못한 원인

교회 거버넌스, 즉 의사결정 과정, 직분 제도와 교회 문화, 교회 조직 운영 이슈는 왜 생기는 것일까? 크게는 담임 목회자 중심의 구조, 직분 제도에 대한 잘못된 인식에서 찾을 수 있다. 첫째, 지나친 담임 목회자 중심 구조이다.[13] 한국 교회는 심방, 설교, 훈련, 교회 행정과 운영, 행사 등 모든 사역이 담임 목회자가 주도하도록 구조화되어 있다. 말씀을 전하고 성도를 돌보며 훈련하는 목양은 목회자의 중요한 책무이다. 그러나 그 밖의 일까지도 담임 목회자가 주도한다는 것은 건강한 구조가 아니다. 물론 일반 교인들은 먹고사는 일이 너무 바빠서 교회 일에 신경 쓸 시간이 없고, 교회 운영에 관한 대부분의 일을 담임 목회자가 할 수밖에 없다고 하지만, 이것은 담임 목회자 자신에게도 좋지 않고 교회에도 유익하지 않다.

이 같은 구조는 교인들이 담임 목회자에게 모든 것을 의존하게 만들면서 수동적으로 따라가게 만든다. 담임 목회자에게 집중된 수직 구조 속에서 독단적이며 권위주의적 결정 구조가 고착된다. 이런 구조는 담임 목회자가 자리를 비우는 상황이 생기면 교회를 어려움에 빠뜨린다. 담임 목회자는 완전하지 않다. 교회 규모의 크고 작음을 떠나 교회의 모든 사역을 담임 목회자가 완벽하게 해낸다는 것은 불가능하다. 교회 규모가 커질수록 다양한 사역을 위해 전문성이 필요한데 담임 목회자 혼자로는 무리다. 혹 담임 목회자가 부적절한 성품과 언행으로 문제가 생긴다면 교회는 극심한 혼란에 빠진다. 담임 목회자 입장에서도 권한을 가진 만큼 책임을 져야 하는 부담도 크다.

둘째, 이번 기독교인 의식조사에 나타났듯 직분 제도에 대한 잘못된 인식과 계층화가 한국 교회에 고착돼 있다. 직분 제도는 본래 교회를 건강하게 다스리기 위해 만들어졌으나 한국 교회는 유교 문화와 만나며 위계적이고 서열화된 구조를 갖게 되었다. 거의 모든 한국 교회는 목사를 정점으로 장로, 안수집사, 권사, 집사, 평신도라는 서열 구조가 자리 잡고 있다.

이런 의식은 한국 교회 교인 80% 정도가 직분자 사이에서 위계질서는 중요하다고 생각한다는 점을 봐도 잘 알 수 있다. 교회 규모가 클수록 교회 운영을 위해 위계질서가 필요하다고 여긴다.[14] 한 예로 침례교는 치리 기관인 당회 중심의 장로교와 달리 장로 직분이 없었다. 대신 안수집사가 그 역할을 해왔다. 그러나 침례교 총회에서 '호칭 장로제'를 도입했다. 국내 침례교 소속 교회 3분의 1 정도가 이미 호칭 장로제를 채택하고 있는 현실을 반영한 것이다. 아울러 교회 연합사업 등 대외 활동시 타 교단의 장로들과 격을 맞추기 위한 의도도 있다고 한다.[15]

직분 제도를 마치 회사 직원이 승진해 높은 직급으로 올라가는 것처럼 여기기 때문에 신앙 연수가 일정 기간 지나거나 장로, 안수집사, 권사 등의 연령대가 됐는데 그 직분을 얻지 못하면 큰 상실감을 갖는 분위기가 형성된다.

직분 제도가 이렇게 신분, 서열화되면 여러 문제가 발생한다. 우선 안수를 받는 하나님의 종과 그렇지 않은 평신도를 구분하게 된다. 또 직분을 받은 사람들에게 권위주의가 나타나고 직분에 적합한 대우를 받고 싶어 한다. 목사와 장로로 구성된 당회 중심의 의사결정이 일반화되고 교회 운영과 문화는 수직적이고 위계적인 모습을 띤다. 이런 교회 문화는 자연스럽게 성도들에게 목회자, 직분자와 심리적 거리를 두게 만든다. 심리적 거리감이 클수록 자유로운 소통은 요원하다. 소통이 되지 않으면 폐쇄적인 조직이 된다.


## 트렌드 전망 및 시사점

한국 사회는 공정성, 투명성, 민주적 수평 문화를 요구하는 목소리가 크다. 남녀를 차별하는 젠더 이슈에도 민감하다. 고학력, 지식정보 사회로 발전하면서 조직 구성원의 전문성이 높아지고 있다. 특히 2030세대는 투명하지 않고 신뢰할 수 없는 조직을 거부한다. 시대의 흐름에 따라 변화하지 못하는 것을 고리타분하게 여긴다. 기업을 포함한 사회 조직들은 지속가능성을 위해 변화의 흐름을 정확하게 읽고 반응하려고 애쓰고 있다. 특히 미래 주역인 청년세대를 붙잡기 위해 건강한 거버넌스, 수평적 조직 문화를 만들어가고 있다.

이런 흐름 속에서 한국 교회는 청년세대가 교회를 떠나는 안타까운 현실에 직면하고 있다. 청년들이 교회를 만족스럽게 생각하지 않는 데는 거버넌스 이슈가 크다. 교회도 변화가 필요하다. 우선은 교회의 본질적 속성을 통해 거버넌스 원칙을 바로 세워야 한다. 그다음은 건강한 거버넌스를 위한 구체적인 변화 노력을 기울여야 한다.

## 1. 교회 거버넌스의 원칙

교회는 두 가지 속성이 있다. 하나는 공동체로서의 교회이고 다른 하나는 조직체로서의 교회다.[16] 공동체인 교회는 그리스도를 머리로 하면서 각 지체가 한 몸과 같이 유기적인 관계를 맺고 서로 섬기면서 자란다. 이를 위해 공동체로서 교회는 조직이라는 옷을 입는다. 공동체를 위한 상호 섬김은 다양한 사역과 성도들의 역할로 나타나며 이를 질서 있고 효과적으로 수행하기 위해서는 조직을 만들어 운영할 수밖에 없다.

문제는 조직체인 교회가 사역을 위한 의사결정 과정, 역할과 기능이 왜곡되면 공동체가 손상을 입게 된다는 것이다. 부지불식간의 의사결정, 역할 갈등 등의 조직 운영 차원에서 문제가 생겨 교회가 진통을 겪는다. 조직은 공동체의 본질을 효과적으로 활성화시키는 역할을 하지만, 어느 순간에는 구성원을 지배하고 통제하는 위치로 바뀐다.

조직의 운영은 신앙만으로 해결되지 않는다. 아무리 경건하고 설교 말씀이 좋은 목회자라도 모든 교회 조직 운영을 잘할 수 있는 것은 아니다. 그래서 교회는 건강한 거버넌스 역량을 갖추어야 한다. 이를 위해서는 먼저 '한 백성 의식', '권위와 자율 간 균형', '상호 호혜성 원칙'을 잘 지켜야 한다.

첫째, 한 백성 의식을 가져야 한다. 폴 스티븐스(R. Paul Stevens)는 오늘날 교회에는 '두 백성'이 있다고 한다. 하나는 사역을 베푸는 '성직자' 층이고, 다른 하나는 사역을 수동적으로 받는 '평신도' 층이다. 그러나 성경은 오직 한 백성, 곧 참 '하나님의 백성'밖에 없다고 한다. 모든 성도는 하나님의 '한 백성'이다. 교회 지도자, 사도, 선지자, 복음 전하는 자, 목사와 교사도 '한 백성'의 일원이다. 그들은 성도를 온전하게 하여 봉사의 일을 하게 하고 그리스도의 몸을 세우는 일을 하도록 세움을 받은 자일 뿐이다(엡 4:11-12).

모든 성도는 예수 그리스도를 통해 하나님을 섬기는 선지자, 제사장, 왕 됨(벧전 2:9)의 의식을 가져야 한다. 이제 교회는 통상적인 의미에서 '평신도'가 없고 진정한 의미의 성직자만 있다. 하나님의 기업으로 존귀하게 되고 섬기기 위해 하나님의 임명을 받았다는 의미에서 모두가 성직자이다.[17] 하나님의 한 백성인 성직자에게는 서열과 차별이 있을 수 없다.

둘째, 권위와 자율 간의 균형을 이루어야 한다. 교회는 머리이신 예수 그리스도에게 철저하게 수직적 관계이다. 또한 그리스도는 그의 몸인 공동체를 이루기 위해 은사에 따라 다양한 역할을 주셨다. 교회 구성원은 그 은사에 따른 역할의 권위를 인정해야 한다. 이는 교회의 질서를 위해서이다. 동시에 그리스도의 몸을 이루는 지체들은 고유의 역할을 하되 다른 지체와 상호 의존하며 수평적인 관계를 이룬다. 역할에 따른 권위를 상호 인정하되 다른 지체의 자율을 소중히 여긴다. 이런 점에서 교회는 각자 역할은 있어도 차별이나 위아래 서열은 없다.

무엇보다 죄성을 가진 인간이기에 직분자라 할지라도 무한한 권위를 가지는 것이 아니라 견제와 균형이 요구된다. 자율에 기반을 둔 회중의 의중을 묻는 절차도 필요하다. 회중도 죄성을 가지기 때문에 권위를 가진 지도자가 필요하다. 그러나 어떤 직분자도 성도나 다른 직분자 위에 지배할 수 없다. 모두 하나님의 종으로 살아야 한다.

그러면 리더는 언제 권위를 발휘해 주도하고, 언제 다른 지체에게 자율을 부여하는가? 건강하게 좋은 시스템을 갖추면서 건강한 조직을 만드는 일에는 적극 개입해서 권위를 발휘하고, 이후 올바른 방향으로 갈 때는 한 발짝 뒤로 물러나 성도의 자율에 맡겨야 한다.[18]

셋째, 상호 호혜적이어야 한다. 교회는 다양한 은사들이 독립적이면서도 서로 연결되어 상호 의존하고 돕는 가운데 사역이 이루어지는 은사공동체이다. 이런 점에서 교회의 직분은 서로를 돕고 의존하는 수평적 관계이며 서로 존중한다. 또한 하나님의 교회를 세우는 일에는 다양한 역할과 기능이 필요하다. 그러나 다양성을 그대로 두면 갈등과 혼란이 생길 수 있다. 공동체의 바른 질서를 위해 각자 은사를 따라 적당하게 행하고, 다른 사람들의 일에 간섭하지 않도록, 그리고 한 사람이 모든 것을 동시에 가지려는 욕심을 부리지 않도록 하기 위해서는 지도자가 필요하다.[19]

하지만 그들은 위계적 측면에서가 아니라 교회 질서를 위해 섬기는 조력자 역할이다. 그것이 서열화되어서는 안 된다. 은사에 따라 각자 맡은 일과 역할을 할 수 있는 것으로 충분하다. 이런 점에서 성도 개인은 완전한 인격체이면서 다른 성도와 상호의존하면서 교회를 이룬다.

### 2. 건강한 거버넌스를 위한 제언

첫째, 성령의 인도하심에 맡긴다. 교회가 사회의 여타 조직과 다른 점은 예수 그리스도가 교회의 머리 되심을 인정한다는 점이다. 사회의 일반 조직은 사람 스스로 주인이 되어 아이디어를 고민하고, 의사를 결정하고 대안을 마련한다. 반면 교회는 사람이 의사결정을 하지만 그전에 철저하게 성령님의 인도하심에 순종한다.

아쉽게도 교인들은 이 점에 그리 긍정적이지 않다. '우리 교회는 의사결정에 성령님의 인도하심을 중요하게 생각한다'(43.2%), '우리 교회는 성령님의 인도를 교회 성도들이 함께 기도하고 논의하면서 확인한다'(37.2%) 정도로 나타났다. 교회의 건강한 거버넌스, 좋은 의사결정 시스템의 출발은 사람이 아닌 성령님을 주인으로 모시면서 그분의 결정을 분별하고 그분께 순종하는 것이다.

둘째, 당회의 민주적인 운영이다. 당회가 먼저 위계적 문화를 개선해야 한다. 교회 중에는 담임목사, 수석 또는 선임장로, 장로 임직 기수에 따른 서열이 존재한다. 당회나 예배당에서 앉는 자리, 심지어 교회 주보에도 서열을 따진다. 장로들은 담임목사와 장로 간 갈등의 주요 원인을 '담임목사의 일방적 당회 운영'이라고 생각한다.[20] 반대로 수석 또는 선임장로가 교회의 주인 행세를 하는 경우도 있다. 교회 거버넌스의 출발은 당회이다. 당회가 먼저 민주적인 운영과 수평적 조직 문화를 보여주어야 한다.

셋째, 당회와 제직회의 역할 구분이다. 사실 이것은 이론적으로는 이미 구분하고 있다. 그러나 현실에서는 당회가 결정한 안건을 제직회에서 충분히 토론하지 않거나, 당회가 알아서 결정했을 것이라 여기고 거수기 역할만 한다. 이를 해결하기 위해서는 집사 자격 요건으로 제직회의 성실한 출석, 중요한 안건에 대한 의견 제시를 강조할 필요가 있다. 더 바람직한 사례도 있다. 당회와 제직회가 고유의 역할을 제대로 분담해 당회는 당회 안건만을, 제직회는 제직회 안건만을 다루는 것이다. 즉 당회는 교인 목양, 직분자 피택, 직분자 교육, 학습 세례 등 목회의 고유한 일에 집중하고, 그 외 의사결정이나 사역 관련 위원회 활동은 제직회가 담당한다.

넷째, 직분자의 올바른 역할 인식을 위한 교육 강화이다. 한국 교회 거버넌스는 직분 제도와 깊은 관련성이 있다. 직분 제도를 신분 상승, 평신도와 성직자의 구분 등으로 생각하면 권위적이고 수직적인 거버넌스를 가질 수밖에 없다. 그렇다고 성경에서 말씀하는 직분 제도를 폐지하는 것도 옳지 않다. 대신 올바른 직분자 선정과 지속적 교육이 필요하다. 교회가 전통적으로 하고 있는 직분자 선출 후 교육, 매년 집사 임명 후 제직 교육에 대한 전면적인 점검이 필요하다. 직분자의 순종과 헌신에 대한 강조를 넘어 직분자의 올바른 역할과 리더십, 거버넌스에 대한 체계적이고 지속적인 교육이 필요하다.

다섯째, 교인의 전문성 활용이다. 의사결정은 리더와 구성원 간의 대화와 협력 과정이다. 건강한 조직은 의사결정 과정 가운데 조직 구성원이 적극적으로 협력함으로써 조직의 목표를 이룬다. 특히 의사결정을 할 때 고려할 요인이 많거나 복잡하고 전문성이 필요한 경우는 더욱 그렇다. 교회 사역의 경우 과거보다 훨씬 복잡한 요인이 많고 전문성을 요구한다. 예를 들면, 섬김, 구제 등과 같이 사회와 이웃에 영향을 주는 사역, 청년 등 젊은 세대를 섬기는 사역은 다양한 전문가의 도움이 필요하다. 지금 교회 성도들은 고학력자이고 어떤 분야에서는 목회자나 장로보다 훨씬 더 많은 정보와 전문성이 있을 수 있다. 교회가 효과적인 사역을 하려면 여러 전문 분야에 있는 교인의 다양한 은사를 활용해야 한다.

여섯째, 여성과 청년세대가 참여할 기회를 마련해야 한다. 아쉽게도 현재 교회 청년들은 의사결정에 참여할 통로가 적다. 기독 청년 의식조사에서 청년들은 '청년부 담당목사, 장로, 집사를 통해 전달한다'(47.0%), '담임목사, 장로, 집사가 전체 청년 혹은 청년 리더를 정기적으로 만나 의견을 청취한다'(19.4%)로 나타나, 청년들의 직접 참여보다는 간접적인 통로를 통해 의견을 제시할 기회를 갖고 있었다.[21] 반면, 청년들은 자신들을 교회 행사와 사역의 일꾼으로 대하는 경향이 있다고 응답(82%)하면서 자신들도 교회의 중요한 구성원(62%)이므로 교회의 의사결정에 참여하고 싶어 했다(90%).[22]

최근 한국 교회 안에는 청년, 여성, 사역 부서장이 참여하는 운영위원회를 운영하면서 교회의 주요 의사결정에 참여 기회를 주는 사례가 늘고 있는데 이는 바람직한 변화다. 구찌 사례에서 언급했듯이 교회에서도 당회의 결정 사항을 일방적으로 실행하기보다는 당회 결정에 영향을 받는 그룹에서 추가적인 논의를 거쳐 자신들에게 적합한 결론을 당회에 다시 제안하는 것도 한 방법이다.

일곱째, 의사결정의 투명성과 소통 채널이다. 교인들은 교회의 의사결정 과정과 결정 사항을 투명하게 알고 싶어 한다. 어떤 교회에서는 '왜 당회에서만 이야기하고 결정 사항을 교인들에게 알리지 않고 시행하느냐'고 교인들이 항의하는 경우가 있다. 어떤 대기업은 직원들에게 성과급 지급 이후 불만족의 목소리가 크자 직원들에게 성과급 지급 기준과 과정을 상세하게 설명했다. 다음 해 회사 실적이 좋지 않아 성과급이 지난해보다 줄었음에도 직원 만족도는 오히려 올라갔다. 투명한 소통을 통해 성과급 기준을 알게 되면서 직원 자신이 받을 성과급의 규모를 예측할 수 있었기 때문이다.

지금 사회는 모든 것이 투명하기를 원한다. '당신이 알리지 않으면 우리가 기어코 알아낼 것'이라면서 SNS 수사대가 나설 정도이다. 이제 교회도 모든 의사결정 내용과 과정에 대해 투명하게 소통해야 한다. 당회와 교회의 주요 결정 사항을 즉시 주보나 홈페이지, SNS 등에 알리고 소통 채널을 다양하게 활용해야 한다.

여덟째, 주기적인 평가와 피드백이다. 교회의 의사결정으로 진행되는 사역에 대한 상시적 또는 주기적인 평가와 피드백 시스템을 만들 필요가 있다. 평가하지 않으면 자신의 문제가 무엇인지 알 수 없다. 평가와 피드백은 잘못된 것을 들추어 벌주자는 게 아니다. 더 나은 내일을 위해 무엇을 개선해야 할지, 어떤 의사결정을 해야 하는지 파악하고 발전하는 과정이다. 어떤 교회는 매년 주일예배, 설교, 소그룹, 교제, 양육, 선교, 봉사, 교육 등에 대한 전 교인 설문조사를 실시하고 연초에 설명회를 갖는다. 이는 참고할 만한 바람직한 사례이다.

07

# Church in Church

# 처치 인 처치

직장생활 때문에 오피스텔에서 혼자 생활하는 딸에게 "밥은 먹고 다니냐?"고 물었다. 매일 '편장족'(편의점에서 장보는 사람이라는 뜻의 신조어)이 되어 먹고 싶은 것 마음껏 먹고 다니니 걱정하지 말라는 대답이 돌아왔다. 딸의 대답을 듣는 순간 마음속에 이런 질문이 올라왔다. '누군가의 간섭 없이 혼자만의 자유를 누리고 살면 과연 행복할까?'

인간은 근본적으로 타인과 소통하고 공감하며 관계를 맺고 싶어 하는 사회적 관계(Sociality) 욕구를 지닌 존재다. 대면이든 비대면이든 어딘가에 소속되고 싶고 그곳에서 안정감을 누리고 싶어 한다. 특히 혼자 생활할수록 누군가와 가슴 속 따뜻한 이야기를 나누고 싶고, 마음이 통하는 사람들이 있는 공동체를 기대하게 된다.

교회는 이런 사회적 관계 욕구를 가진 사람들 속에서 대안 공동체로서의 역할을 감당할 수 있을까? 그 답은 관계적 친밀감을 빠르고 효과적으로 이뤄내는 '교회 내 또 하나의 작은 교회'(Ecclesiola in Ecclesia)인 소그룹 사역을 활성화하는 것이다. 소그룹은 함께한 이들의 표정 변화까지 읽어내면서 원만한 소통과 공감을 일으킬 수 있다.

소그룹은 코로나19 이후 한국 교회의 거대한 트렌드로 자리 잡았다. 코로나 기간에도 그 위력을 발휘하며 공동체를 안정적으로 유지하도록 했다. 왜 소그룹인가. 그리고 한국 교회가 적용할 수 있는 구체적인 방안은 무엇일까.

대한민국은 지금 '나 혼자' 시대다. '비대면'(Untact)이라는 단어로 상징되는 코로나19 팬데믹 이후 더 파편화되고 개인을 확장시킨 슈퍼 개인의 사회 트렌드가 자리를 잡았다. 국민들의 의식, 주거 형태, 라이프스타일, 경제와 산업구조도 빠르게 재편되고 있다. '혼자 사는 사람'이 한국 사회의 '뉴노멀'이다.

사람은 먹고 자고 입는 것만 해결됐다고 해서 행복감을 누리는 존재가 아니다. 인간은 근본적으로 관계 지향적이며 사회적 성향을 가지고 있다. 우울할 때 자신의 이야기를 나눌 수 있는 상대가 있는 사람과 그렇지 못한 사람의 행복 지수는 확연하게 차이가 난다.

실제로 2023년 5월 초 미국 공중보건서비스단(PHSCC)이 발간한 보고서를 인용한 '외로움과 고립감은 매일 담배 15개비씩을 피우는 것과 같은 수준의 위험'이라는 제하의 기사가 국내 언론에 보도된 적이 있다.[1] 기사 내용을 보면 외로움은 조기 사망 가능성을 26~29% 높이고, 심장병 위험도는 29%, 뇌졸중 위험도 32%나 커지게 한다는 섬뜩한 내용이다. 그래서 외로움은 비만이나 약물중독 같은 심각한 공중보건 문제들과 함께 다뤄져야 한다고 밝힌다.

## 혼자입니까

"혼자이지만 혼자가 아님을 느끼며 살고 싶어요!"

"좋은 인간관계를 유지하면서 진짜 행복을 느끼며 살고 싶어요!"

자의든 타의든 나홀로가구가 대세인 상황 속에서 지금 대한민국 사회는 사회적 외로움과 치열한 싸움을 벌이고 있는 양상이다. 그런데 따뜻한 말 한마디 주고받을 상황이 쉽게 허락되지 않으니 외로움을 극복하기 위한 사람들의 노력이 엉뚱한 풍선효과를 일으키고 있다. 가장 두드러진 것은 '집콕' 하면서 스마트폰을 통해 세상 모든 사람과 연결을 가능하게 하는 사회관계망서비스(SNS) 사용이 계속된다는 것이다.

정보통신정책연구원(KISDI)이 2022년 한국미디어패널조사를 토대로 분석한 'SNS 이용 시간이 삶의 만족도와 자아 존중감에 미치는 영향' 결과를 보면 우리 국민들 가운데 SNS를 이용한다는 응답은 2019년 47.7%에서 2021년 55.1%로 증가했다.[2]

세대별 이용 실태를 보면 10대(77.7%), 20대(89.7%), 30대(81.8%)로 10~30대는 10명 중 8명이 SNS를 사용하는 것으로 파악됐다. 주중 평균 사용 시간에 있어서는 10대가 58.7분으로 가장 많았다. SNS 이용은 40대(66.2%), 50대(51.0%), 60세 이상에서는 13.7%가 사용하는 것으로 파악됐다.

2021년까지의 상황이 이렇다면 엔데믹 상황으로 접어든 2022년과 2023년 상황은 그 사용 시간이 더 늘어났을 것으로 예측된다. 특히 보고된 자료에서 흥미로운 대목은 SNS에 푹 빠진 10대가 그렇지 않은 10대들에 비해 삶의 만족도가 떨어진다는 연구 결과다. SNS를 과도하게 사용하는 10대의 삶의 만족도가, 상대적으로 SNS를 덜 사용하는 10대의 만족도에 비해 낮았다. 현실 세계에서의 다양한 인간관계가 삶을 더 행복하게 만드는 요인이라는 것이다.

풍선효과를 일으키고 있는 또 하나의 두드러진 영역은 반려동물 시장 규모의 확대다. 농촌경제연구원은 국내 반려동물 시장이 2015년 1조 9,000억 원에서 2022년 3조 4,000억 원으로 성장했다고 보고하고 있다. 그리고 2027년에는 6조 원으로 확대될 것이라는 전망을 내놓았다. 농림축산식품부는 2022년 기준 국내 인구 4명 중 1명(25.4%)이 개나 고양이 등 반려동물을 기르는 '펫팸족'(pet+family)으로 추산했다.[3] 이런 분위기 속에서 한 시중은행은 발 빠르게 반려인들이 가장 많이 사용하는 반려동물 업종에서 30%의 할인을 받을 수 있도록 특화된 신용카드인 '아이펫(I-PET)카드'를 출시하기도 했다.[4]

하지만 반려동물만으로 모든 외로움에서 벗어날 수 있을까? 미국 퍼듀대학교(Purdue University) 연구팀이 팬데믹 기간을 팬데믹 이전(2020년 2월), 봉쇄단계(2020년 4~6월), 리오픈(2020년 9~12월), 회복(2021년 1~12월) 등 4단계로 구분해 반려동물을 기르는 이들이 스트레스와 외로움을 어떻게 느꼈는지에 대한 연구 결과를 발표했다.

연구의 최종 결론은 "전체적인 변수를 고려했을 때 반려동물을 키운다고 해서 스트레스, 우정이나 직장 관계 문제로 인한 사회적 외로움, 가족 관계의 결핍으로 인한 정서적 외로움을 완화하지 못한다는 것"이었다.[5] 결국 반려동물이 사람의 빈자리를 전부 채우고 궁극적으로 외로움과 고립감을 극복하는 것에는 한계가 있다는 것을 확인해 주었다.

성경은 하나님께서 아담이 혼자 사는 것이 좋지 않다고 여기셔서 돕는 배필을 창조해주셨다고 말한다(창 2:18). 쉬운성경은 '돕는 배필'을 "도울 짝"으로 번역하고 있다. 결국 사람은 근본적으로 사람과 사람 사이에서 관계를 맺고 서로를 의지하고 신뢰하는 사회구조 속에

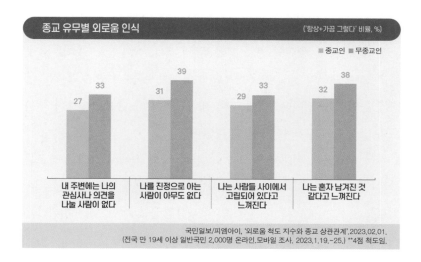

종교 유무별 외로움 인식 ('항상+가끔 그렇다' 비율, %)

■종교인 ■무종교인

| | 내 주변에는 나의 관심사나 의견을 나눌 사람이 없다 | 나를 진정으로 아는 사람이 아무도 없다 | 나는 사람들 사이에서 고립되어 있다고 느껴진다 | 나는 혼자 남겨진 것 같다고 느껴진다 |
| --- | --- | --- | --- | --- |
| 종교인 | 27 | 31 | 29 | 32 |
| 무종교인 | 33 | 39 | 33 | 38 |

국민일보/피엠아이, '외로움 척도 지수와 종교 상관관계', 2023.02.01.
(전국 만 19세 이상 일반국민 2,000명 온라인.모바일 조사, 2023.1.19.~25.) **4점 척도임.

존재할 때 외로움의 문제를 극복할 수 있는 것이다.

그렇다면 하나님의 말씀을 근거로 모인 거룩한 공동체인 '교회에서 신앙생활을 영위하는 크리스천은 어떤 상황일까'라는 질문이 자연스럽게 따라온다. 목회데이터연구소에서 2023년 5월에 실시한 '2024 한국교회 트렌드 조사'에서는 46.2%의 크리스천 응답자가 '요즘 외로움을 느낀다'고 답했다(자세한 내용은 이 책의 2장 참조).

이 결과대로라면 개신교인 역시 일반 국민과 별 차이가 없는 외로운 상태에 있는 것으로 파악된다. 다만 종교를 가진 사람이 무종교인에 비해 '내 주변에는 나의 관심사나 의견을 나눌 사람이 없다', '나를 진정으로 아는 사람이 아무도 없다', '혼자 남겨진 것 같다고 느껴진다' 등의 고립감을 묻는 질문에서 동의율이 낮아 상대적으로 '고립감'을 덜 느끼는 것으로 조사됐다.[6]

그리고 조금 더 고무적인 것은 전반적인 행복도와 삶의 만족도를 측정한 결과다. 개신교인의 행복도와 만족도가 100점 만점에 각각 65점, 63점으로 종교인 전체 평균(행복도 62점, 삶의 만족도 60점)을 웃돌고, 무종교인의 전체 평균(행복도 59점, 삶의 만족도 57점)보다 각각 6점씩 높았다는 점이다. 이에 더해 개신교인이 타 종교인들보다 행복도와 만족도에서 2~4점가량 더 높았다.

결국 외로움의 시대를 맞고 있는 한국 사회 속에서 그래도 종교를 갖는 것과 여타 종교들 가운데 크리스천으로 신앙생활을 하는 것이 외로움을 이겨내고 삶 속에서 좀 더 행복감을 느끼며 사는 길이라는 것을 확인할 수 있다.

그렇다면 신앙의 세계 안에 있는 크리스천들로 하여금 더 행복한 삶을 살게 하고, 신앙 세계 밖에서 외로움과 고립감 속에 힘들어하는 사람들을 따스한 관계를 통해 영원의 세계까지 복을 받도록 인도하는 효과적인 방안은 없는 것일까? 그 대답과 대안은 서로 환대하는 분위기 속에 긴밀하게 소통하고 공감하며 쉽게 친밀해질 수 있는 교회의 소그룹 환경을 제공하는 것이다.

**소그룹**
(Small Group)

개인이 파편화된 시대 속에서 오래 지속되는 친한 친구 몇 명만 있어도 성공한 삶이라 여기는 현대인의 특성상 소그룹은 시대적 트렌드에 부합한 방식일 수 있다. 이런 측면에서 연령, 직업, 취향, 동질성으로 모인 다양한 소그룹은 교회 내에서도 효과적이다.

**친밀함을 경험하는 소그룹의 유익**

"나를 아무 조건 없이 안아줄 수 있는 사람들이 있다니…."

"여기서 내가 혼자가 아닌 것을 비로소 알게 되었어요."

'소그룹'은 교회 내 또 하나의 작은 교회로 긴밀하게 연결된 공동체를 말한다. 교인들은 소그룹 활동을 통해 친밀감과 위로를 받는다. 파편화된 시대인 지금, 소그룹은 교회의 핵심 사역으로 자리 잡아야 한다.

테드(TED)의 이름난 강사로 역대 최장기간 인간의 행복을 연구해 온 미국 하버드대 '성인 발달 연구' 책임자인 정신과 의사 로버트 월딩거(Robert Waldinger) 박사는 "인간관계가 돈독할수록 우리는 더 행복하고 만족스럽고 더 건강한 삶을 살 가능성이 커진다"고 말한다.[7]

로버트 니스벳(Robert Nisbet)과 같은 사회학자들은 소외가 확산되는 사회 속에서 유일한 대안은 "작은 규모와 안정된 구조의 공동체"라고 강조한다.[8] 그래서 사회학자들은 한 사람의 삶이 아무리 생소한 환경에 들어가도 자신의 가슴을 열어놓고 대화할 수 있는 사람이 그 공동체 안에 6명만 있으면 절대로 그 공동체를 떠나지 않고 그 안에서 안정감을 느끼며 역동적으로 살아간다고 주장한다.

실제로 우리 삶을 돌아보면 6명이 아니라 마음을 열고 대화를 나눌 수 있는 단 한 사람만 있어도 인생의 살맛을 느끼는 것이 현실이

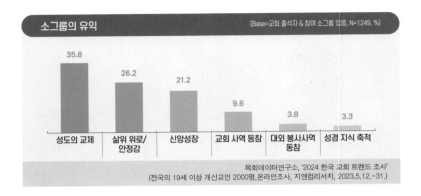

소그룹의 유익 (Base=교회 출석자 & 참여 소그룹 있음, N=1249, %)

35.8 성도의 교제
26.2 삶의 위로/안정감
21.2 신앙성장
9.6 교회 사역 동참
3.8 대외 봉사사역 동참
3.3 성경 지식 축적

목회데이터연구소, '2024 한국 교회 트렌드 조사'
(전국의 19세 이상 개신교인 2000명, 온라인조사, 지앤컴리서치, 2023.5.12.~31.)

다. 결국 진정한 행복은 소수가 모여 깊은 친밀감을 경험하는 역동적인 소그룹 환경이다.

그렇다면 소그룹에 실제로 참여하는 사람들은 어떤 유익함을 느낄까? 목회데이터연구소가 2023년 5월 실시한 '2024 한국 교회 트렌드 조사'(이하 트렌드 조사)에서 소그룹의 유익성에 대해 질문한 결과, '성도의 교제'(35.8%)가 가장 높았고 '삶의 위로, 안정감'(26.2%)이 그다음이었다.

소그룹 활동을 통해 소그룹 구성원들과 교제하면서 삶 속에서 심리적 위안만이 아니라 실질적인 도움을 받는 정도를 조사한 결과가 있다. 목회데이터연구소가 실시한 2022년 '코로나19 추적조사'에 따르면 사회적 고립도 측정에서 일반 국민은 34%인 반면, 개신교인 가운데 소그룹 활동자는 16%로 절반 이하로 떨어진 것으로 나타났다.

이를 세밀히 보면 개신교인 가운데 소그룹 활동자와 비활동자 사이에서도 인간관계의 질에 현격한 차이를 보인다. 소그룹 활동자는 이야기할 상대가 필요할 경우 '있다'는 응답이 80%에 달한 반면, 비

친한 관계에 대한 인식 (일반국민, %)

| 아니다 | 그렇다 |
|---|---|
| 27 | 73 |

사회적 관계에 신경쓰기보다 가족과 친한 친구 몇 명에 충실하고 싶다

| 아니다 | 그렇다 |
|---|---|
| 20 | 80 |

소수의 몇 명 친한 친구들이 있는 것만으로도 성공한 삶이라고 생각한다

트렌드모니터, '2020 SNS, 음성통화 이용 및 인간관계 관련 인식 평가'
(전국 만 19세~59세 남녀, 1000명, 온라인조사, 2020.07.)

활동자는 52%에 그쳤다. '몸이 아파 집안일을 부탁할 경우가 '있다'는 응답 역시 소그룹 활동자는 절반이 넘는 53%의 응답률을 보였지만 비활동자는 28%에 그쳤다.

인간은 삶의 여정 속에서 최소한 네 가지 감정을 느끼면서 살아가고 싶어 한다. 첫째는 내가 어딘가에 소속돼 있다는 '소속감'이다. 둘째는 소속된 공동체 안에서 내가 받아들여지고 있다는 '수용감'이다. 그리고 세 번째는 이 두 가지가 충족되면 자연스럽게 따라오는 경험인 '안정감'이다. 마지막으로 자기의 존재 가치를 인정받고 싶어 하는 '자존감'을 경험하려고 한다. 여기에 깊은 교제를 통해 상호 신뢰하는 이들과 공동의 목표를 가지고 함께 연대하는 가운데 그 목표를 성취하면서 살아간다면 삶 자체는 보람으로 가득 찰 수 있다.

결국 삶에 대한 건강한 생각을 가지고 활기찬 삶을 영위하기 위해서는 기본적으로 누리고 싶어 하는 이 기초 감정을 충족시켜줄 수 있는 공동체가 무엇보다 중요한 것이다. 그래서 우리 시대는 사회 속에서 많은 인간관계를 맺는 것보다 친밀한 인간관계를 맺을 수 있는 가족이나 친한 친구 몇 명에게 더 충실하고 싶은 성향을 보인다. 나아가 소수의 친한 친구가 있는 것만으로도 성공한 삶을 산다고 생각한다.[9]

성경에서도 이 사실은 증명이 된다. 구약성경 속에 전개되는 인간의 역사는 혈연 공동체 내에서 이루어진 협력과 교제의 역사를 고스란히 보여준다. 그리고 신약시대의 교회는 말 그대로 '대그룹의 형태'로 성전에 모이기를 힘쓰는 공동체이면서 동시에 '소그룹의 형태'로 성도의 집에서 모이는 것을 균형 있게 강조한 공동체였다(행 2:46).

특히 소그룹의 형태로 성도들의 집에 모였을 때 성도들은 서로의 삶에 깊숙이 관여하면서 한 마음 한뜻으로 친밀하게 협력하고 교제하는 공동체로 성장했다. 초기 기독교 공동체는 구성원들 가운데 가난한 자들이 하나도 없을 정도로 깊은 친밀감을 보여주는 모범적 공동체였다(행 4:32-35). 소속감과 수용감, 안정감과 자존감 그리고 더 나아가 연대감을 경험하기에 충분한 공동체가 예루살렘 초대교회였다.

커뮤니케이션 전문가들은 의사소통의 비율을 100%로 볼 때 말은 7%, 행동은 38% 그리고 절반이 넘는 55%가 표정을 통해 나타난다고 말한다. 이를 메러비안법칙(The Law of Mehrabian)이라고 하는데 천국은 얼굴과 얼굴을 대하여 보는 곳, 원만한 의사소통과 공감이 일어나는 곳이다.

영원한 천국을 사모하며 머리가 되시는 예수 그리스도를 중심으로 유기적으로 연결된 성도들이 공동체를 이룬 교회에 외로움의 눈물을 흘리는 지체가 있다는 것은 비성경적일 수밖에 없다. 따라서 예배 공동체로서의 대그룹을 강조하는 것과 함께 진정한 친밀감을 누릴 수 있는 소그룹을 균형 있게 강조하고 역동적인 소그룹 환경을 조성하는 것이야말로 교회의 핵심 사역으로 자리 잡아야 한다.

이제 문제를 더 좁혀보자. 과연 교회는 어떻게 해야 외로움과 고립감을 토로하는 사람들이 사회적 관계(Sociality) 욕구를 보이는 상황에서 삶의 의미와 역동성을 줄 수 있는 소그룹 사역을 해나갈 수 있을까?


## 효과적인 소그룹 사역

### 1. 대그룹과 소그룹의 균형

사도행전 2장 42-47절은 초대 예루살렘 공동체가 어떤 방식으로 복음 안에서 효과적으로 개인의 부흥과 공동체의 부흥을 일구어냈는가를 보여주는 중요한 증언을 담고 있다. 무엇보다 초대교회 성도들은 모일 때마다 사도의 가르침을 받았고 식탁교제를 통해 친밀함을 이루었다. 또 집중력 있는 기도를 시행했다. 부유한 성도들은 공동체 내 가난한 성도들의 자존심을 훼손하지 않으면서 그들에게 필요한 것을 나누며 섬겼고, 가난한 성도들은 공동체 모임에 참석하기만 하면 자신이 필요로 했던 것들이 누군가에 의해 채워지는 기쁨을 누렸다. 한마디로 유무상통의 은혜가 흐르는 공동체가 초대 예루살렘 공동체였다.

그런데 중요한 것은 초대교회 그리스도인들의 모임 형태다. 그들은 '날마다' 모이기 위해 애를 썼는데 그 모임 장소가 두 곳이었다. 그들은 '성전'에서 예배했고, 동시에 유복한 성도가 개방한 '집'에서도 함께 모였다. 공동체에 소속한 성도들이 함께 모여 하나님을 예배하는 것은 대그룹의 형태를 띠었다.

동시에 좀 더 긴 시간을 할애하는 말씀 연구와 떡을 나누는 친밀한 교제, 하나님을 향한 깊은 기도 그리고 성도들이 서로의 필요를 자연스럽게 채우는 섬김과 나눔은 소그룹으로 모이는 집에서 더 효과적으로 이루어졌다. 초대교회가 성전으로 대표되는 대그룹과 집으로 대표되는 소그룹 모임을 균형 있게 강조한 결과는 이렇다. "하나님을 찬미하며 또 온 백성에게 칭송을 받으니 주께서 구원 받는 사람을 날마다 더하게 하시니라"(행 2:47).

신약시대 이후 2000년 시간의 흐름 속에서 역동적인 소그룹 사역을 통해 교회가 부흥했다는 경험을 가진 목회자들과 소그룹 리더들에게는 공통된 증언이 있다. "적은 수의 사람들이 모여 좋은 모임을 한다는 소문이 나니, 예수 믿지 않는 교회 밖 사람들이 그 모임에 자연스럽게 참여해 부흥이 일어나고 있다"는 간증이다.

무엇보다 지금 한국 교회 성도들이 소그룹의 효과에 대해 큰 관심을 가지고 있다는 점을 유의해볼 필요가 있다. '트렌드 조사'에서는 '코로나로 인한 사회적 거리두기가 사실상 완전히 해제된 이후 앞으로 소그룹 모임에 성도들이 얼마나 참여할 것이라 생각하십니까?'라는 질문을 던졌다. 이에 대해 '현재보다 줄 것 같다'는 응답은 10.6%

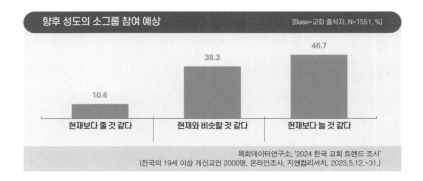

향후 성도의 소그룹 참여 예상 (Base=교회 출석자, N=1551, %)

10.6 현재보다 줄 것 같다
38.3 현재와 비슷할 것 같다
46.7 현재보다 늘 것 같다

목회데이터연구소, '2024 한국 교회 트렌드 조사'
(전국의 19세 이상 개신교인 2000명, 온라인조사, 지앤컴리서치, 2023.5.12.~31.)

에 그친 반면, '현재보다 늘 것 같다'는 응답은 46.7%나 되었다.

여기에 더해 '앞으로 소그룹에서 코로나 이전처럼 친밀한 교제가 가능할 것이라고 보십니까?'라는 질문에 대해서는 10명 중 8명은 '가능할 것'(80.8%)이라고 응답했다. 이는 성도들의 대그룹 회복과 함께 소그룹 사역에 대한 갈망을 볼 수 있는 대목이다.

실제로 초대교회 예루살렘 공동체는 소그룹의 독립성을 보장하면서 동시에 대그룹과의 유기성을 강조한, 아주 유효한 모임 형태를 가졌다. 이 과정에서 교회는 이웃들에게 칭찬받는 공동체로 자리매김을 했고, 날마다 새롭게 예수 그리스도를 믿겠다는 신앙고백을 했다. 복음과 하나님의 주권 앞에 무릎을 꿇은 영적 공동체에 놀라운 부흥의 역사가 나타난 것이다.

결국 외로움과 고립감을 토로하는 사람들이 사회적 관계(Sociality) 욕구를 보이는 상황 속에서 교회는 대그룹과 함께 소그룹 모임의 중요성을 강화하고 그 가치를 인정하는 것이 무엇보다 중요하다는 것을 확인하게 된다.

## 2. 일단 시작하자

소그룹 사역 관련 세미나와 컨설팅을 해보면 소그룹 사역 전체를 조정하고 이끌어가는 목회자와 리더들이 지레 겁부터 먹고 두려워하는 경우를 자주 본다. 목회자들은 "신학 수업 과정에 소그룹 사역과 소그룹 목회에 대한 선이해를 가지지 못했기 때문에 어디서부터 시작해야 할지 엄두가 나지 않는다"고 말한다.

소그룹 리더들 중에는 이런 질문을 하기도 한다. "우리 소그룹은 겉으로는 굉장히 친숙하고 서로를 섬기는 데 익숙한 것 같은데, 나눔의 시간이 되면 자신의 이야기를 할 때 무엇인가 어색하고 투명하지 못하다는 느낌을 받습니다. 이런 상황이 반복되면서 전체적으로 깊이 있는 나눔이 일어나지 않는 것 같습니다. 이런 상황을 어떻게 극복해야 할까요?"

서로의 표정을 읽어낼 수 있는 소그룹 환경에서도 SNS상에서 이야기를 나누는 것처럼 너무 뻔한 이야기만 반복하는 분위기가 계속되는 소그룹은 실질적으로 지속성을 유지하기 어렵고 소그룹이 누릴 수 있는 유익도 거의 없다. 또 이는 소그룹 리더들의 헌신도를 상실하게 만들기도 한다.

그렇다면 도대체 어디서부터 손을 대야 할지 모르겠다는 목회자들 그리고 자신이 인도하는 소그룹이 좀 더 역동적이고 친밀감이 자연스럽게 증대되기를 소망하는 리더들의 현실적인 질문에 어떤 해답을 제시할 수 있을까?

이번 '트렌드 조사'에 나타난 소그룹 관련 결과에서는 교회 내 소그룹에 참여하는 개신교인들의 깜짝 놀랄 만한 응답 결과를 보았다.

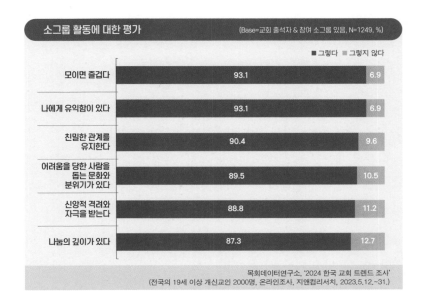

| 소그룹 활동에 대한 평가 | (Base=교회 출석자 & 참여 소그룹 있음, N=1249, %) |
|---|---|

■ 그렇다 ■ 그렇지 않다

| | 그렇다 | 그렇지 않다 |
|---|---|---|
| 모이면 즐겁다 | 93.1 | 6.9 |
| 나에게 유익함이 있다 | 93.1 | 6.9 |
| 친밀한 관계를 유지한다 | 90.4 | 9.6 |
| 어려움을 당한 사람을 돕는 문화와 분위기가 있다 | 89.5 | 10.5 |
| 신앙적 격려와 자극을 받는다 | 88.8 | 11.2 |
| 나눔의 깊이가 있다 | 87.3 | 12.7 |

목회데이터연구소, '2024 한국 교회 트렌드 조사'
(전국의 19세 이상 개신교인 2000명, 온라인조사, 지앤컴리서치, 2023.5.12.~31.)

'귀하가 주로 활동하고 있는 소그룹에 대해 어떻게 평가하는가?'에 대한 물음에 소그룹 참석자들은 이런 응답을 했다(중복응답).

먼저 '모이면 즐겁다'(93.1%)가 가장 많았고, '나에게 유익함이 있다'도 같은 응답률을 보였다. 이어 '친밀한 관계를 유지한다'(90.4%), '어려움을 당한 사람을 돕는 문화와 분위기가 있다'(89.5%), '신앙적 격려와 자극을 받는다'(88.8%) 등으로 나타났다.

이 조사 결과에 따르면 소그룹에 참여하는 성도들의 만족도는 상상을 초월할 정도로 높다. 결국 목회자와 리더만 소그룹 성공 여부에 대한 염려가 많은 것이다. 그러므로 소그룹 사역을 아직 시작하지 않았다면 일단 과감하게 발걸음을 내딛는 것이 필요하다. 시작은 누구나 어렵지만 한번 시작하면 하나님이 정말 기뻐하시는 것이 소그룹 사역이기 때문에, 소그룹 사역이 주는 황홀한 기쁨과 아름다운 결과를 누릴 수 있을 것이다.

이미 소그룹 사역을 진행 중에 있지만, 안갯속을 헤매고 있는 느낌을 받고 있다면 절대 포기하지 말고 소그룹 사역에서 가장 중요한 다음 요소들에 유의하면서 계속 진행해보는 것이 좋겠다.

다음의 제안들은 필자가 1994년 이후 계속 소그룹 세미나와 소그룹 목회 컨설팅을 진행하면서 임상을 통해 얻은 결론이기에 교회에서 적용한다면 상당한 도움이 될 것으로 확신한다.

첫째, 소그룹 멤버들은 각자 자신의 삶에 푹 빠져 있다가 영적 모임인 소그룹에 참여한 사람들이다. 모임을 처음 시작하는 시간부터 모임에 오기를 잘했다는 느낌을 받도록 열린 분위기 속에서 진행하는 것이 필요하다.

둘째, 영적 공동체에서 모이는 소그룹인 만큼 말씀 나눔과 교제, 상호 섬김과 기도가 균형 있게 강조되도록 시간을 안배해야 한다. 이번 '트렌드 조사' 결과를 비롯해 2022년과 2023년 한국소그룹목회연구원과 지구촌교회가 목회데이터연구소에 의뢰해 조사한 '한국 교회 소그룹 활동 실태조사' 결과에 의하면 소그룹 참여자들이 적절한 소그룹 모임으로 인식하는 평균 시간은 1시간 20분(80분)으로 파악됐다.

셋째, 가급적 빠른 시간 내에 친밀감을 형성할 수 있도록 인원수 조절이 필요하다. 사회학적으로 소그룹 인원수는 12명 이하이지만 교회 내에서 효과적인 나눔과 교제, 기도가 일어날 수 있는 적절한 소그룹 인원수는 임상 경험상 7명이었다. 실제로 이번 '트렌드 조사'에서도 평균 7.2명이 소그룹 구성원 수로 적당하다는 결과가 도출됐다.

넷째, 열린 질문을 통해 소그룹 멤버들이 자신의 주관적 생각을 활발하게 나눌 수 있도록 하는 것이 중요하다. 교회 내 소그룹은 성경을 학습하기에 좋은 환경이다. 그러나 소그룹으로 모였다는 것은 한 사람이 일방적으로 가르치고 나머지 멤버들은 그 가르침을 수동적으로 경청하고 끝나는 것이 아니다. 결국 성도들이 자신의 삶을 진솔하게 나눌 때 소그룹의 진정한 유익인 서로를 향한 돌봄과 섬김이 일어날 수 있다. 따라서 역동적인 나눔이 가능할 수 있도록 리더가 좋은 질문을 준비할 필요가 있다.

질문의 기능은 질문을 받는 이들의 생각과 사고를 자극해 그들 안에 있는 이야기를 끌어내는 데 있다. 그러므로 리더가 얼마나 좋은 질문을 하느냐에 따라 역동적인 나눔과 삶의 변화를 이끌어낼 수 있다. 그런 의미에서 소그룹 리더의 역할은 소그룹 멤버들에게 새로운 정보를 가르치는 교사의 역할을 넘어 멤버들이 삶 속에서 하고 싶어 하는 이야기를 끌어내는 조력자(facilitator) 역할까지 감당해야 한다. 결국 좋은 질문이 소그룹의 역동성을 살리는 것이다.

다섯째, 친밀한 관계 영역을 확장하기 위해 소그룹 재편성 시기를 정하고 적용하는 것도 필요하다. 깊은 나눔을 통해 소그룹 멤버들의 신뢰 관계가 돈독해지는 것처럼 좋은 일은 없다. 그러나 신뢰 관계를 형성하고 서로에 대한 믿음을 갖는 것은 절대적인 시간의 축적이 필요하다.

2023년 '한국 교회 소그룹 활동 실태조사' 결과에 따르면 소그룹 내에서 멤버들이 서로 깊이 있는 이야기를 나누는 데는 적어도 평균 1년의 시간이 필요하다는 결과가 나왔다. 또 소그룹 멤버들은 소그룹이 평균 1년 8개월 정도 지속하다가 재편성되면 좋겠다는 바람도 내비쳤다.

실제로 소그룹 현장에서 긴 시간 임상한 결과도 2년을 넘어가면 팀 에너지가 점차 빠져나간다는 것을 경험했다. 결국 소그룹이 닫힌 소그룹으로 제한되면서 그들만의 천국으로 전락하지 않도록 소그룹 재편성 시기를 염두에 두고 진행하는 것이 바람직하다.

2023년 '한국 교회 소그룹 활동 실태조사'에서는 소그룹 구성시 가급적 비슷한 연령대의 멤버끼리 모이는 게 훨씬 더 좋다는 응답이 74.9%를 차지했다. 따라서 소그룹을 재편성할 때 연령별 변수를 고려하는 것도 참고할 필요가 있겠다.

교회는 그리스도를 머리로 한 생명체(Body)다. 교회 내 또 하나의 작은 교회인 소그룹 역시 생명체다. 생명체는 결코 아무렇게나 방치할 수 없다. 생명체인 소그룹의 건강한 성장과 성숙을 위해서는 복잡한 변수와 문제들을 뛰어넘어야 한다. 그러므로 역동적인 소그룹 사역을 지속하기 위해서는 계속해서 필요한 자료들을 정리하고, 동역자들과 함께 중요한 원리와 정보를 나누는 것이 반드시 필요하다.[10]


### 3. 리더 훈련을 위한 시스템

긴 시간 소그룹 사역에 집중해 오면서 깨달은 진리가 있다. 소그룹의 성패는 훈련으로 준비된 리더에게 달려 있다는 점이다. 특히 소그룹 참여 멤버들이 변화무쌍한 세상에 발을 붙이고 사는 생활인인 것을 감안할 때 더욱 그렇다. 다양한 영성의 색깔과 신앙 배경을 가지고 자신의 삶을 살아가는 멤버들의 마음을 모으고, 성경 말씀을 나누면서 하나님을 바라보게 할 책임을 진다는 것은 분명 쉬운 일이 아니다. 전인격적으로 목자의 심정으로 멤버들을 돌보며 영적 교제의 기쁨을 누리게 하고, 교회와 세상 속에서 온전한 그리스도인으로 살아가도록 돕는 역할을 감당해야 할 자리에 선다는 것은 쉬운 일이 아니다.

결국 리더는 영성과 인격, 지성과 사회 공적 영역에 대한 전방위적 이해를 갖고 있어야 소그룹 사역을 효과적으로 이룰 수 있다. 그러므로 소그룹 사역의 역동성을 위해서는 반드시 교회 내 소그룹 리더 훈련 시스템이 필요하다. 그것도 지속적으로 훈련하는 시스템이어야 한다. 이 책무는 두말할 것 없이 목회자에게 있다.

실제로 훈련 시스템을 세우고 그 속에서 소그룹 리더들에게 전달해야 할 내용은 크게 네 가지 영역으로 나눌 수 있다.

첫째, 교회의 본질과 기능에 대한 이해다. 교회에 대한 올바른 이해가 전제될 때 소그룹 사역이 왜 필요하고 중요한지 큰 그림을 그릴 수 있다. 소그룹 리더에게 교회론에 대한 배움과 깨달음은 무엇보다 중요하다.

둘째, 소그룹 자체에 대한 이해다. 리더들은 소그룹이 교회 내에서 어떤 위치에 있고 소그룹으로 모일 때 무엇을 해야 하는지, 소그룹이 얼마나 교회와 멤버들에게 유익한지, 소그룹의 궁극적인 목적이 무엇인지를 이해할 때 소그룹 사역의 역동성과 건강성을 담보할 수 있다.

셋째, 소그룹 리더 자신에 대한 이해다. 소그룹 리더로서 자신이 어떤 정체성을 가지고 있는지 정확히 알지 못하면 방황할 수밖에 없다. 자신의 책임과 역할을 정확히 알고 있는 소그룹 리더는 소그룹 안에서 멤버들의 머리만 키우는 단순 지식 전달자로 남지 않는다. 오히려

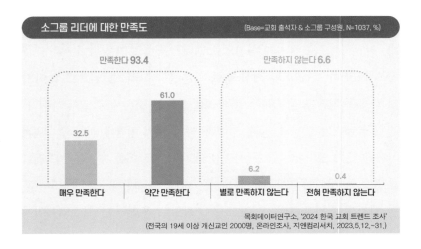

소그룹 리더에 대한 만족도 (Base=교회 출석자 & 소그룹 구성원, N=1037, %)

만족한다 93.4 / 만족하지 않는다 6.6

매우 만족한다 32.5 / 약간 만족한다 61.0 / 별로 만족하지 않는다 6.2 / 전혀 만족하지 않는다 0.4

목회데이터연구소, '2024 한국 교회 트렌드 조사'
(전국의 19세 이상 개신교인 2000명, 온라인조사, 지앤컴리서치, 2023.5.12.~31.)

한 영혼의 가치와 무게를 알고 그 영혼을 향한 목자의 심정으로 소그룹 멤버들을 지적, 영적, 관계적 그리고 사역적으로 균형 있게 성숙할 수 있도록 만든다. 이를 깨달은 소그룹 리더가 한 사람이라도 있다면 교회 전체 분위기는 달라질 것이다.

넷째, 소그룹을 인도하는 구체적인 인도 방법에 대한 이해다. 소그룹은 생명체다. 생명은 그저 연명하는 것으로 만족할 수 없다. 성장하고 성숙할 때 기쁨이 있다. 성장과 성숙은 다양한 신앙적 배경과 삶의 정황을 가지고 있는 멤버들이 소그룹 시간에 즐거움을 누리고, 새로운 것을 함께 아는 기쁨을 경험할 때 이루어진다. 또 서로의 삶을 공유하고 기도하며 섬기면서 감동이 넘쳐야 한다. 이 모든 것을 가능케 하는 리더 역할은 쉬운 일이 아니다. 더욱이 소그룹 모임의 시작부터 마치는 시간, 다음 만남을 준비하는 시간까지 소그룹 리더가 무엇을 준비하고 어떤 방식으로 진행해야 하는가는 그 기술이 숙련될수록 효과가 크다.

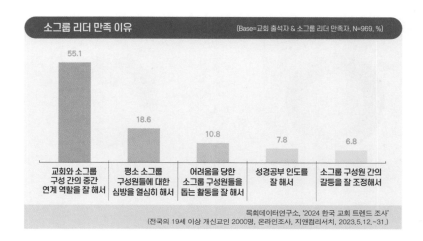

소그룹 리더 만족 이유 (Base=교회 출석자 & 소그룹 리더 만족자, N=969, %)

| 55.1 | 18.6 | 10.8 | 7.8 | 6.8 |
|---|---|---|---|---|
| 교회와 소그룹 구성 간의 중간 연계 역할을 잘 해서 | 평소 소그룹 구성원들에 대한 심방을 열심히 해서 | 어려움을 당한 소그룹 구성원들을 돕는 활동을 잘 해서 | 성경공부 인도를 잘 해서 | 소그룹 구성원 간의 갈등을 잘 조정해서 |

목회데이터연구소, '2024 한국 교회 트렌드 조사' (전국의 19세 이상 개신교인 2000명, 온라인조사, 지앤컴리서치, 2023.5.12.~31.)

그러므로 소그룹 리더들을 임명하고 그들을 전체적으로 조정해야 할 책임을 맡고 있는 목회자라면 반드시 성도들이 리더로 임명받은 이후 영적, 지적, 관계적으로 탈진하지 않도록 균형 있는 영양 공급을 해야 한다. 이는 짜임새 있는 교과 과정과 리더 훈련을 통해 가능하다.

솔직히 말하면 교회 규모가 크든 작든 담임목사가 이 부분에 대한 이해와 준비, 실행을 어떻게 하고 있느냐가 소그룹 사역의 역동성을 일으키는 관건이라고 할 수 있다. 결국 긴 시간 소그룹 사역 현장에서 엔진 역할을 해야 하는 소그룹 리더들에게 지속적으로 영적 에너지와 사역 에너지를 효과적으로 공급하는 시스템을 가진 영적 공동체가 소그룹 사역의 돌파구를 열 수 있다.

'트렌드 조사' 결과를 보면서 다행스럽게 여긴 것은 자신이 속해 있는 교회의 소그룹 리더들에 대해 소그룹 참석 성도들의 만족도가 90%를 넘는다는 점이다.

소그룹 리더에 대해 만족하는 성도들이 리더에 대해 만족하는 이유

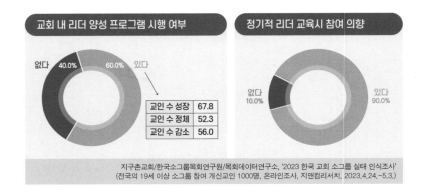

지구촌교회/한국소그룹목회연구원/목회데이터연구소, '2023 한국 교회 소그룹 실태 인식조사' (전국의 19세 이상 소그룹 참여 개신교인 1000명, 온라인조사, 지앤컴리서치, 2023.4.24.~5.3.)

**교회 내 리더 양성 프로그램 시행 여부**

없다 40.0% | 60.0% 있다

| 교인 수 성장 | 67.8 |
| 교인 수 정체 | 52.3 |
| 교인 수 감소 | 56.0 |

**정기적 리더 교육시 참여 의향**

없다 10.0% | 있다 90.0%

는 '교회와 소그룹 구성원 간의 중간 연계 역할을 잘해서'가 절반을 넘는 55.1%에 달했고, 정작 전통적으로 가지고 있던 성경공부를 인도하는 역할로서의 리더 만족도는 7.8%에 그치는 것으로 나타났다. 이 결과대로라면 외로움 전성시대에 한국 교회 소그룹 리더들은 그 역할과 책임을 잘 감당하는 보물 같은 존재들이라는 것을 확인할 수 있다.

여기에 더해 더 고무적인 결과가 있다. 2023년 '한국 교회 소그룹 활동 실태조사'에서 소그룹 리더 사역을 하고 있는 리더들의 만족도가 88.7%에 달했다는 점이다. 이들에게 '향후에 소그룹 리더 사역을 계속하고 싶은가?'를 물었는데 10명 중 8명이 '사역을 계속 하고 싶다'(81.3%)고 응답했다. 또 중요한 결과는 소그룹 리더들은 계속해서 교육받고 싶어 한다는 것이다. '정기적 리더 교육시 참석 의향'을 물어본 결과 10명 중 9명이 참여 의향이 '있다'고 답했다. 리더 양성 프로그램을 시행하는 교회일수록 교인 수가 성장하는 결과도 도출됐다.

결국 소그룹 사역의 성패는 소그룹 리더들이 얼마나 균형 잡힌 훈련을 받고 잘 준비되느냐에 달려 있다. 이번 조사에서 소그룹 리더들이 계속 교육의 욕구가 높은 것으로 나타났는데, 이 점을 고려한다면 교회가 리더 양육과 지속적 훈련 시스템을 갖추는 것은 무엇보다 중요한 과제가 될 것이다.

### 4. 효과적인 소그룹 교재도 중요

처음에는 소그룹 사역을 역동적으로 시작했다가 중간에 힘이 빠지는 중요한 이유 중 하나는 소그룹 교재에 있다. 소그룹 현장에서 다루는 교재가 재미나 새로운 깨달음, 적극적인 나눔을 통한 감동을 주기 어렵다면 소그룹은 처음 기대와는 다른 방향으로 흘러갈 가능성이 크다. 그래서 소그룹 교재가 분명한 목적을 가지면서, 동시에 참여 멤버들도 자신이 모임에 기여했다는 느낌을 가질 수 있도록 하는 교재 구성과 교과 과정이 중요하다.

적어도 교회 소그룹은 연령별 소그룹이든, 취향(취미) 소그룹이든, 지역별 소그룹이든 상관없이 항상 말씀을 중심으로 모이는 것이 기본이 되어야 한다. 그러므로 소그룹 교재는 말씀을 통해 영성과 지성, 인격을 성숙시킬 뿐 아니라 실천적인 삶을 살 수 있도록 돕고, 서로를 위해 기도하면서 기도 응답의 기쁨을 누릴 수 있도록 하는 내용으로 구성됐는지를 잘 살펴서 준비하는 것이 중요하다.

소그룹 교재 선택에서 또 하나 중요한 점은 짧게는 3개월이나 6개월, 나아가 1년이나 2년의 교과과정(커리큘럼) 구성이 절대적으로 필요하다는 점이다. 성경 66권의 흐름을 따르든지, 주제별 성경공부 교재를 선택하든지, 소그룹 참여자들이 개인적 성장과 성숙을 느낄 수 있도록 해야 한다. 특별히 멤버들이 가진 관심사를 중심으로 짜여진 특성화(혹은 취향) 소그룹이라면 소그룹 멤버들의 관심사를 말씀의 진리로 해결할 수 있는 교과과정을 짜면 더 역동적으로 소그룹을 운영할 수 있다.

일례로 고3 자녀를 둔 학부모들로 구성된 특성화 소그룹이라면 1년 동안 부모가 어떻게 영적 권위를 잃지 않고 자녀들을 사랑과 말씀으로 양육할 것인가에 초점을 두고 교과과정을 짜면 효과적일 것이다. 교회 내 연세 높으신 어르신들이 주된 멤버로 구성된 실버 소그룹이라면 신앙 안에서 아름다운 노년을 어떻게 빚어갈 것인가에 초점을 맞춘 교과과정이 필요할 것이다.

선교적 사명에 불타는 멤버들이 모인 소그룹이라면 선교적 교회와 관련된 소그룹 교과과정을 짜야 할 것이고, 운동과 교제하는 취향의 소그룹이라면 말씀 안에서 함께 울고 함께 즐거워하는 내용과 흐름으로 구성된 교과과정을 짜면 효과적일 것이다.

여기에 더해 소그룹 멤버들 자체가 치유와 회복이 필요한 멤버로 구성돼 있다면 멤버들의 관심사인 치유와 회복에 초점을 맞추어 교과과정을 짜야 할 것이다. 이외에도 해당 소그룹의 특성에 따라 소그룹 교재는 다양한 교과과정으로 변용될 수 있다. 할 수만 있다면 소그룹 멤버들의 눈높이에 맞는 소그룹 교재를 선택하고, 소그룹 사역의 역동성과 효과의 측면을 고려해야 한다.

아쉽게도 현재 한국 교회는 소그룹 교재를 제공하는 데 부족한 상황이다. 2023년 '한국 교회 소그룹 활동 실태조사' 결과에서 소그룹 참여자들에게 '교회가 교재와 유인물을 정기적으로 제공하는가'를 물었는데 49.5%만 '정기적으로 제공한다'고 응답했기 때문이다. 여기

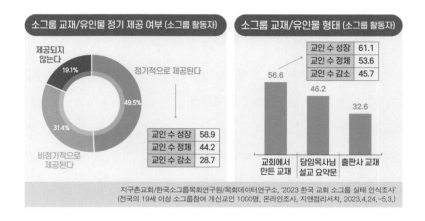

| 소그룹 교재/유인물 정기 제공 여부 (소그룹 활동자) | | | |
|---|---|---|---|
| 제공되지 않는다 19.1% | | | |
| 정기적으로 제공된다 49.5% | | | |
| 31.4% | | | |
| 비정기적으로 제공된다 | | | |
| 교인 수 성장 | 58.9 | | |
| 교인 수 정체 | 44.2 | | |
| 교인 수 감소 | 28.7 | | |

| 소그룹 교재/유인물 형태 (소그룹 활동자) | | |
|---|---|---|
| 교인 수 성장 | 61.1 | |
| 교인 수 정체 | 53.6 | |
| 교인 수 감소 | 45.7 | |
| 교회에서 만든 교재 56.6 | 담임목사님 설교 요약문 46.2 | 출판사 교재 32.6 |

지구촌교회/한국소그룹목회연구원/목회데이터연구소, '2023 한국 교회 소그룹 실태 인식조사'
(전국의 19세 이상 소그룹참여 개신교인 1000명, 온라인조사, 지앤컴리서치, 2023.4.24.~5.3.)

서 주목할 점은 성장하는 교회일수록 소그룹 교재를 정기적으로 제공하고 있다는 것이다. 이 점은 소그룹을 운영하는 교회이거나 시행할 계획이 있는 교회가 유념해야 할 사항이다. 또 제공되는 교재와 유인물의 형태가 어떤 것인지에 대해 조사한 결과 '교회에서 만든 교재'가 56.6%, '담임목사의 설교 요약문'이 46.2%로 나타났다. 실제적으로 소그룹 교재와 유인물의 체계적 교과과정이 있다는 응답률이 56.5%를 보였다.

물론 이 부분은 심층적 조사와 연구가 이루어져야 할 것이다. 그러나 경험적으로 볼 때 많은 목회자가 소그룹 역동성 회복을 위해 소그룹 교재를 어떻게 해야 할 것인가를 묻는 경우가 많다. 이런 상황으로 가늠해볼 때 현재 한국 교회 소그룹 사역의 환경 속에서 소그룹 교재에 대한 고민은 매우 큰 것으로 보인다. 따라서 목회자들은 교회가 나아가야 할 방향과 교회의 전체 인적 구성, 소그룹 멤버들의 관심사를 잘 살펴 소그룹 교과과정을 깊이 있게 고민하고 계획을 세워야 할 것이다.

# 트렌드 전망 및 시사점

살림살이는 더 나아졌고 문명의 이기들은 더 편리해졌다. 그러나 소외와 단절은 더 깊어졌다. 각자도생의 시대다. 모두가 '나는 소외되었다'고 아우성치고 있다. 그래서 자신에게 의미 있는 공동체와 편안한 모임을 찾아 나서는 소셜리티가 대세다. 현대인의 소셜리티는 일종의 트렌드로 인식된다. 외로움이 심해지는 현대 사회에서 이를 극복하고자 하는 시대적인 몸부림으로 다가온다.

이런 트렌드를 직시하면서 마음을 열고 신뢰할 수 있는 사람을 좀 더 쉽게 만날 수 있는 최적화된 구조인 소그룹 사역을 성공적으로 운영하는 교회는 강한 공동체성을 갖고 성장해 나갈 것이다. 이는 코로나 이후 각종 통계 데이터로 증명된 결과이다. 한국 교회는 현재 소그룹을 잘하는 교회보다 못하는 교회가 더 많다(목회자 조사 결과 목회자들이 그렇게 응답하고 있다). 그리고 아직까지 목회자들은 향후 목회 활동의 중점 사항으로 현장 예배 강화, 공동체성 회복, 다음세대 교육을 생각하고 있다. 소그룹은 상대적으로 밀려나 있는 것이다. 그러나 분명한 사실은 교회 혁신을 통해 과감하게 소그룹 시스템을 도입, 성공적으로 운영하는 교회는 현장 예배와 공동체성이 강화되는 성과들이 나타나고 있다는 것이다.

다시 한번 강조하면 소그룹을 진행하는 교회든, 앞으로 계획하고 있는 교회든, 앞에서 언급한 효과적인 소그룹 사역 방법을 고민할 필요가 있겠다. 제시된 소그룹 운영의 5가지 가이드라인과 4가지 리더 훈련 방식을 목회 현장에 적용하면서 각 교회에 적합한 방식을 개발해 나가는 게 최적일 것이다.

소그룹은 개인이 파편화된 시대 속에서 가족과 친한 친구 몇 명에 충실하고 싶은 현대인, 오래 지속되는 친한 친구 몇 명만 있어도 성공한 삶이라 여기는 현대인의 특성상 시대적 트렌드에 부합한 방식일 수 있다. 이런 측면에서 연령, 직업, 취향, 동질성으로 모인 다양한 소그룹은 효과적이다.

최근에는 지역 중심의 전통적인 소그룹을 운영하는 교회들이 '지역 + 연령', '지역 + 직업' 등의 형태로 소그룹 모임이 변화하는 양상을 보이고 있는데 이는 긍정적이라 할 수 있다. 향후 한국 교회는 소그룹이 활성화된 교회가 성장하는 모델이 될 것이다. 따라서 소그룹은 작은 교회든 큰 교회든 더 핵심적 사역으로 발전해 나갈 것이다.

모이고 연결할 때마다 서로의 안부를 자연스럽게 묻는 소그룹이 있는 교회, 새신자를 따뜻하게 환대하는 소그룹이 있는 교회, 어떤 부끄러운 이야기도 스스럼없이 나눌 수 있는 소그룹이 있는 교회, 서로의 삶에 깊이 관여하면서 함께 울고 함께 즐거워하는 관계, 심지어 물질적인 필요까지 자연스럽게 채워주는 소그룹이 있는 한국 교회를 기대해본다. 나아가 외로움 속에 갇혀 있는 이웃을 품을 수 있는 사회안전망(Social Safety Network)으로서의 역할까지 감당하는 한국 교회가 되기를 기대해본다.

# 08

# Assistant
# Phobia

# 어시스턴트 포비아

최근 한국 교회에서 전도사, 교육전도사를 포함해 부교역자 청빙이 어렵다는 말이 들린다. 담임목사 청빙에는 많은 부교역자가 몰리고 있지만, 부교역자 청빙에는 구인난에 시달리고 있다. 과거 비수도권에서 나타나던 부교역자 구인난은 서울과 수도권으로 확산하고 있다.

구인난은 수요보다 공급이 적기 때문에 생긴다. 하지만 최근 벌어지는 구인난의 원인에는 '사역 기피 현상'이 자리하고 있다. 사역 기피 현상이란 부목사, 전도사, 교육전도사를 포함한 부교역자들이 지역 교회와 같은 전통적 사역 현장을 선호하지 않거나, 전임 사역을 스스로 내려놓고 파트 사역을 하면서 다른 일을 병행하거나, 사역 자체를 포기하는 현상으로 정의할 수 있다.

이러한 사역 기피 현상이 벌어지는 이유는 무엇일까? 이 현상은 한국 교회 미래에 대한 비관적 전망이 짙어지면서 젊은 사역자를 중심으로 나타나고 있는데, 한국 교회의 대외 이미지 하락 등의 문제로 인한 목회직 자긍심 하락, 오랜 시간 누적된 부교역자 처우 문제, 하늘의 별따기로 비유되는 담임목사 구직난이 그 주된 요인으로 작용한다. 새로운 목회자 그룹은 사역에 대해 이전 세대와는 다른 생각을 갖고 있으며 이로 인해 전통적 목회 방식과 교회 조직 문화에 대한 회의 속에서 새로운 길을 찾으려 한다는 분석도 나온다.

머지않아 부교역자가 귀해지는 시대가 올지 모른다. 이러한 사태를 막기 위해서는 부교역자들의 사역 상황에 대한 이해와 분석을 통해 이들이 건강하게 목회할 수 있도록 도와야 한다.

# 등장 배경

'사역 기피 현상'은 어떻게 등장하게 되었는가. 흔히 트렌드는 단기간 추세인 '마이크로트렌드'와 장기간 추세를 말하는 '메가트렌드'로 나눈다. 부교역자 사역 기피 현상은 단기간에 끝날 문제라기보다는 향후 오랜 기간 한국 교회 안에 지속될 가능성이 높기 때문에 메가트렌드로 볼 수 있다. 이러한 우려는 통계 지표로도 확인되고 있다.

목회데이터연구소의 '2024 한국 교회 트렌드 조사'에서 담임목사들은 향후 부교역자 청빙 상황에 대한 전망에 대해 85.7%가 '지금보다 더 어려워질 것'이라고 답했다. 반면 '지금과 비슷할 것'이라고 응답한 비율은 10.0%에 불과했으며 '지금보다 더 수월해질 것'이라는 응답은 1.2%로 나타났다. 현장 목회자들은 압도적으로 향후 부교역자 청빙이 어려워질 것으로 예상하고 있다.

조사에서는 부목사를 대상으로 "요즘 부교역자(교육전도사 포함)들이 사역을 기피한다는 이야기가 있습니다. 귀하께서는 이에 대해 어떻게 생각하십니까?"라는 질문을 했다. 이에 대해 '동의한다'가 91.0%로 나타났고 '동의하지 않는다'는 7.7%였다.

담임목사에게도 같은 질문을 던졌는데 '동의한다'(87.5%), '동의하지 않는다'(10.8%)로 나타나 부목사들의 인식과 큰 차이를 보이지 않았다. 지원하는 자나 선발하는 자 모두 부교역자들의 사역 기피 현상을 크게 체감하고 있는 것이다.

또한 이전과 비교해 부교역자들의 사역 기피 현상이 얼마나 증가하고 있는가에 관련해 이전과 비교해서 어느 정도라고 생각하는지

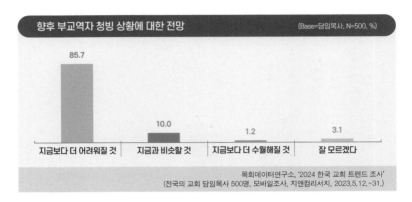

향후 부교역자 청빙 상황에 대한 전망 (Base=담임목사, N=500, %)

| 지금보다 더 어려워질 것 | 지금과 비슷할 것 | 지금보다 더 수월해질 것 | 잘 모르겠다 |
|---|---|---|---|
| 85.7 | 10.0 | 1.2 | 3.1 |

목회데이터연구소, '2024 한국 교회 트렌드 조사'
(전국의 교회 담임목사 500명, 모바일조사, 지앤컴리서치, 2023.5.12.~31.)

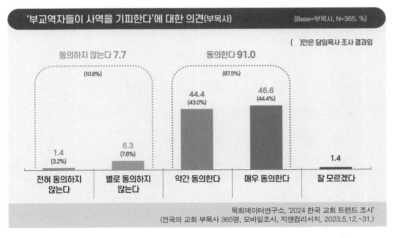

'부교역자들이 사역을 기피한다'에 대한 의견(부목사) (Base=부목사, N=365, %)

(  )안은 담임목사 조사 결과임

동의하지 않는다 7.7 (10.8%)  동의한다 91.0 (87.5%)

| 전혀 동의하지 않는다 | 별로 동의하지 않는다 | 약간 동의한다 | 매우 동의한다 | 잘 모르겠다 |
|---|---|---|---|---|
| 1.4 (3.2%) | 6.3 (7.6%) | 44.4 (43.0%) | 46.6 (44.4%) | 1.4 |

목회데이터연구소, '2024 한국 교회 트렌드 조사'
(전국의 교회 부목사 365명, 모바일조사, 지앤컴리서치, 2023.5.12.~31.)

물었더니 부목사 93.7%가 '늘어났다'고 응답했으며 '줄어들었다'는 1.9%에 불과했다. 이는 부교역자의 사역 기피 현상(Assistant Phobia)이 지속적으로 확산되고 있음을 보여주고 있다.

## 1. 교회 미래에 대한 불투명

그렇다면 이러한 현상은 왜 일어나는가? 부교역자의 사역 기피 현

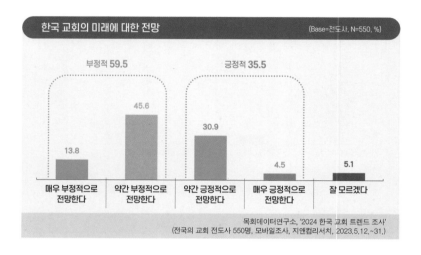

목회데이터연구소, '2024 한국 교회 트렌드 조사'
(전국의 교회 전도사 550명, 모바일조사, 지앤컴리서치, 2023.5.12.~31.)

상은 우선 한국 교회 미래에 대한 불투명성에서 기인한다고 볼 수 있다. 이러한 불투명성은 한국 교회가 성장하지 못하고 침체하고 있다는 비관적 전망에 기인한다. 2024년 한국 교회 트렌드 조사에서 전도사 그룹은 한국 교회의 미래가 어떨 것인지를 질문하자 59.5%, 즉 5명 중 3명은 한국 교회 미래를 부정적으로 보고 있는 것으로 나타났다.

이러한 불투명성을 체감하는 부분은 부교역자들의 담임목사 청빙 기간이 점점 길어진다는 데 있다. 즉 최소한의 안정적 생활을 할 수 있는 규모 있는 교회에 담임목사로 청빙 받기가 더 어려워지고 있는 것이다. 그 이유는 교세 하락에 따른 사역지 감소와 목회자 과잉 배출에 기인한다.

각 교단별 교세 통계를 기준으로 한국 교회 교인 수는 계속 감소하고 있다. 최근 3년간 코로나19 여파를 감안할 수는 있겠지만, 상당수의 교회는 코로나 발생 이후부터 이어온 감소 추세에서 벗어나지 못하고 있다.

팬데믹 이후 발표된 통계를 볼 때 한국 교회 교인 수의 주요 축을 이루고 있는 대한예수교장로회(예장) 통합과 합동 교단의 교세는 10년 전에 비해 약 100만 명 이상 줄어든 것으로 발표됐다. 예장통합 총회는 2022년 12월 31일 기준 전체 교인 수가 230만 2,682명으로 전년 대비 5만 6,232명이 줄었다. 코로나의 영향이 강했던 2020년도 기준 9만 237명 감소보다 폭은 줄었지만 추세는 여전했다.[1] 예장합동 총회도 2021년 말 기준 교인 수가 크게 줄었다. 229만 2,745명으로 전년도 238만 2,804명보다 약 9만 명이나 감소했다. 지난해 17만 명이 감소했던 것보다 역시 추세는 약화됐지만 한 해 동안 -3.8%p를 기록할 정도로 상황은 심각하다.

예장고신 총회 역시 교인 수가 감소한 것으로 나타났다. 통계에 따르면 2022년 2월 기준 등록 교인은 38만 8,682명으로 전년도 40만 1,538명보다 1만 2,856명 줄었다. 40만 명 선이 무너진 것이다.[2]

반면 목회자 수는 증가한 것으로 나타났다. 예장통합 소속 교회는 2021년 대비 80개 교회가 늘어나 9,421개 교회로 집계됐다. 또한 교인 수 50명 미만 교회는 53.5%로 전체 대비 절반 이상을 차지하고 있었다. 200명 이하를 기준으로 보면 전체의 80% 수준이다. 목회자 수도 증가해 전년 대비 373명 늘어난 2만 1,423명으로 집계됐다.

예장합동 총회도 목회자는 2만 6,168명으로 전년도 2만 5,477명보다 691명 증가했고, 예장고신 총회는 11개 교회가 증가해 2,124개 교회, 목회자 수는 104명 증가해 4,163명을 기록한 것으로 나타났다.[3]

교인 수 감소와 목회자 수 증가는 담임 목회지의 축소로 이어지고 담임 목회지로 나가는 부교역자의 청빙 연령을 점점 늦추는 결과를 가져온다. 최근 담임목사 청빙 제한 연령이 55세까지 연장되고 있는데, 일반 직장 같으면 퇴직을 생각해야 할 시점까지 담임목사가 되지 못하는 상황에 이르고 있다.

기존 교회에 청빙 받는 길을 선택하는 대신 교회를 개척하는 것 역시 성공률이 높지 않을 뿐 아니라 상당한 인적, 물적 지원이 확보되지 않으면 개척은 더 어려운 상황이 되고 있다. 이러한 여건들은 부교역자들에게 미래 사역을 꿈꾸게 하거나 사역 지속을 계속하기 어렵게 만드는 요인으로 작용한다.

## 2. 목회직에 대한 자긍심 약화

목회직에 대한 자긍심 약화도 부교역자들의 사역 기피 현상에 일조할 수 있다. 안타깝게도 한국 교회는 2000년대 들어 오랜 기간 대중들에게 비판과 개혁의 대상이 되고 있으며, 심지어 혐오적 표현의 대상으로 전락하고 있다. 한국 교회에 대한 이미지는 코로나 팬데믹 시기를 거치면서 더욱 악화했다.

코로나가 한창 진행되고 교회발 감염이 확산하고 있다는 뉴스들이 보도되던 무렵 여론 조사에 따르면 '개신교인 하면 떠오르는 생각이 무엇인가'를 묻는 질문에 불교나 가톨릭 교인에 대해서는 1순위로 '온

부교역자
(Assistant Pastor)

예전과는 다르게 부교역자로 오랜 기간 사역해도 담임목사로 청빙 받기 어려워지고, 예전과 크게 변하지 않은 적은 사례비, 부교역자만의 전문성도 떨어지면서 부교역자로 사역하기를 꺼려하는 현상이 계속해서 증가하고 있다.

교회의 대외 이미지 하락 등의 문제로 인한 목회직 자긍심 하락, 오랜 시간 누적된 부교역자 처우 문제, 하늘의 별따기로 비유되는 담임목사 구직난 등 여러 문제로 인해 부교역자로 사역하기를 꺼려 하고 있다.

화한'이나 '신뢰할 만한', '따뜻한'이라는 이미지가 떠오른다는 반면, 개신교인은 '거리를 두고 싶은', '사기꾼' 같은 이미지가 제일 먼저 떠오른다는 조사 결과가 있었다.[4]

특히 언론이나 미디어 등에서 나타나는 목회자에 대한 부정적 이미지는 매우 심각한 상황이다. 전 세계적 흥행을 기록한 넷플릭스 드라마 〈오징어 게임〉에 등장하는 기독교인들은 이기적인 존재로 묘사되고, 목사는 성폭력과 가정 폭력을 일삼는 캐릭터로 설정된다. 〈수리남〉에 등장하는 목회자 캐릭터 역시 조직 폭력배이자 사기꾼으로 그려진다. 이 외에도 많은 드라마나 영화에서 그려지는 목회자에 대한 부정적 이미지는 일종의 상투적 표현인 '클리셰'(cliche)처럼 별다른 설명 없이 대중들에게 받아들여지는 상황이다. 교회 지도자들인 교역자들은 이런 사회적 냉대를 정면으로 마주하고 있다.

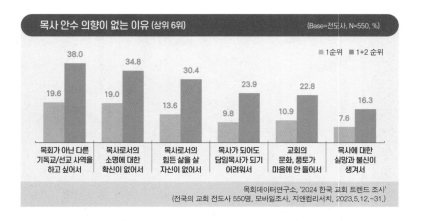

목회데이터연구소, '2024 한국 교회 트렌드 조사'
(전국의 교회 전도사 550명, 모바일조사, 지앤컴리서치, 2023.5.12.~31.)

목회자에 대한 이 같은 이미지 악화는 목회에 대한 매력 상실로 이어지게 된다. 최근 신학교 지원율 급감 현상은 이와 무관하지 않아 보인다. 신학교에 들어가고자 하는 이들의 수가 급격하게 줄어들고 있다. 2023학년도 신대원 지원 통계에서 장로회신학대학원 한 곳을 제외하고는 대부분 신학대학원이 정원을 채우지 못했다. 국내 최대 신학대학원인 총신대 신학대학원은 2023년 입시에서 개교 이래 처음으로 지원자가 정원 미달됐다.

장신대 신대원도 입학 정원을 채우기는 했지만, 과거보다 경쟁률이 큰 폭으로 하락해 전년도 경쟁률 1.81대 1에 이어 1.44대 1로 역대 최저를 기록했다. 예장통합 교단 7개 신학대학원을 살펴보면 충원율이 점점 줄어들고 있다. 2021년 86.9%, 2022년 81.5%를 기록해 갈수록 지원이 줄고 있는 상황으로, 2022년도는 343명 선발에 321명이 지원해 0.94대 1의 경쟁률에 그쳤다.

다른 교단의 신학대학원 사정은 더 좋지 못하다. 서울신학대 신학대학원도 135명 모집에 111명이 지원해 0.82대 1의 지원율을 보였다. 한신대학교 신대원은 0.57대 1로 정원이 미달됐다.[5] 불과 수년 전까지도 높은 경쟁률을 보인 신학대학원 입학률이 이제는 대부분 미달을 걱정하는 상황으로 변한 것이다.

이런 현실에서 이미 신학교에 들어온 이들은 사역에 대한 회의에 직면할 수밖에 없다. 이번 '2024 한국 교회 트렌드 조사'에서 전도사들은 목사 안수 의향에 대해 66.5%가 '안수 의향이 있다'고 답했지만, 나머지 33.5%는 안수받지 않겠다거나 잘 모르겠다며 유보적 답변을 내놓았다. 목사 안수를 받지 않겠다는 이들의 이유(1+2순위)로는 '목회가 아닌 다른 기독교/선교 사역을 하고 싶어서'(38.0%), '목회자로서 소명에 대한 확신이 없어서'(34.8%), '목사로서의 힘든 삶을 살 자신이 없어서'(30.4%) 등으로 나타났다.

목회자로서의 자긍심이 약화할 때 목회직에 대한 회의는 강해질 수밖에 없다. 목회자가 사회적으로 존경받지 못하는 상황이 지속되고 교회와 목회자에 대한 부정적 이미지가 강한 기류로 형성될 때 목회에 대한 소명 약화는 더 심화할 가능성이 크다.

### 3. 교회 양극화

혹자는 부교역자들의 사역 기피 현상에 대해 의문을 제기할 수도 있다. 여전히 자신이 속한 교회의 교역자 청빙이 순조롭게 이루어질 뿐 아니라 높은 경쟁률을 보이는 것을 볼 때, 사역 기피 현상은 과장되어 있다고 반문할 수 있다. 하지만 사역 기피 현상은 엄연히 존재한다. 이런 모순적인 상황은 교회 양극화와 맞닿아 있다.

교회 양극화는 이미 《한국 교회 트렌드 2023》에서 '격차 교회'라는 이름으로 논의되었다. 격차 교회란 교회의 부익부 빈익빈 현상으로 대형 교회와 소형 교회 간 물적, 인적 자원의 격차가 벌어지고 있음을 말한다. 격차 교회 현상은 청빙 과정에서도 나타난다. 일부 대형/유명 교회들과 서울/수도권 교회들은 사역자 모집이 비교적 쉽지만, 그렇지 못한 교회들은 역량 있는 사역자들의 지원이 매우 저조한 편이며 지원율도 떨어지면서 교회 간 격차가 점점 커지고 있다.

이 점은 교육전도사 구인난에서도 그대로 나타난다. 교육전도사 구인난 발생 이유에 대해 전도사들은 '자기가 원하는 수준/조건의 교회에서만 사역하려고 한다'는 입장이 56.9%로 1위를 차지했다. '전도사 사역 자체를 기피한다'는 응답은 26.0%로 상대적으로 낮게 나타났는데, 이는 교육전도사 그룹이 사역 자체를 선호하지 않는 모습도 보여주고 있지만, 사례비 등 사역 조건 혹은 자신의 미래 사역을 위한 경력 관리 측면에서 여전히 대형 교회나 유명 교회 등을 선호하고 있음을 보여준다.

이는 결과적으로 일련의 사역 조건을 충족시키기 어려운 작은 규모의 교회들은 교육전도사 청빙이 더 어려워질 것이라는 가능성을 의미한다. 이런 현상은 교회 규모별로 실제 나타나고 있다. 담임목사를 대상으로 교육전도사 지원자 현황을 묻는 질문에서 '지원자가 아예 없다'는 응답이 전체 평균 49.3%로 조사됐는데, 이를 교회 규모별로 보면 '29명 이하'(66.4%), '30-99명'(55.9%), '100-499명'(31.9%), '500명 이상'(11.0%)으로 나타나, 교회 규모가 작을수록 교육전도사 지원 정도가 크게 차이 나는 것을 알 수 있다. 이는 교역자 청빙에도 소형 교회와 대형 교회

간 격차가 발생하고 있음을 여실히 보여주고 있다고 하겠다.


## 사역 기피 현상


그렇다면 교역자들의 사역 기피 현상을 어떻게 해석할 수 있을 것인가. 다양한 요소들이 제기될 수 있겠으나 무엇보다 부교역자들이 처한 경제적 현실과 사역 문화에 대한 세대 간 인식차에서 생기는 문화 갈등 속에서 그 실마리를 찾을 수 있다.

### 1. 부교역자가 처한 경제적인 문제

우선 부교역자 사역 기피 현상을 설명할 때 부교역자들이 직면한 경제적인 상황 분석은 필수적이다. 교역자 처우 문제는 어제오늘의 일이 아니다. 또 교회마다 부교역자가 처한 경제적 상황과 처우 또한 다양해 일률적으로 말하기는 어렵다. 하지만 부교역자 그룹이 직면한 경제적 문제는 부교역자 사역 기피 현상을 이해하는 데 도움이 된다. 특히 부교역자에 비해 상대적으로 경제적 안정을 확보하는 담임목사가 되기까지 부교역자 기간이 늘어나고 있고, 담임목사 수요가 절대적으로 제한되면서 부교역자로서 오랫동안 경제적 불안정에 처하고 있다는 점을 환기할 필요가 있다.

한국 교회의 부교역자 월평균 사례비에 대한 통계는 2015년과 2022년 그리고 이번 2023년에 실시된 조사들이 보여준다. 2015년 기독윤리실천운동(기윤실) 설문조사에 따르면 당시 담임목사 월평균 사

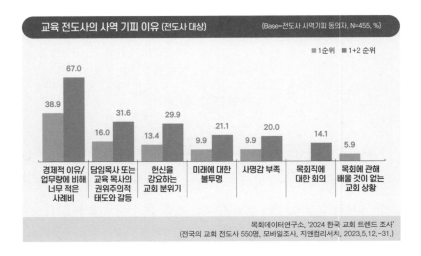

교육 전도사의 사역 기피 이유 (전도사 대상)　(Base=전도사 사역기피 동의자, N=455, %)

■1순위　■1+2 순위

| 항목 | 1순위 | 1+2 순위 |
|---|---|---|
| 경제적 이유/업무량에 비해 너무 적은 사례비 | 38.9 | 67.0 |
| 담임목사 또는 교육 목사의 권위주의적 태도와 갈등 | 16.0 | 31.6 |
| 헌신을 강요하는 교회 분위기 | 13.4 | 29.9 |
| 미래에 대한 불투명 | 9.9 | 21.1 |
| 사명감 부족 | 9.9 | 20.0 |
| 목회직에 대한 회의 | | 14.1 |
| 목회에 관해 배울 것이 없는 교회 상황 | | 5.9 |

목회데이터연구소, '2024 한국 교회 트렌드 조사'
(전국의 교회 전도사 550명, 모바일조사, 지앤컴리서치, 2023.5.12.~31.)

레비는 395만 원이었다. 이에 비해 전임 부목사 월평균 사례비는 204만 원, 전임 전도사는 148만 원으로 조사됐다.[6] 이 조사의 경우 부교역자를 둘 수 있는 교회만을 대상으로 했기에 조사 표본 집단에서 나온 결과가 한국 교회 담임목사 사례비를 대표한다고 할 수는 없다.

이 조사에서 부교역자들이 응답한 적정 사례비는 전임 목사 260만 원, 전임 전도사 210만 원으로, 현재 응답자 본인이 수령하고 있는 급여는 이 금액의 78%, 70% 정도로 각각 나타났다. 또한 현재 사례비에 대해 9.9%만이 '만족한다'고 응답했고 절반이 넘는 55.7%는 '불충분하다'고 답했다.[7]

2022년 부목사를 대상으로 한 목회데이터연구소 조사에 따르면 부목사(전임 기준)의 월 사례비는 평균 260만 원으로 나타났고, 이번 '2024 한국 교회 트렌드 조사'에서는 부목사 평균 사례비가 평균 251만 원, 전임 전도사는 115만 원 정도로 나타나 2022년과 2023년 조

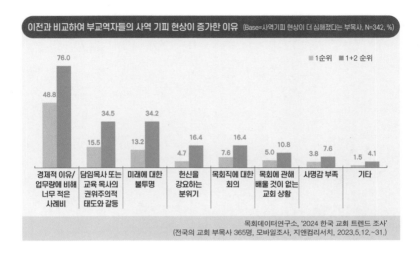

**이전과 비교하여 부교역자들의 사역 기피 현상이 증가한 이유** (Base=사역기피 현상이 더 심해졌다는 부목사, N=342, %)

■ 1순위  ■ 1+2 순위

| 경제적 이유/업무량에 비해 너무 적은 사례비 | 담임목사 또는 교육 목사의 권위주의적 태도와 갈등 | 미래에 대한 불투명 | 헌신을 강요하는 분위기 | 목회직에 대한 회의 | 목회에 관해 배울 것이 없는 교회 상황 | 사명감 부족 | 기타 |
|---|---|---|---|---|---|---|---|
| 48.8 / 76.0 | 15.5 / 34.5 | 13.2 / 34.2 | 4.7 / 16.4 | 7.6 / 16.4 | 5.0 / 10.8 | 3.8 / 7.6 | 1.5 / 4.1 |

목회데이터연구소, '2024 한국 교회 트렌드 조사'
(전국의 교회 부목사 365명, 모바일조사, 지앤컴리서치, 2023.5.12.~31.)

사와 비교해 유의미한 차이가 나타나지 않았다.

특기할 만한 것은 전임 전도사의 경우 현재의 소득 수준이 한국 사회에서는 거의 빈곤층에 가까울 정도로 열악하다는 점이다. 일반적으로 담임목사와 부목사 사이의 사례비 격차가 크고 담임목사의 경우 부목사보다 더 많은 복지 급여를 받는다는 점을 고려한다면 부교역자들은 생활고에 시달릴 뿐 아니라 상대적 박탈감마저 느낀다고 할 수 있다.

목회자의 경제 현실을 담은《강요된 청빙》(이레서원)의 저자인 정재영 실천신학대학원대 교수는 부교역자들의 생활고를 조사하면서 다음과 같은 인터뷰 사례를 실었다.

"목회 현장에서 만난 부교역자들은 생활고 때문에 목회를 계속할 수 있을지 고민하고 있었고, 실제로 목회를 그만두고 기독교 단체에 들어가 활동하는 경우도 있다. 대형 교단에 속한 교회에서 전임 전도사로 사역하고 있는 김요한(가명) 전도사는 최근 전임 전도사에 대

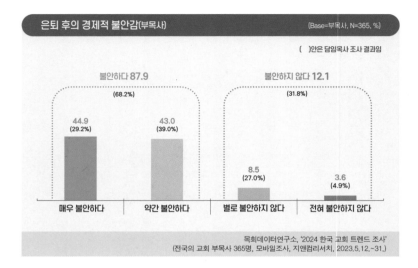

**은퇴 후의 경제적 불안감**(부목사)    (Base=부목사, N=365, %)

( )안은 담임목사 조사 결과임

불안하다 87.9    불안하지 않다 12.1

(68.2%)    (31.8%)

44.9 (29.2%)    43.0 (39.0%)    8.5 (27.0%)    3.6 (4.9%)

매우 불안하다    약간 불안하다    별로 불안하지 않다    전혀 불안하지 않다

목회데이터연구소, '2024 한국 교회 트렌드 조사'
(전국의 교회 부목사 365명, 모바일조사, 지앤컴리서치, 2023.5.12.~31.)

한 수요가 줄어들어 전임 전도사를 하고 싶어도 신대원생 졸업생 중 15%밖에 전임 사역을 하지 못한다고 말했다. 그는 최근 교회를 옮기면서 '굶어 죽지 않을 만큼은 줘'라는 이야기를 들었는데, 문자 그대로 그 정도의 사례를 받았다는 것이었다. 최근 몇 년 들어 헌신페이가 문제가 되었는데, 교회에서는 목사 안수를 받기 위해 전도사 사역 연수를 충족해야 하므로 열악한 사례비 조건을 받아들일 수밖에 없다는 것이다." [8]

이번 조사에서도 교육전도사의 경우 사역 기피 이유로 '경제적인 이유'(38.9%)를 1순위로 꼽았으며 '교육전도사 구인난을 해결하기 위해 어떤 방법이 가장 좋을까요'라는 물음에 대해서는 '사례비 및 장학금 인상'(41.6%) 응답이 가장 많았다.

물론 부교역자의 열악한 사례비 문제가 사역 기피 현상의 유일한 원인이라고 말할 수는 없다. 그러나 이번 '2024년 한국 교회 트렌드 조

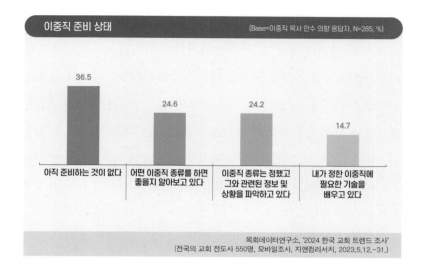

**이중직 준비 상태** (Base=이중직 목사 안수 의향 응답자, N=285, %)

| 아직 준비하는 것이 없다 | 어떤 이중직 종류를 하면 좋을지 알아보고 있다 | 이중직 종류는 정했고 그와 관련된 정보 및 상황을 파악하고 있다 | 내가 정한 이중직에 필요한 기술을 배우고 있다 |
| --- | --- | --- | --- |
| 36.5 | 24.6 | 24.2 | 14.7 |

목회데이터연구소, '2024 한국 교회 트렌드 조사'
(전국의 교회 전도사 550명, 모바일조사, 지앤컴리서치, 2023.5.12.~31.)

사'에서는 이전과 비교해 사역 기피 현상이 증가하고 있는 이유를 묻자 부목사 그룹 역시 1, 2순위 포함 76.0%가 '경제적 이유/업무량에 비해 너무 적은 사례비'를 꼽았다는 점은 간과할 수 없는 요인이다.

이러한 경제적 여건은 은퇴 후의 삶에 대해서도 많은 불안을 가중시킨다. '은퇴 후의 경제적 살림에 대해 어떤 생각을 가지고 있는가'에 대해 응답자 87.9%는 '불안하다'(매우+약간)고 답했다. 그 중 '매우 불안하다'고 응답한 부목사가 44.9%로 전체 부목사의 절반 가까이 된다는 점은 이들이 처한 경제적 현실이 어떤지를 그대로 보여주고 있다.

경제적 문제는 이른바 목회자 이중직에 대한 태도에도 영향을 미칠 수 있다. 목사 안수 의향이 있는 전도사들을 대상으로 '목사 안수 이후 경제적으로 어렵다면 이중직을 할 의향이 있는가'라는 질문에 대해 77.9%가 '그럴 의향이 있다'고 답했다. 또 이중직 의향이 있는 전도사들에게 '현재 이중직을 준비하고 있느냐'고 질문했더니 '어떤 이

중직 종류를 하면 좋을지 알아보고 있다'(24.6%), '이중직 종류는 정했고 그와 관련된 정보 및 상황을 파악하고 있다'(24.2%), '내가 정한 이중직에 필요한 기술을 배우고 있다'(14.7%) 등으로 나타나 전도사 3명 중 2명 가까이(63.5%)가 이미 교회 사역만이 아니라 다른 직업을 병행하는 것에 관심과 노력을 기울이고 있다는 것을 확인할 수 있었다. 물론 이중직에 대한 관심과 사역 기피 현상이 인과적으로 연결되는 것은 아닐지라도 전통적 사역에 대한 관심과 헌신에 균열이 가고 있음을 보여준다고 하겠다.

담임목사로 청빙 받는 시간이 장기간 소요되는 현실 속에서 그나마 담임목사로 청빙된다고 할지라도 경제적으로 안정된 담임 목회지로 부임하기는 어려운 상황이다. 이외에도 교육전도사 그룹도 응답하고 있는 사례비에 대한 고민과 반응에서 사역 기피 현상에 대한 분석의 단초를 찾아볼 수 있을 것이다.

## 2. 사역 인식의 변화 : 헌신과 노동 사이에서

"당회의 일방적인 소통으로 빚어지는 여러 가지 갈등을 여러 번 목격하면서 답답함을 느꼈어요. 교회의 부조리와 불합리한 일들을 경험하면서 과연 교회에 미래가 있을까 고민했습니다. 솔직히 청년 사역자들에게 '헌신페이'를 강요하지만 그렇다고 우리의 미래가 보장된 것도 아니잖아요. 목사 안수를 받아도 마땅히 갈 곳도 없고 총회 연금이 우리 세대까지 돌아올 정도로 충분하지도 않을 테니까요." [9]

한 기독 매체에 나온 1994년생 A씨의 사연이다. 그는 파트타임 사역자로 2년, 준전임 전도사로 3년간 사역한 경험이 있는 예비 목회자이기도 하다. 하지만 최근 사역을 그만두었고 다시 기성 교회로 돌아갈 자신이 없다. 전통 교회의 제도와 문화에 또다시 적응할 자신이 없기 때문이다.

우리는 근본적으로 이 사역 기피 현상을 어떻게 볼 수 있을까. 이 현상의 기저에는 부교역자가 처한 경제적 문제가 자리하고 있기도 하지만 동시에 사역에 대한 관점의 변화가 교역자들에게서 나타나고 있다고 볼 수도 있다. '사역 기피 현상'이란 용어도 어쩌면 기성세대 관점에서의 언어일 수 있다. 기성 교회 목회자들, 특히 담임 목회자 그룹은 부교역자의 사역 기피 현상(Assistant Phobia)을 사명감 부족으로 보는 인식이 강했다. 이번 조사 결과에 따르면 담임목사에게 '부교역자가 사역을 기피한다고 생각하는 이유'를 질문했는데 1위는 '경제적 이유/적은 사례비'(34.7%)와 함께 '사명감 부족'(35.0%)을 꼽았다.

담임목사 역시 부교역자들의 사역 기피 현상이 경제적 이유가 크다는 것을 알고 있지만, 여전히 전통적인 사고방식, 즉 사역자들의 사명감 부족을 주요 요인으로 분석하고 있다는 점은 눈여겨볼 만하다.

그러나 사명감만으로 사역을 견뎌내기에는 상황이 너무 열악하다. 미래가 보인다면 인내할 수 있을 것이다. 타 교회 담임목사로 청빙받아 갈 계획을 갖고 있는 부교역자에게 "자신이 청빙받을 확률은 몇 퍼센트가 되는가"라는 질문을 해보았다. 그 결과 평균 52.6%로 담임목사로 청빙받아 갈 계획이 있지만, 청빙될 확률은 절반 정도로 보고 있는 것으로 나타났다. 지금은 미래가 보이지 않고 사역 상황이 악화할 수밖에 없다는 비관적 생각들이 부교역자들에게 어느 정도 형성되어 있는 것으로 보인다.

> "권사님, 죄송합니다. 6시 반이면 퇴근 시간 이후라 찬양 인도가 어렵습니다." [10]

한 기독 언론에 화제가 된 기사 하나가 있었다. 내용은 서울의 한 대형 교회 여전도회 회장이 예배에 앞서 한 전도사에게 찬양 인도를 부탁하자 퇴근을 이유로 거부했다는 이야기다. 이 일로 교회가 소란스러웠다는 것이다. 이 기사에 대해 '오후 6시 퇴근'은 남 이야기이며 여전히 많은 교회에서 과중한 업무로 고된 사역에 시달리는 교역자들이 많다는 반박 댓글도 있었다.

이 기사에서 보듯 밀레니얼과 Z세대로 대표되는 부교역자 그룹은 이전 세대와는 다른 가치관을 지니고 있다. 이는 교회 안에서 헌신페이에 대한 불만족, 즉 노동 시간에 대한 불만, 헌신을 강요하는 분위기가 사역 기피 현상을 강화하는 데 한몫하고 있다는 것이다.

실제로 코로나 때 벌어진 미국 내 직장의 '조용한 사직 현상'(quiet quitting)은 노동에 대한 밀레니얼 세대들의 생각들을 보여주는 것이었다. '조용한 사직'이란 직장을 떠나거나 정해진 업무 이상으로 일하지 않는 소극적 업무 태도를 뜻한다. 많은 젊은 세대들이 기존 직장의 과도한 업무량이나 기업 문화에 불만을 느끼고 사직하거나 자신만의 업무 스타일을 유지하며 직장생활을 하고자 한다는 것이다.

한국 교회 안에 있는 젊은 사역자들을 중심으로 이러한 조용한 사직 현상이 나타나고 있는지 명확하지 않지만 젊은 부교역자 세대가 처한 사역 환경에 대한 논의는 이제 테이블 위에 올려놓고 살펴볼 때가 됐다.

이미 교회 내 부교역자의 사역량은 상당히 높은 것으로 나타났다. 2022년 목회데이터연구소의 조사에 따르면 실제로 부목사들은 평균 주 5.7일, 하루 9.8시간을 근무하는 것으로 나타났다. 부교역자들은 보통 직장인보다 주당 40%를 추가로 일하는 것이다. 만약 새벽기도회나 수요 저녁기도회, 금요 심야기도회 등을 포함한다면 부교역자들의 근무 시간은 훨씬 더 늘어날 것이다.

### 3. "라떼는 말이야"

지금의 2030, 40대 초반의 부교역자 세대들은 새로운 근로 의식 속에서 자란 세대들이다. 이전 세대들의 열심과 헌신은 분명 한국 교회 성장의 견인차 역할을 했다. 열정적인 선배 세대의 섬김으로 한국 교회는 성장했다. 많은 교회가 매일 새벽기도회를 하고, 수요예배, 주일예배, 주일 오후예배를 비롯해 각종 성경공부와 소모임 등을 열고 있다. 이런 모임들이 유지되고 진행되기 위해서는 목회자들이 많은 준비를 해야 한다.

기성 목회자들은 가정을 포기하면서까지 교회 부흥을 위해 헌신해 왔다. 그러나 오늘날 세대들이 처한 문화는 다르다고 할 수 있다. 이제는 주 5일제가 거의 기정사실이 되었다. 주 5일제는 2005년 국내에 도입됐다. 사실 이 제도도 당시 세계적 추세를 보면 늦은 것이었다. 미국은 이미 1938년 법령을 통해 시행했고 독일은 1967년에 시행했다.

하지만 당시 주 5일제를 가장 강력하게 반대하던 곳 중 하나가 개신교였다. 6일 일하고 제7일에 쉬어야 한다는 창조 질서 원리에 어긋난다는 것이었다. 하지만 지금, 주 5일제가 비성경적이라고 말하는 이들은 거의 없다. 더 나아가 요즘에는 주 4일제에 대한 논의까지 이루어지고 있다.

특별히 MZ세대는 노동과 직장에 대해 이전 세대와는 다른 생각들을 가지고 있다. 이들은 일도 중요하지만 삶과 일의 균형을 중시하는 '워라벨'(work-life balance)세대이다. 수직적 문화보다는 수평적 문화에 익숙하다. 이들은 또 자기 계발이 중요하다. 아무리 월급이나 기타 조건이 좋아도 삶을 영위할 수 없을 만큼 근무 조건이 열악하면 이직을 실행하는 세대이다. 조직을 위해 희생하는 것에 동의하지 않으면 공정과 정의에 민감하게 반응한다.

이러한 MZ세대들의 등장과 함께 오늘날 근로 조건은 빠르게 변화하고 있다. 사회는 노동권을 폭넓게 보장하는 추세다. 최저 임금제부터 시작해 피고용인의 노동 복지를 증진하는 법들이 현실적으로 적용되고 있다. 주휴수당과 각종 월차와 연차, 아빠 엄마 모두에게 적용되는 육아 휴직, 실업급여 그리고 안식년이나 안식월을 보장받는 직업군들이 늘어나고 있다. 이러한 노동 조건의 변화가 이루어지는 것은 그러한 변화들이 인간다운 삶을 영위하는 데 필요한 조건이라는 공감대가 형성되었기 때문이다.

하지만 노동 환경의 변화 속에서 교회 사역자들의 노동 문화는 별반 달라진 것이 없어 보인다. 교회 안 부교역자들의 사역 조건은 변화하지 않으면서 '라떼는 말이야!'를 언급하며 사역자이니까 순종해야 한다거나 이전 세대의 사역 방식을 지금의 부교역자 세대에게 지속해서 요구하기는 어렵다. 아니 불가능하다.

과거의 틀에만 매여 있다면 기성세대 사역자들과 젊은 사역자 그룹 간의 갈등이 더 커지게 될 것이고, 결국 부교역자들의 '조용한 사직' 사태를 맞을지도 모를 일이다. 생각해보면 역사적으로 기독교는 노동의 혁명을 가져온 종교이다. 기원전 1,500년 전, 지금으로부터 3,500년 전 하나님은 이스라엘 백성에게 십계명을 주시면서 안식을 명령하시고, 제7일을 안식일로 삼아 그 집의 종들과 가축까지 쉬라는 혁명적인 제도를 주셨다. 이러한 안식일 정신은 하나님의 형상을 닮은 인간의 인권을 고려한 것이며 당시 고대 근동 지역의 노동 조건으로 볼 때도 상상하기 어려운 노동 조건의 혁명이었다. 기독교 정신은 어쩌면 노동 현실을 획기적으로 변화시키는 근거가 된다고 할 수 있다.

교회 사역자가 과연 노동자인가라는 근본적인 물음이 있다. '목회자가 노동자인가 아닌가'라는 물음에 답하기 전에 사회적으로 적용되는 공정과 상식은 부교역자들에게도 동일하게 적용될 필요가 있다. 이러한 전제 아래 목회자로서의 헌신과 섬김이 더해져야 한다.[11] 즉 부교역자는 목회자이기도 하지만 동시에 임금 노동자라는 성격을 갖고 있으므로, 상식적인 근로 조건을 기본으로 하면서 성직자로서 자발성과 헌신으로 교회 공동체를 섬길 수 있는 방향으로 이끌어야 할 것이다.

## 트렌드 전망 및 시사점

　다시 부교역자 사역 기피 현상(Assistant Phobia)으로 돌아가보자. 우리는 이 문제를 어떻게 보아야 할 것인가. 부교역자들의 사역 기피 현상은 앞서 언급했듯이 경제적인 측면, 젊은 세대의 라이프스타일 변화, 사명감 부족, 헌신도 약화 등 여러 요인이 매우 복합적으로 작용해 있다. 어느 하나만으로 해석할 수 없다. 그러나 분명한 것은 이들에게 신앙심 고취와 정신 무장만을 대안으로 내세우기에는 이들이 처한 문제들은 상당히 구조적이라는 데 있다. 이러한 환경에서 우리는 어떤 해결책을 찾을 수 있을까.

　첫째, 부교역자의 처우 개선이 필요하다. 앞으로 부교역자 구인난은 더 심각해질 것이다. 유능하고 신실한 부목사를 찾는 일은 더 어려워질 것이다. 어느 한 산업이 하락세를 겪고 있다면 그 산업에 유능한 인재들이 들어오지 않는 원인과 비슷하다. 규모가 작은 교회에서는 교육전도사의 경우 청빙 자체를 포기해야 하는 상황이 올 수 있다. 이러한 청빙난 해소를 위해서 사례비 현실화는 시급한 부분이다.

　목회자 사례비 현실화를 세속적으로 볼 필요는 없다. 적어도 현실적으로 생활은 할 수 있어야 한다는 것이다. 자녀가 있다면 사택은 어떤 방식으로든 제공되어야 할 것이다. 상당수 부목사의 배우자는 직업을 갖고 있다. 그들이 교회를 옮길 때 가장 중요한 고려사항 중 하나는 배우자의 직장생활이 계속 가능한지 여부다.[12]

　목회자는 근로자가 아니라는 말은 일견 옳은 말 같지만 제도화된 목회 현실에서 목회 역시 근로 현장의 특징을 반영한다. 이 점에서 근로계약서 같은 일종의 사역계약서를 작성하는 것도 필요하다. 일정 시간 사역 기간을 보장하고 1일 사역 시간을 규정하는 사역 시간, 사례비, 복리후생비, 목회자 연금, 국민연금 등과 관련된 내용을 포함해야 한다. 또 휴일 및 휴가, 안식월, 계약 해지와 같은 내용을 담은 표준 사역계약서 등도 작성될 수 있어야 한다.[13]

둘째, 교회 부교역자에 대한 인식이 바뀌어야 한다. 근본적으로는 부교역자 역할 변화이다. 부교역자가 자신들을 어떻게 이해하는가를 살펴볼 필요가 있다. 2015년 기윤실의 부교역자 조사에 따르면 한국 교회에서 부교역자의 삶을 정의 내려보라는 주관식 질문에 대해 '종/노예/머슴'이라고 인식한 비율이 10.8%, '계약직/비정규직/인턴/일용직/임시직'으로 보는 입장이 8.1%, '담임목사의 종/하인/하수인'이 5.5%, '소모품/교회의 소모품/부속품'이 5.2%, '을/병/정/갑질 당하는 삶'이 4.0%로 나타났다.[14] 물론 이런 응답이 부교역자 그룹의 인식 전체를 대변한다고 볼 수는 없지만 이러한 인식이 터무니없는 것이라고 말할 수도 없다.

이 시대의 부교역자나 부목사 제도가 성경적 가르침에 맞닿을 수 있도록 해야 한다는 것이다. 부목사는 담임목사의 직속 부하가 아니라 그리스도의 종이라는 점을 재인식해야 한다. 부교역자의 역할 권한과 범위는 교회마다 다르다. 어떤 교회는 담임 목회자에 버금가는 권한과 직무를 인정받아 주요 예배 설교 및 장례 집전, 결혼식 주례 등 다양한 목회 사역을 한다.

그러나 어떤 경우는 부목사에게 목회자로서의 직무를 감당하기보다는 예배 인원 체크나 맡은 부서 회의 주관 등 부수적인 일들, 담임

목사를 보좌하는 일에만 머무는 경우도 있다. 교단과 교회에 따라 부목사가 당회에 아예 참석하지 못하는 경우도 있다. 그리스도의 종으로서 부교역자가 교회에서 건강하게 목회를 배우고 동역할 수 있도록 부교역자에 대한 인식이 바뀔 때가 됐다. 예컨대 때로는 부교역자들에게 정기적으로 주일 오전 예배나 혹은 성찬 집례 등도 할 수 있도록 해야 한다[15]는 주장에 귀 기울일 필요가 있다.

셋째, 교회 사역이 교역자 중심에서 평신도 중심으로의 전환이 필요하다. 글머리에서 언급한 것처럼 부교역자 기피 현상이 장기간 지속된다면 개교회 차원의 대책이 필요할 것이다. 특히 지방이나 농산어촌 등에 소재한 중소형, 개척 교회에서는 교육전도사 청빙이 거의 불가능해질지도 모른다. 이런 경우를 위해 교회학교 등을 중심으로 섬길 수 있는 평신도 사역자들을 훈련해 교회학교 교육 등 사역 공백이 없도록 해야 할 것이다. 신학교 등에서 교회학교 등을 섬길 수 있는 평신도 사역자 배출을 위한 과정을 만드는 것도 하나의 대안이다.

부교역자가 점차 줄어들 것을 대비해 교회학교뿐 아니라 봉사, 구제, 선교, 교육 등 교회 내 각 사역의 주체를 교역자에서 평신도로 전환, 목회자가 담당해야 하는 본질적인 사역을 제외하고 상당수 사역을 평신도 체제로 운영하는 것을 지금부터 준비할 필요가 있다. 이는 진정한 평신도 운동이며 9장에서 이야기하는 선교적 교회를 구현하는 또 다른 방법이 될 것이다.

넷째, 청빙 양극화를 극복해야 한다. 부교역자 기피 현상이 발생한다고 하지만 여전히 대형 교회에 지원하는 부교역자들이 많다. 대형 교회나 유명 교회에서 사역하는 것이 자신들의 앞길에 도움이 되기 때문이다. 만약 대형 교회 부교역자들이 중견 규모 이상의 교회 담임목사로 청빙받지 않는다면 대형 교회 부목사의 장점도 사라지게 될 것이다. 담임목사 청빙 과정에서 중소형 교회 목회자들도 일정 부분 참여하고 선택될 수 있는 제도적, 문화적 변화가 필요하다. 대형 교회 출신 부교역자들을 선호하고 청빙하려는 지금의 담임목사 청빙 문화가 사라지지 않는 한, 교회 간 청빙 양극화는 계속될 것이다.

마지막으로, 부교역자의 전문성을 길러줄 필요가 있다. 이제 부목사의 경우 사역지 부족으로 인해 부교역자 생활을 장기간 해야 할 가능성이 커지고 있다. 따라서 부교역자로서 자존감을 갖고 사역할 수 있도록 제도와 인식, 처우 개선이 필요하다. 특히 부교역자가 전문성을 가지고 은퇴할 수 있도록 하는 현실적인 대안이 요청된다. 예를 들면 주일학교 전문 교역자, 소그룹 전문 교역자, 노인목회 전문 교역자, 청년 사역 전문 교역자가 외부 환경의 영향을 받지 않고 해당 분야 전문가로서 끝까지 사역하는 길을 열어줘야 할 것이다. 담임 목회자로 청빙되지 못하면 사역의 실패처럼 인식되는 문화를 바꿔 전문 교역자가 교회 사역의 동역자로서 섬길 수 있도록 사역 환경과 문화를 개선하려는 노력을 기울여야 할 것이다.

# 09

# Re-missional Church

# 다시 선교적 교회

코로나19 팬데믹 이후 한국 교회의 전망이 어둡다. 눈앞에 드러난 다양한 지표들이 팬데믹 기간 동안 교회가 받은 충격을 고스란히 드러내고 있다. 그러나 이런 모습은 단지 코로나의 영향이 아니다. 오히려 지난 10여 년간 누적되어 온 지속적인 침체의 결과임을 부인할 수 없다.

교회의 미래에 대한 염려 속에서 선교적 교회가 부상하고 있다. 선교적 교회는 북미를 넘어 세계적인 현상으로 진화하고 있지만, 대안 찾기에 나선 한국 교회 목회자들에게는 매력적인 선택지처럼 보인다. 관건은 선교적 교회가 한국 교회에서 또 다른 브랜드로 전락할 것인지, 아니면 원래 취지대로 교회 본질 회복의 도화선이 될 것인지이다.

다행히 한국 교회와 지도자들이 선교적 교회를 또 다른 성장의 도구로 인식하지는 않고 있다. 목회자들은 팬데믹 기간 동안 "교회란 무엇인가?", "급변하는 시대 속에서 교회는 어떻게 선교적 접촉점을 만들어 사명을 이룰 것인가?"를 질문하며 치열하게 고민해왔고 이 물음에 답하기 위해 선교적 교회에 접근하고 있다. 풀어야 할 과제도 만만치 않다. 선교적 교회론에 근거해 교회가 본질적 사명을 다할 수 있는 원리와 방법을 찾아가는 숙제가 남아있기 때문이다.

여기서는 선교적 교회에 대한 전국 담임 목회자 500명을 대상으로 목회데이터연구소가 실시한 '2024 한국 교회 트렌드조사' 자료를 바탕으로 목회자들의 인식과 미래적 방향성을 가늠해 보고자 한다. 특별히 교회 공동체에 주어진 선교적 사명을 붙잡고 성육신적이고 복음적인 사역을 통해 선교적 삶을 살아가는 성도들이 가득 찬 교회가 되기 위해 붙잡아야 할 미래적 요소를 찾는 여정이 되길 바란다.

# 교회의 미래

"미래는 과거의 거울이다. 우리가 과거를 향해 뒤돌아보면 미래를 볼 수 있다." - 윌리엄 셰익스피어

"미래는 우리가 현재 하는 일들의 결과로써 그림을 그리는 것이다." - 알베르트 아인슈타인

미래는 어떻게 오는가. 미래라는 그림은 과거를 통해 현재를 조명하고 내일을 위해 오늘을 사는 방식과 내용으로 형성된다. 교회의 미래를 예측하는 일도 이와 같다. 코로나 팬데믹 동안 전 세계는 상상할 수 없는 충격을 받았다. 한국 교회도 예외는 아니라서 1만여 교회가 문을 닫고 사라질 정도로 힘겨운 시간을 겪었다.

교인 수 감소세도 뚜렷해졌다. 2022년에 열린 대한예수교장로회(예장) 합동과 예장통합 교단의 107차 총회 보고에 따르면 지난 1년간 예장합동은 9만 명, 예장통합은 3만 4,000명이 줄었다. 그런데 이 흐름이 예사롭지 않다. 예장합동은 최근 5년간 연속 교인 수가 줄어들었는데 그 수가 47만 명이나 된다.[1] 예장통합도 비슷한 양상이다. 2014년부터 통계자료가 제공된 2021년까지 7년 연속 감소세를 보이며 총 45만 명이 줄었다.[2] 전체 교인만 준 것이 아니다. 영유아부, 유치부, 유년부, 초등부, 소년부, 중고등부 등 모든 부서가 지난 7년간 유사한 하강 곡선을 보였다. 그리고 이런 현상은 한국 주요 교단 대부분에서 발견된다.

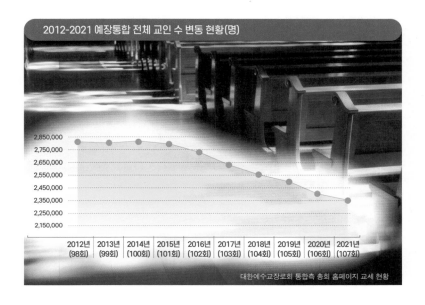

2012-2021 예장통합 전체 교인 수 변동 현황(명)

| | | | | | | | | | |
|---|---|---|---|---|---|---|---|---|---|
| 2012년 (98회) | 2013년 (99회) | 2014년 (100회) | 2015년 (101회) | 2016년 (102회) | 2017년 (103회) | 2018년 (104회) | 2019년 (105회) | 2020년 (106회) | 2021년 (107회) |

대한예수교장로회 통합측 총회 홈페이지 교세 현황

　문제는 거기서 그치지 않았다. 알려진 것처럼 팬데믹을 통과하면서 한국 교회 신뢰도는 바닥을 쳤다. 이제는 교회를 다니는 성도들조차 교회를 신뢰하지 않는다는 기막힌 소식도 들린다. "과거를 향해 뒤돌아보면 미래를 볼 수 있다"는 셰익스피어의 말과 "현재 하는 일들의 결과가 미래의 그림이 된다"는 아인슈타인의 조언을 적용해 분석한다면 오늘날 한국 교회의 현실은 염려의 단계를 넘어 암울하고 두렵기까지 하다.

　선교 전략가이자 운동가인 앨런 허쉬(Alan Hirsch)가 제시한 운동의 생명 주기 사이클은 또 다른 각도에서 한국 교회 현실을 평가할 수 있는 지표가 된다. 성장기와 안정기를 넘어선 한국 교회의 흐름은 '운영적 의심'과 '이념적 의심'을 넘어 '윤리적 의심' 단계에 다다른 상태다. 쇠퇴기의 끝자락을 향해 가고 있는 형국이다.

　따라서 근본적인 방향 전환이 필요한 시점이다. 바로 지금이 중요

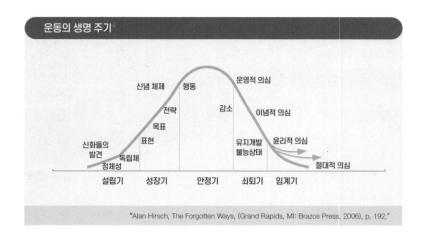

하다. 다행히 위기는 언제나 기회라는 선물을 동반하여 찾아온다. 그런 점에서 코로나는 이제까지 걸어온 교회의 길을 전환할 수 있는 카이로스의 시간이다. 생각해보라. 팬데믹은 이제껏 고민할 필요가 없던 본질적인 질문을 하게 했다. 그동안 교회를 이끌어 왔던 개교회 주의와 성장주의에 의문을 제기하고 "교회란 무엇인가?"라는 심각한 고민을 안겨주었다.

코로나 기간 중 미국 텍사스주 한인교회 목회자들을 대상으로 한 설문조사가 있었다. 놀랍게도 73.9%의 목회자가 팬데믹 이후 목회 철학과 패러다임이 변했다고 답했다.[5] 꿈쩍하지 않을 것 같던 사고의 아성이 흔들린 것이다. 교회는 건물이라는 생각에서 사람 중심으로 그 축이 바뀌었다. 성직자 중심에서 성도 중심으로, 프로그램과 이벤트에서 전인적 돌봄과 훈련으로, 중앙집권적 모이는 교회에서 탈중앙화와 분산화를 통한 흩어지는 교회로, 수적 성장에서 네트워크로, 개교회 중심에서 하나님나라 운동으로 그 가치가 전이되기 시작됐다.

# 선교적 교회의 등장 배경

"다시 선교적 교회인가요?"

"선교적 교회는 팬데믹 이전에 이미 지나간 유행 아닌가요?"

한국에서 '선교적 교회'에 대한 관심이 높아지기 시작한 것은 2010년쯤이었다. 2000년대 초반 선교적 교회가 처음 한국에 소개됐을 때만 해도 용어의 모호함과 기존 선교에 대한 개념이 혼용되어 선교적 교회 자체의 이해가 어려웠다. 그러나 한국 교회 전체에 위기 신호가 감지되고 교회 쇠락이 가시화되자 교회의 본질로 돌아가려는 움직임이 강력히 일기 시작했다. 진정한 의미에서 선교적 교회에 대한 탐구가 시작된 것이다.

사실 선교적 교회의 출발점은 서구 교회의 쇠퇴와 맞물려 있다. 이제는 너무 유명해진 이야기지만 서구 사회에서 '선교적 대화'를 불러일으켰던 레슬리 뉴비긴(Lesslie Newbigin)은 과거 강력한 군사력과 경제력, 교세를 통해 전 세계 선교를 이끌어 왔던 영국 교회의 세속화와 몰락을 보며 "복음이란 무엇인가?", "교회란 무엇인가?" 그리고 "복음과 근대 서구 문화와의 선교적 만남은 무엇을 의미하는가?"라는 화두를 던졌다. 끊임없이 변하는 세상 문화 속에서 변하지 않는 복음을 전해야 하는 교회는 어떤 모습이어야 하는지, 교회는 어떻게 이 시대 문화 속에서 선교적 참여를 할 수 있는지를 고민하게 했다.

북미 지역 역시 마찬가지였다. 뉴비긴의 영향을 받은 신학자들과 지도자들로 구성된 GOCN(Gospel and Our Culture Network)의 출현은 교회가 본격적으로 본질을 탐구하는 동력이 됐다. 활발한 모임과 대화가 이어졌고 다양한 콘퍼런스와 책들이 쏟아져 나왔다. 선교적 교회 담론의 열기가 대륙을 가로질렀다. 이러한 활력은 북미 교회가 처한 상황 때문이었다. 흔들리지 않을 것 같았던 기독교의 영향력이 급속도로 쇠락하고 유럽 교회의 전철을 따라가는 현실에 대한 대안이 시급했다. 선교적 교회의 출발점은 이렇게 지극히 현실적인 상황에서 시작됐다.

그러면 '선교적 교회'가 팬데믹 이후 한국 교회의 주요 의제가 될 수 있을까? 그렇다. 코로나 이후 한국 교회가 마주한 현실이 유럽과 북미 지역 교회가 경험했던 상황과 유사하고, 어떤 측면에서는 그들보다 더 급진적으로 악화되고 있기 때문이다. 지금은 현실을 직시하고 교회의 본질을 찾아가는 여정이 그 어느 때보다 절실한 시점이다.

## 1. 한국의 선교적 교회의 특성

선교적 교회
(Missional Church)

선교적 교회는 교회의 체질을 변화시킨다. 교회의 정체성이 분명해지면 성도들의 선교 의식이 높아지고, 자발적으로 선교 사역에 참여한다. 삶의 자리에서 선교적 삶을 살아가는 선한 그리스도인이 교회에 꼭 필요하다.

한국의 선교적 교회를 이해하기 위해서는 한국 교회에 영향을 끼쳤고 지금까지도 활발한 운동이 전개되고 있는 북미 지역 사례를 살펴볼 필요가 있다. 앞서 언급한 것처럼 북미 지역 선교적 교회 운동은 GOCN의 등장과 함께 시작됐다. 북미 선교적 교회 운동의 1세대로 부를 수 있는 이 그룹은 교회의 본질을 이해하기 위해

선교적 교회는 교회의 체질을 변화시킨다. 또한 성도들의 선교 의식을 높이고, 일상에서 선교적 삶을 살아가게 한다. 결국 선교적 교회를 통해 교회의 평판이 높아지고 자연스럽게 전도의 결과로 이어지게 된다.

성경에 초점을 맞췄다. 그 결과 1998년 선교적 교회의 교과서라고 부를 수 있는 《미셔널 처치》(Missional Church)[6]라는 책이 세상에 나오게 되었다. 여기서 발견된 주요 내용은 다음과 같다.

첫째, 성경은 선교적 도큐먼트이다. 창세기부터 요한계시록까지는 세상을 구속하시기 위한 하나님의 이야기이며 교회는 그 운동을 위해 선택받은 도구이다.

둘째, 하나님은 선교의 하나님이시다. 하나님은 선교의 원천이며 주창자가 되시고, 아들 예수는 선교사의 원형으로서 선교의 실현자다. 또한 성령 하나님은 선교를 가능케 하시는 능력이 되신다. 선교는 하나님의 본성에서 시작되는 일이며 삼위일체 하나님이신 성부, 성자, 성령께서 교회를 세상으로 보내신다.

셋째, 교회는 세상의 구원을 위해 부름 받고 보냄 받은 제자 공동체이다. 이 지점에서 교회의 본질이 발견된다. 교회는 본질상 선교적 존재다. 교회는 종교적 서비스를 제공하는 기관이 아니라 하나님나라의 통치와 회복을 가져오는 사명 공동체이다.[7]

이렇듯 성경으로 돌아가 발견한 교회의 존재론적 목적은 선교적 부르심에 대한 정체성이었다. 교회란 선교하시는 하나님의 부르심에 순종한 백성들의 공동체이기에 자신이 있는 곳에서 어떻게 그분의 선교에 참여할 수 있을까를 목적으로 삼는다. 이 지점에서 교회에 대한 신선한 통찰이 발생한다. 즉 교회는 자기 자신을 위한 기관이 아니라 하나님나라를 위한 선교 공동체이면서 이 사역을 통해 하나님의 통치를 드러내는 증표, 증인, 맛보기가 된다.

선교적 교회론은 선교와 교회에 대한 고정관념을 뒤흔들었다. 선교란 지리적으로 다른 국가에서 행해지는 교회의 행위이며, 이 일은 특별한 소명을 받은 소수에 의해 수행되는 것이라는 사고의 틀을 바꾸었다. 이제 교회의 선교지는 복음이 필요한 모든 곳이며, 선교사는 예수 그리스도를 주(主)로 시인하는 모든 백성이다. 이는 곧 우리가 살고 있는 지역 사회가 선교지이며, 성도 개개인은 그 사명을 위해 부름을 받고 보냄 받은 선교적 존재라는 것을 의미한다.

1세대 초기 주창자들에 의해 선교적 교회의 성경적 원리와 개념이 정립되었다면, 2세대는 실천가들과 운동가들의 시대라 할 수 있다. 이들은 성육신적이며 상황화된 사역으로 하나님나라와 복음 전도를 이루는 모험에 뛰어들었다. 이런 흐름은 이머징 교회 운동을 비롯해 교회가 교회를 낳는 개척 운동, 평신도 제자화와 선교사화, 선교적 공동체, 번식과 재생산을 추구하는 작은 교회 운동(가정 교회, 언더그라운드처치, 프레시익스프레션스, 마이크로처치 등)에 이르기까지 다양한 모습으로 나타났다.

이처럼 다양한 색채를 가지고 있는 운동이지만 그들만의 공통된 특징 또한 뚜렷하게 드러났다. 사역의 중심이 내부에서 외부로, 프로그램에서 사람으로, 목회자 중심에서 성도 중심으로, 개인에서 공동체로, 교회의 제자에서 예수의 제자로, 위계적 리더십에서 수평적이며 은사 중심 리더십 구조로 옮겨지며 창의적이고 다채로운 사역이 펼쳐졌다. 선교적 교회는 성도들이 어떻게 선교적 정체성을 가지고 삶의 자리에서 선교적 삶을 살아낼 것인가를 고민한다. 종교적 서비스를 소비하는 성도가 아닌 복음의 사명을 살아내는 성도를 만들기 위해 노력하고, 그런 문화와 환경을 조성할 수 있도록 구조와 시스템을 조정한다. 이를 통해 교회는 선교 의식이 가득 찬 성도들이 만드는 자유롭고 자발적이며 창의적인 사역 플랫폼이 된다.

한국에서는 북미의 선교적 교회 개념이 소개된 지 몇 년 후인 2010년쯤부터 이에 대한 모임과 탐구가 본격화됐다. 가속화되는 성도의 이탈, 교회의 세속화와 쇠퇴, 기성 교회에 대한 실망 등 여러 요소가 새로운 교회에 대한 갈증을 고조시켰다. 한편 대안을 찾아가는 목회자들을 중심으로 기존 교회와 결을 달리하는 새로운 시도가 있었고, 기존 교회 내에서는 선교적 DNA를 교회 공동체에 이식하여 선교적 교회로 전환하려는 움직임이 뒤따랐다.

지난 10여 년간 한국의 선교적 교회는 어떤 모습과 특징으로 이해될 수 있을까? '한국형 선교적 교회 연구'라는 글에서 연구자들은 한국의 선교적 교회를 4가지 유형으로 나눴다.[8] 첫째, 선교적 마을 공동체 유형, 둘째, 선교적 공공 교회 유형, 셋째, 선교적 제자도 문화 유형, 넷째, 선교적 대안 공동체 유형이다. 저자들은 이 글에서 8가지 키워드를 제시했다. 요약하면 한국의 선교적 교회는 작은 것에서부터 시작하고, 제3의 공간을 통해 선교적 접촉점을 만든다. 이들은 마을과 지역 사회의 소리를 경청하여 필요를 찾아 채우는 대안적 사역을 감당한다. 나아가 제자도에 기초한 공공성과 하나님나라 가치를 실현한다.

지금까지 발굴된 한국의 선교적 교회 모델에 대한 여러 연구를 종합하면 무엇보다 교회가 지역 사회와 깊은 연관성을 가지는 공통적 특징이 있다. 선교적 교회론에 관심을 가진 목회자들이 하나님나라의 관점에서 목회 철학을 정립하고 마을과 지역 사회를 품고 변화시키려는 노력을 기울인다. 이런 사역은 카페, 도서관, 지역아동센터, 어린이집, 주민센터, 복지관, 학교, 사회적 협동조합, 문화 행사, 교육, 요양원, 상담센터, 쉼터, 도시재생사업 등 여러 분야로 나타난다. 주상락 교수와 최동규 교수는 한국의 선교적 교회 운동은 "신학적, 교리 중심의 이론적 학문으로만 발전된 것이 아니라 우리의 목회, 공동체 그리고 공공 현장에서 성육신적 접근을 통해 다양한 한국형 선교적 교회가 풀뿌리 운동으로 뿌리내리고 발전하고 있다"고 평가했다. [9]

한국 교회의 선교적 교회 모델은 내부적 부르심과 대사회적 책임감이 결합된 형태로 나타났다고 볼 수 있다. 그 어느 때보다 교회에 대한 인식과 평가가 낮고, 급속한 세속화로 초래된 교회의 위기 앞에, 의식 있는 목회자들을 중심으로 새로운 도전이 이루어졌다. 이러한 시도들이 모여 한국에서는 선교적 교회가 기존 교회 밖에서 발생하는 대안적 사역으로 인식되기도 했다. 북미의 선교적 교회 운동이 선교적 제자도와 선교적 공동체를 중심으로 일상에서 일어나는 복음 전도와 섬김 사역이 주를 이룬다면, 한국은 사회적 역할을 감당하는 교회를 중심으로 선교적 교회를 펼쳐온 경향성이 강하다. 전통적 선교 개념을 배제하고 지역과 마을을 강조하는 모습이 대세를 이루면서 선교적 교회가 한때는 기존 교회와 다른 길을 걷는 교회들의 운동으로 비치기도 했다.

그러던 분위기가 팬데믹 전후로 급격히 바뀌었다. 선교적 교회를 기존 교회 밖에서 실행하는 특별한 사역 정도로 여기던 전통 교회들도 교회의 본질과 사명을 강조하는 선교적 교회의 가치와 원리를 받아들이며 적극적으로 이 운동에 참여하려는 흐름이 조성된 것이다. 시대를 선교적 관점으로 보고 문화적 상황에 맞게 선교적으로 대응하려는 시도가 형성되고 있다. 선교적 교회의 모습은 기존 교회의 참여와 함께 더 다양한 관점과 스펙트럼에서 이해해야 한다. 왜냐하면 이 사역은 모든 교회의 운동이어야 하기 때문이다.

## 2. 선교적 교회에 대한 이해

'2024 한국 교회 트렌드 조사'는 그런 면에서 한국 교회 목회자들의 선교적 교회에 대한 인식도를 보여준다. 조사에 따르면 선교적 교회에 대한 목회자의 인식과 이해의 정도가 상당히 높은 것으로 나타났다. 설문에 응답한 500명의 담임 목회자들은 '개념, 특성, 구체적 내용 및 사례 등을 잘 알고 있다'(32.7%), '개념, 특성 등에 대해 약간 알고 있는 정도다'(49.9%), '명칭 정도만 알고 있다'(13.0%), '잘 모른다'(4.4%) 등으로 응답했다. '잘 알고 있다'와 '약간 알고 있다'를 합치

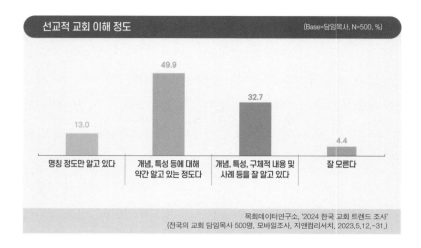

선교적 교회 이해 정도 (Base=담임목사, N=500, %)

- 명칭 정도만 알고 있다: 13.0
- 개념, 특성 등에 대해 약간 알고 있는 정도다: 49.9
- 개념, 특성, 구체적 내용 및 사례 등을 잘 알고 있다: 32.7
- 잘 모른다: 4.4

목회데이터연구소, '2024 한국 교회 트렌드 조사'
(전국의 교회 담임목사 500명, 모바일조사, 지앤컴리서치, 2023.5.12.~31.)

면 무려 82.6%나 된다. 선교적 교회에 대한 관심도가 빠르게 확산하고 있음을 보여준다.

구체적으로 보면 항목별로 특성이 있다. '잘 알고 있다'는 응답에서는 49세 이하의 담임 목회자가, 지역적으로는 대도시와 중소도시 순으로 높았다. 교회의 규모 측면에서는 500명 이상 중대형 교회들이 그 이하의 교회보다 높았다. 예산과 예배 참석 인원도 연관성을 보였다. 이해도가 높을수록 예산 증가가 높고 5년 후 사역 전망도 더 긍정적이었다.

선교적 교회에 대한 설교와 강의, 훈련에 대한 빈도수를 조사했다. '자주 한다'(9.8%), '가끔 한다'(40.5%)로 이를 합하면 50% 정도가 된다. 교회와 선교는 분리할 수 없는 관계다. 지역 교회는 어떤 형태로든 교회와 성도의 선교적 사명에 대한 메시지를 전한다. 정확한 개념과 원리에 기초한 사역을 해야 한다는 측면에서 선교적 교회에 대한 이해도는 설문조사의 질을 결정한다. 한 가지 흥미로운 점은 이 질

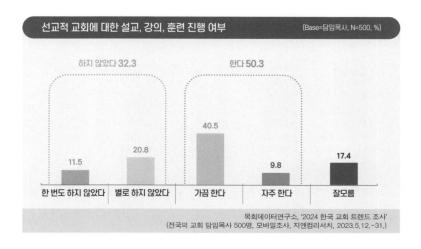

문에서 가장 높은 긍정 비율을 보인 연령대가 60대 이상의 담임 목회 자였다는 사실이다. 선교적 교회에 대해 '잘 알고 있다'고 답했던 49 세 이하의 젊은 목회자들이 37.9%인 반면, 60대 이상 목회자들은 61.4%나 되었다. 젊은 목회자들에게 아직 소신껏 목회할 환경이 주 어지지 않았을 수도 있다. 지역적 특성에서도 광역시 이상의 대도시 목회자들과 500명 이상의 중대형 교회 목회자들이 가장 열심이었다. 선교적 DNA를 형성하고 활성화하기 위해서는 더 의도적이고 계획적 인 접근이 필요하다. 선교적 교회에 대한 깊은 이해를 바탕으로 성도 들이 다양한 채널을 통해 메시지를 접하고 훈련할 수 있는 기회를 제 공해야 한다.

선교적 교회의 사역 방향성은 선교적 교회를 어떻게 이해하느냐와 관련이 깊다. 한국 교회 목회자들이 이해하는 선교적 교회의 특징은 '제3의 방식을 통해 지역 사회와 함께한다'(36.2%)가 가장 높았고, '영 혼 구원에 초점이 있다'(26.3%), '사회의 어려운 사람을 돕거나 봉사를

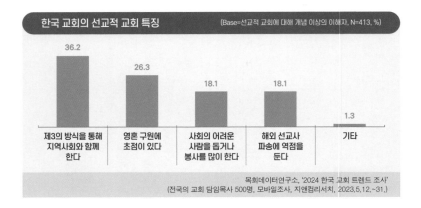

목회데이터연구소, '2024 한국 교회 트렌드 조사'
(전국의 교회 담임목사 500명, 모바일조사, 지앤컴리서치, 2023.5.12.~31.)

많이 한다'(18.1%), '해외 선교사 파송에 역점을 둔다'(18.1%) 순으로 나타났다. 앞서 언급한 한국형 선교적 교회의 특성과 목회자들의 이해도와 매우 유사했다.

한국의 목회자들은 선교적 교회가 영혼 구원이나 해외 선교에 초점을 맞췄던 전통적 관점보다는 지역 사회와 함께하는 특별 활동이나 사역과 더 깊은 관련이 있다고 생각한다. 이는 초기 선교적 교회를 표방하며 이루어졌던 사역들이 카페나 도서관, 문화센터 등과 같은 모습으로 드러난 영향도 크다. 이들 교회가 전통적 교회의 제도적 틀과 한계를 넘어 제3의 방식을 제시하고자 했던 노력의 결과이기도 하다. 특별히 담임 목회 기간이 6~10년 사이에 있는 49세 이하의 젊은 목회자가 선교적 교회를 제3의 방식으로 이해한 비율이 가장 높았다. 반면 21년 이상 담임 목회를 했고 60세가 넘은 목사 층에서는 선교적 교회를 영혼 구원과 연관시켜 이해하는 비율이 높았다. 선교에 대한 이해가 세대와 나이에 따라 다름을 알 수 있다.

## 3. 선교적 교회 지향성

그렇다면 목회자들은 자신의 교회를 어떻게 보고 있을까? 자신의 교회를 "선교적 교회라 할 수 있는가?"라는 질문에 '매우 그렇다'(10.9%), '약간 그렇다'(41.4%), '아니다'(47.6%)로 응답했다. 그런데 앞에서 살펴보았듯이 선교적 교회를 '잘 알고 있다'는 목회자는 32.7%나 되지만 실제 '선교적 교회에 대한 설교, 강의, 훈련을 자주 한다'는 비율은 9.8%에 그쳤고 자신의 교회가 '선교적 교회라고 강한 자부심'을 보인 목회자는 10.9%에 지나지 않았다. 이는 선교적 교회에 대한 관심이 확대되고 있지만 대부분의 교회가 스스로 만족할 만한 선교적 교회의 수준에는 이르지 못하고 있다는 방증이다. 그럼에도 10개 교회 중 7개 교회(69.7%)는 선교적 교회를 지향하고 있었다.

그렇다면 향후 선교적 교회 사역이 활발해질 것이 분명하다. 또 선교적 교회의 흐름을 중대형 교회가 주도할 가능성이 높다. 이번 설문에서 500명 이상 중대형 교회를 담임하고 있는 목회자 중 94.6%가 자신의 교회가 선교적 교회를 지향한다고 답했다. 중소형 교회 목회자들의 응답률이 60%대에 머무는 것과 달리 높은 비율이다. 선교적 교회를 지향한다고 응답한 교회들은 5년 전보다 예배 참석 인원이 늘었다고 보고한 그룹이 더 많았고, 5년 후 성도 수가 지금보다 늘어나리라 전망했다. 기존에 대안적 사역을 통해 선교적 교회 운동에 참여한 교회들과 함께 중대형 교회들이 이에 동참하게 되면 운동은 더 크게 탄력을 받게 될 것이다. 다만 여기서 주의할 사항은 '미셔널'(Missional)이 보편화되면서 교회의 제도적 시스템에 길들여진 브랜드가 되지 않아야 한다는 점이다.[10]

# 선교적 교회의 길

"어떻게 하면 지역 사회에 선한 영향력을 펼치는 교회가 될 수 있을까요?"


"성도들이 자발적으로 사역을 디자인하고 이끄는 교회가 가능한가요?"


선교적 교회의 성공은 성도들의 선교적 정체성을 회복시켜 자발적인 운동으로 나아가도록 하는 데 있다. 전통적이고 제도적인 교회는 오랫동안 성도들을 수동적으로 만들었다. 수많은 프로그램이 있지만 아쉽게도 이것들은 교회 내 일꾼 만들기에 초점이 있었다. 선교적 교회는 모이는 교회에서 흩어지는 교회를 지향한다. 릭 루소(Rick Rusaw)와 에릭 스완슨(Eric Swanson)은 《교회 밖으로 나온 교회》(국제제자훈련원)에서 펠로십바이블교회 이야기를 한다. 이 교회에는 훌륭한 설교자와 교사들이 많았다. 짧은 시간에 빠른 성장도 이루었다. 그러나 그 과정에서 고민이 생겼다. 교회는 성장했지만 지역 사회와 동떨어져 있는 모습을 발견했기 때문이다.

열정으로 가득 찼던 성도들 역시 시간이 지나면서 권태로움을 느꼈다. 교회 지도자들은 자신의 가르침만으로 불충분하다는 사실을 깨달았다. 배움에만 머물지 않고 움직이는 교회가 되어야 한다는 사실을 깨달으면서 교회는 지역 사회를 위한 일을 찾고 성도들을 참여시켰다. 성도들은 자신의 은사를 동원해 집을 개조하고 학교를 단장하고 물품을 기증했다. 지역 주민이 필요로 하는 실제적 문제를 돕는 강좌를 열고 그들에게 다가갔다. 그 결과 교회는 지역 주민들에게 선

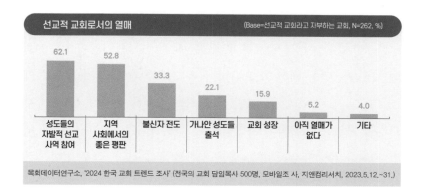

목회데이터연구소, '2024 한국 교회 트렌드 조사' (전국의 교회 담임목사 500명, 모바일조 사, 지앤컴리서치, 2023.5.12.~31.)

한 영향력을 발휘할 뿐 아니라 교회 내부적으로도 새로운 성장 동력을 얻는 계기가 됐다.[11]

선교적 교회는 교회의 체질을 변화시킨다. 교회의 정체성이 분명해지면서 성도들의 선교 의식이 높아지고, 그러한 성도들은 일상에서 할 수 있는 사역을 찾고 자발적으로 그 사역에 참여한다. 삶의 자리에서 선교적 삶을 살아가는 선한 그리스도인은 지역 사회에서 그리스도인과 교회의 평판을 높이고 자연스럽게 전도의 결과로 이어진다.

'2024 한국 교회 트렌드 조사'에서도 유사한 결과가 나왔다. 선교적 교회로 자부하는 교회들을 대상으로 그 열매를 물었을 때 62.1%가 '성도들의 자발적 사역 참여'라고 답했다. 그다음이 '지역 사회에서의 좋은 평판'(52.8%)이었다. '불신자 전도'(33.3%)나 '가나안 성도들의 출석'(22.1), '교회 성장'(15.9%) 등이 그 뒤를 따랐는데 이는 선교적 교회의 자연스럽고 건강한 결과로 해석할 수 있다.

《넥스트 처치》(교회성장연구소)의 저자 에디 깁스(Eddie Gibbs)는 지역 교회가 건강한 교회인지 알 수 있는 쉬운 방법이 있다고 했다. 그

것은 교회가 갑자기 사라지게 되었을 때 지역 주민의 반응에서 발견된다. '이 교회는 너무 중요한 존재였는데', '이 교회는 꼭 필요한 교회였는데'라는 반응 대신, '있으나마나 한 교회' 혹은 '교회가 사라진 게 너무 잘된 일'이라고 여긴다면 그 교회는 실패한 존재다. 선교적 부르심을 깨달은 성도들이 자발적으로 지역 사회에 들어가 세상을 위한 사역을 감당할 때 교회는 좋은 평판을 얻게 된다. 그로 인해 믿지 않는 사람들, 교회를 떠났던 가나안 성도들이 돌아오고 교회가 성장하는 모습을 그려보라. 선교적 교회는 복음 전도의 방법도 변화시킨다. 전통적 방법은 '믿음 - 소속'을 강조했지만, 선교적 교회는 '소속 - 믿음'의 순서가 되기도 한다. 그리스도인들이 세상 속에서 축복의 통로로서 믿지 않는 사람들과 관계를 맺고 그들을 공동체로 초대한다. 그 안에서 믿음으로 성장할 뿐 아니라 세상을 섬기는 그리스도인이 된다.

## 1. 선교적 교회로의 전환

"우리 교회는 전통적인 교회입니다. 과연 전통적인 교회도 선교적 교회로 전환이 가능한가요?"

"교회가 바뀌지 않으면 안 된다는 사실은 너무 자명한 일입니다. 이대로 가면 좌초되고 말 테니까요. 그러나 모두가 새로운 활력을 원하면서도 변화를 싫어합니다. 과연 교회의 변화는 가능한 것일까요?"

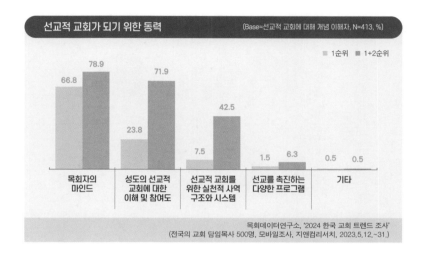

선교적 교회가 되기 위한 동력 (Base=선교적 교회에 대해 개념 이해자, N=413, %)

■ 1순위 ■ 1+2순위

| 목회자의 마인드 | 성도의 선교적 교회에 대한 이해 및 참여도 | 선교적 교회를 위한 실천적 사역 구조와 시스템 | 선교를 촉진하는 다양한 프로그램 | 기타 |
|---|---|---|---|---|
| 66.8 / 78.9 | 23.8 / 71.9 | 7.5 / 42.5 | 1.5 / 6.3 | 0.5 / 0.5 |

목회데이터연구소, '2024 한국 교회 트렌드 조사'
(전국의 교회 담임목사 500명, 모바일조사, 지앤컴리서치, 2023.5.12.~31.)

모든 교회는 본질상 선교적이다. 하나님께서 부여하신 사명을 의식하지 않은 채 섬기는 목회자는 없다. 그럼에도 선교적 교회가 되는 일은 쉽지 않다. 오랜 역사를 가진 교회일수록 축적된 전통과 제도로부터 벗어나는 것이 어렵기 때문이다. 누군가의 말처럼 교회의 본질은 변한 적이 없다. 시간이 지나면서 본질에서 벗어난 제도와 관습이 문제일 뿐이다. 선교적 교회의 이론적 초석을 놓았던 데럴 구더(Darrel Guder)는 이 점을 날카롭게 조명하며 개인주의 영향으로 본질로부터 멀어진 교회가 전도와 신학, 실천의 모든 영역에서 지속적으로 회심해야 한다고 주장했다.[12]

선교적 교회를 지향하는 것과 선교적 교회가 되는 일은 별개다. 따라서 지도자는 전통적 프로그램과 사역으로 가득 찬 교회를 선교적 교회가 되게 하기 위해 변화를 추구해야 한다. 철학을 바꾸고 체질을 바꾸어야 한다. 구조를 바꾸고 사역을 바꾸어야 한다. 회중 가운데

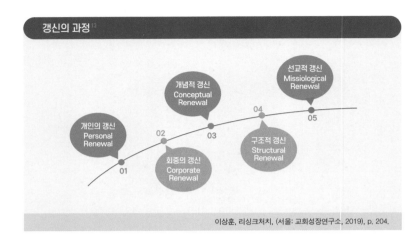

선교적 비전과 상상력이 가득 차고, 성도들이 자발적으로 자신의 은사와 자원을 통해 선교적 모험에 참여할 수 있도록 격려하고, 이를 실현할 플랫폼을 제공해야 한다.

한 가지 희망적인 것은 선교적 교회가 되기 위한 동력이 무엇이냐는 질문에 3명 중 2명의 목회자가 '목회자의 마인드'(66.8%)라고 답했다는 점이다. 성도의 이해와 참여도, 선교적 교회를 위한 구조나 프로그램도 중요하다. 그러나 목회자가 변하지 않으면 선교적 교회는 불가능하다. 목회자가 변해야 회중의 변화도 가능하다.

'갱신의 과정' 그림에서 보는 것처럼 교회의 선교적 갱신은 한 개인으로부터 시작된다. 교회 내에서 가장 영향력 있는 목회자가 먼저 갱신되고, 이 갱신이 회중으로, 공동체적으로 확산할 때 교회는 비로소 구조와 시스템을 바꿀 수 있게 된다.

## 2. 선교적 교회의 과제

한국 교회의 선교적 교회 성숙도를 파악하기 위해 선교적 교회를 지향하는 목회자들을 대상으로 "선교적 교회가 되기 위해 귀하의 교회는 어떤 사역/구조를 갖고 있습니까?"라는 질문을 했다. '교역자 중심'이라는 응답이 43.1%, '특별한 조직이나 구조가 없다'(28.8%)가 뒤를 이었다. 10개 교회 중 7개가 교역자 중심으로 사역이 기획되고 진행되고 있는 것이다. 그렇다면 평신도들이 중심이 된 사역의 허브가 되는 선교적 공동체 혹은 소그룹(Missional Community)은 상황이 어떨까? 선교적 교회를 지향하는 교회 중 평신도 중심의 선교적 공동체가 '있다'고 응답한 교회는 28.9%, '아직 없지만 계획 중이다'가 52.7%, '계획이 없다'는 18.4%였다. 선교적 교회를 지향하는 교회 10개 중 3개 교회만 평신도 중심의 선교 사역을 하는 것으로 나타났다. 이를 전체 교회로 환산하면 20.2% 정도 된다. 다시 말해 한국 교회 5개 중 1개 정도의 교회가 평신도 중심의 선교 사역을 하고 있다고 볼 수 있다.

선교적 교회는 성도들이 선교사의 정체성을 가지고 일상에서 선교적 삶을 살도록 지지하고 돕는 교회다. 성도들이 선교적 삶의 주체가 되도록 그들을 깨우고 훈련한다. 교역자가 중심이 된 교회는 선교를 여러 사역 중 하나로 여길 확률이 높다. 평신도들이 사역을 구상하고 이끌 수 있는 구조와 조직이 필요하다. 성도 본인이 가진 은사와 일상에서 연결된 사회적 자원을 조합해 선교적으로 활용할 수 있도록 하는 구조가 필요하다.

또 하나는 선교적 공동체의 중요성과 그 역할이다. 북미 선교적 교회 운동의 중심에는 선교적 공동체가 있다. 선교적 공동체는 기존 소그룹이 가지는 돌봄과 교제 중심에서 교회 밖 사람들을 향한 선교 사명을 감당하는 특성을 갖는다. 지역 사회로 들어가 그들의 필요를 채우고 사랑과 섬김을 통해 복음을 전파하는 사역을 한다. 성도가 중심이 되어 사역을 구상하고 멤버를 모으고 사역을 진행한다는 면에서 자발적이며 참여적이다. 이번 조사 결과에 따르면 교회 내 선교적 공동체를 가진 교회는 많지 않지만, 앞으로 더 많은 교회가 선교적 공동체를 계획하고 있음을 알 수 있다.

그런 맥락에서 한국 교회가 선교적 교회로 나아가는 데 해결해야 할 요소가 있다. 현 시점에서는 이것이 선교적 교회가 되는 장애 요소로 작용하지만, 만일 이를 극복하면 새로운 차원의 사역이 열릴 가능성이 높다. 선교적 교회를 지향하는 교회가 직면한 장애 요소가 무엇인지 질문한 결과, '선교적 교회의 구체적인 사역 방식과 방법에 대한 지식과 정보 부족'이 36.1%로 가장 많았고, '성도들의 선교 의식 및 열정 부족'(34.0%), '전통과 기존 제도를 고수하려는 태도'(25.7%)가 뒤를 이었다. 이 응답은 '선교적 교회 운동에 많은 교회가 동참하도록 하기 위한 필요 조건'을 묻는 질문과 관련이 있다. 이에 대한 응답은 '구체적인 사역 모델과 방법 제시'(37.8%), '선교적 교회를 위한 훈련과 교육'(30.8%), '교회의 부흥과 갱신'(17.2%), '선교적 교회들의 네트워크'(13.7%) 순이었다. 많은 교회가 선교적 교회를 꿈꾸지만 실제로 어떻게 구현할 수 있는가에 대해서는 혼돈을 느끼고 있는 것이다.

북미 지역에서 선교적 교회 운동이 활발히 전개될 수 있었던 이유

중 하나는 선교적 교회에 대한 방대한 자료들이 쏟아져 나왔기 때문이다. 학자들뿐 아니라 일선 목회자들이 자기 경험에 기반한 다양한 사례를 공유하면서 확산이 일어났다. 다양한 모임과 콘퍼런스를 통해 네트워크가 결성되고 시너지가 발생했다. 한국 교회에도 그러한 시도와 노력이 없었던 것은 아니지만 더 다양한 모임과 콘퍼런스, 나아가 현장 사례와 경험을 담은 스토리들이 공유되어야 한다. 이를 통해 선교적 교회가 이론과 원리에 그치는 것이 아니라 모든 교회가 감당해야 할 사명이 되어야 한다.

## 트렌드 전망 및 시사점

오늘날 선교적 교회의 흐름은 전 세계적 현상이 되었다. 한국 교회의 선교적 교회에 대한 관심과 사역 또한 앞으로 더 고조될 것이다. '2024 한국 교회 트렌드 조사'에서 확인했듯이 선교적 교회에 대한 목회자의 관심은 매우 높다. 무엇보다 중대형 교회 90% 이상의 담임 목회자가 선교적 교회를 지향하고 있다는 응답은 이 흐름이 큰 물결이 되어 대중화될 확률이 높다는 것을 짐작케 한다. 실제로 데이터를 통해 선교적 교회를 지향하는 교회들이 그렇지 않은 교회보다 예산과 교인 수가 증가하는 비율이 높았고 미래 전망도 긍정적임을 볼 수 있었다.

이와 더불어 주목할 현상은 교회 개척 운동이다. 교회 개척이 불가능하게 여겨지는 상황 속에서도 젊고 새로운 교회들이 곳곳에서 생기고 있다. 이들은 강력한 복음에 대한 헌신을 기초로, 젊은이들이 모여 있는 홍대와 신촌, 대학 캠퍼스, 신도시를 찾아 뜨거운 예배와 복음 전도 사역을 통해 교회를 세워간다. 이런 교회들의 바탕에는 선교적 교회의 가치가 있다. 이들은 원색적 복음과 세련된 문화의 옷을 입고 교회를 개척하고 또 다른 교회를 개척한다. 앞으로 선교적 교회의 기치 아래 성장하는 교회가 더 많아질 것이다. 한편에서는 기존 교회의 대안적 측면으로, 다른 한편에서는 새로운 성장 동력으로 이 운동에 관심을 가지고 참여할 것이다.

이 지점에서 풀어야 할 과제가 등장한다. 현재 한국형 선교적 교회의 특징은 사역의 주도권이 목회자에게 집중되어 있다는 것이다. 이는 마을 목회든, 전통적 교회든, 개척 교회든 모두 비슷하다. 분명한 것은 선교적 교회가 교회 구성원인 성도들의 삶과 사역을 통해 온전해진다는 점이다. 따라서 교회는 성도들을 사역의 주체가 되도록 하며 이를 위한 변화를 이루어가야 한다.

또 한 가지 과제는 선교적 교회가 단순한 구호나 유행에 머물지 않게 하는 일이다. 일찍이 선교역사가 스티븐 닐(Stephen Neill)은 "만약 모든 것이 선교라면 아무것도 선교가 아니다"[14]라는 유명할 말을 남겼다. 선교적 교회 운동의 초기 주창자였던 앨런 록스버그(Alan Roxburgh) 역시 "선교적 교회라는 용어가 교회가 행하고 있는 모든 실천들을 묘사하기 위해 사용하고 있는 라벨이 되었다"[15]고 비판했다. 선교적 교회는 새로운 브랜드가 아니다. 이것은 교회의 존재론적 본질이며 반드시 회복해야 할 유일한 목적이다. 따라서 목회자들은 선교적 교회론에 대한 더 깊은 성찰과 연구를 통해 확고한 목회 철학

복음을 모르는 젊은이들에게 찾아가 뜨거운 예배와 복음을 전하며 선교적 교회의 가치를 빛나게 할 필요가 있다.

을 세우고 이를 교회 성도와 공유하여 체질화해야 한다. 그럼으로써 공동체 구성원 모두 선교적 삶과 사역을 살아낼 수 있는 교회로 변화해야 한다.

두 번째는 선교적 교회의 사역 패러다임을 형성하는 일이다. 선교적 교회는 보냄을 통해 이뤄진다. 선교(mission)라는 용어는 "보냄", "파견"을 의미하는 라틴어 missio/mitto에서 파생된 단어다. 하나님은 '보내시는 하나님'(missio dei)이시다. 세상의 구원을 위해 성부가 성자를, 성부 성자께서 성령을 보내시고, 성부 성자 성령께서 교회를 보내신다. 보냄 받은 교회는 부름 받은 제자들인 성도를 훈련하고 교육하여 보냄을 실천해야 한다. 이렇듯 교회의 목적이 자기 자신을 위해 존재하는 것이 아니라 보냄을 위해 존재하고, 하나님의 선교 사역의 대리자로서 사명을 감당해야 한다면 교회는 이에 합당한 모습으로 변화해야 한다.

　북미에서 선교적 교회 운동을 이끌고 있는 한 교회는 이러한 본질을 잊지 않기 위해 수년째 새해 첫 5주간 교회의 선교적 사명에 대해 반복적으로 설교를 했다. 이를 기반으로 연계된 훈련 프로그램을 만들고 성도들이 일상에서 선교적 삶을 살 수 있도록 아이디어를 내고 사역을 돕는 팀을 만들었다. 어떤 교회는 선교적 교회로서 집중력을 키우기 위해 연중 사역 리듬을 만들었다. 성도들이 선교적 삶에 노출되고 일상화되도록 1년을 4분기로 나누어 훈련 사역, 소그룹, 쉼과 같은 사이클로 교회를 움직인다. 한 분기 동안 선교 훈련을 받고 그다음 분기에는 소그룹별로 캠페인을 통해 지역과 열방을 위한 사역에 참여하고, 그다음 분기에 소그룹 공동체에 집중하고 쉼을 갖는 패턴이다. 이런 사이클을 통해 선교 훈련과 경험을 쌓은 성도들은 캠페인이 없는 기간에도 개인과 소그룹별로 자율적인 사역이 가능하다.

　또 다른 교회는 평신도들이 중심이 된 TF팀을 통해 사역을 디자인하고 지원한다. 지역을 분석하여 필요한 사역을 찾고 개인과 공동체별로 사역에 참여할 수 있는 정보를 제공한다. 교회는 한정된 경험을 가진 목회자의 시선이 아닌, 풍성한 사회적 자본과 연결된 성도들의 네트워크를 통해 창의적인 사역의 문을 연다. 교회 홈페이지에 지역의 여러 단체 사역을 소개하고 소그룹별로 자원봉사에 참여할 수 있도록 돕는다. 정기적으로 지역 사회의 필요와 사역 참여의 기회를 제공하는 등 그 모습은 매우 다양하다.

　세 번째는 선교적 공동체를 형성하는 일이다. 소그룹의 중요성은

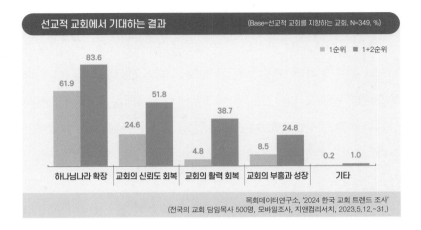

선교적 교회에서 기대하는 결과 (Base=선교적 교회를 지향하는 교회, N=349, %)

■ 1순위 ■ 1+2순위

| | 1순위 | 1+2순위 |
|---|---|---|
| 하나님나라 확장 | 61.9 | 83.6 |
| 교회의 신뢰도 회복 | 24.6 | 51.8 |
| 교회의 활력 회복 | 4.8 | 38.7 |
| 교회의 부흥과 성장 | 8.5 | 24.8 |
| 기타 | 0.2 | 1.0 |

목회데이터연구소, '2024 한국 교회 트렌드 조사'
(전국의 교회 담임목사 500명, 모바일조사, 지앤컴리서치, 2023.5.12.~31.)

이 시대 교회의 가장 주목할 만한 트렌드이며 핵심이라고 할 수 있다. 개인화가 가속화될수록 진정한 관계와 소속에 대한 갈증이 커진다. 선교적 교회도 마찬가지다. 하나님은 삼위일체 공동체로 존재하신다. 예수님도 제자들과 함께 공동체를 이루셨다. 그들을 훈련해 보내실 때도 둘씩, 셋씩 짝을 지어 보내셨다. 사도 바울도 팀으로 사역했다. 북미 선교적 교회의 중심에도 선교적 공동체가 있다. 혼자가 아니라 공동체로 연결되어 함께 선교 사명을 이루어간다.

선교적 교회를 표방하며 개척된 한 교회는 시작부터 구조와 사역을 단순화했다. 예배와 선교적 소그룹이라는 두 기둥을 중심으로 교회가 운영되었다. 성도들은 예배를 통해 '선교의 하나님'을 만나고 그분의 뜻을 품고 세상으로 보냄을 받는다. 주중에는 '선교적 공동체'로 서로 연결되어 지역 사회를 섬기고, 믿지 않는 사람들을 모임에 초청하여 관계를 쌓고 복음을 전한다.

어떤 교회는 시작부터 특정 사역과 연결된 소그룹을 형성했다. 정기 모임을 통해 친교와 신앙성장을 도모하고, 각 소그룹은 정기적으로 각자 부여된 지역 사회 섬김을 실천한다. 어떤 교회는 소그룹을 사역의 종류에 따라 구성했다. 한 그룹은 해외 선교를 위해, 다른 그룹은 지역 사회를 위해, 또 다른 그룹은 다음세대를 위해 사역한다. 선교적 교회는 성도들의 가능성을 믿고 그것을 극대화할 수 있어야 한다. 교인을 수동적인 존재로 취급해서는 안 된다. 하나님의 부르심은 모든 성도에게 동일하기 때문이다.

네 번째, 선교적 교회의 개념을 지역 사회에 국한된 봉사나 활동으로 제한해서는 안 된다. 영혼 구원과 세계 선교를 함께 품는 패러다임이 되어야 한다. 칼 바르트(Karl Barth)가 교회의 본질을 보냄 받은 존재로 규정하고 자신이 아닌 세상을 위한 존재가 되어야 한다고 말한 이후, 본회퍼(Dietrich Bonhoeffer)는 '타자를 위한 교회'로, 뉴비긴(Lesslie Newbigin)은 '선교적 교회론'으로 이를 계승 발전시켰다. 한동안 신학계에서는 이러한 사상을 사회 복음에 국한해 해석함으로써 영혼 구원과 세계 선교를 무시하는 흐름이 있었다.

한국 교회의 목회자들은 선교적 교회를 지역 사회에 중점을 둔 사회 활동과 연계해 생각하는 경향이 강하다. 한국 교회가 공적(公的) 역할을 제대로 수행하지 못하고 있다는 비판 때문이기도 할 것이다. 그러나 선교를 지역 사회로 국한시키거나 사회적 활동으로만 제한하는 것 역시 선교적 교회의 본의를 훼손하는 일이다. 예수님께서 위임하신 선교의 궁극적 사명은 종말론적 믿음 안에서 땅끝까지 복음을 전하는 것으로 완성된다. 선교적 교회는 우리가 있는 곳에서 시작해 땅끝까지 이르는 지상명령이다. 전통적인 선교 개념이 열방을 강조하면서 지역(Local)을 잃어버린 실수를 범했다면, 선교적 교회를 지역 사회로 한정해 열방을 잃어버리는 오류를 범해서는 안 된다.

선교적 교회는 하나님나라 운동이다. '2024 한국 교회 트렌드 조사'는 선교적 교회를 지향하는 목회자들이 선교적 교회 운동을 통해 기대하는 바가 무엇인지를 보여주었다. "선교적 교회를 통해 기대되는 결과는 무엇입니까?"라는 질문에 목회자들은 '하나님나라 확장'(61.9%)을 가장 많이 꼽았다. '교회의 신뢰도 회복'(24.6%), '교회의 활력 회복'(4.8%), '교회의 부흥과 성장'(8.5%) 등은 최우선 순위가 아니었다. 선교적 교회를 또 다른 교회 성장과 부흥의 수단으로 사용하지 않고 하나님나라 확장과 관련해 본다는 사실이 매우 고무적이다. 하나님은 선교하시는 하나님이시다. 그분의 열심은 지금도 계속되고 있다. 2024년 한국 교회가 선교적 교회로 패러다임을 바꿔 새롭게 변화를 꾀하여 다시 일어서기를 바란다.

# 10
# Inevitable Cult

# 인에비터블 컬트

2023년 3월 넷플릭스 다큐멘터리 <나는 신이다 : 신이 배신한 사람들>은 한국 사회에 커다란 충격을 주었다. 사람을 살리고 소망을 주어야 할 종교가, 오히려 사람들의 인생을 파괴하고 짓밟는 모습을 적나라하게 보여주었기 때문이다. <나는 신이다>에 소개된 단체들은 정통 기독교단에서 소위 '이단'으로 규정된 단체들이었다.

2023년 한 해 이단 문제는 한국 교회가 주목하고 대비해야 할 거대한 목회 트렌드로 급부상했다. 하지만 이단에 대한 구체적인 분석과 준비는 부족한 실정이다. 한국 사회에는 이단을 인식하는 전형적인 공식이 있다. 이단으로 큰 충격을 받고 그 피해가 일파만파 퍼진 후에야 비로소 그 존재를 인식한다는 것이다. 대표적인 것이 2020년 2월, 31번째 코로나19 확진자로 인해 대구 경북지역에 신천지를 중심으로 코로나가 전국적으로 확산한 사건이다.

이단은 이전부터 한국 교회를 파괴하고 성도들의 삶에 부정적 영향을 끼쳐왔다. 하지만 한국 교회는 이 점이 한국 교회의 부정적 측면을 형성한 트렌드로서는 좀처럼 인식하지 못했다. 주목할 사실은 이단에 빠지는 이들 중 상당수가 기독교 신앙에서 넘어간 이들이라는 점이다. 그중 다수는 자신이 속한 이단 단체야말로 '성경적'이라는 확신이 있으며, 자기네 단체를 이끄는 지도자나 교주가 죽더라도 그 단체를 떠날 생각이 별로 없다는 것이다.

동시에 이들은 끊임없이 가족과 지인들에게 포교 활동을 하며 끌어들이려 한다. 이들에게는 언론의 부정적인 보도가 영향을 주지 않는다. 언론 보도는 대부분 진실을 왜곡하고 있다고 믿기에 자신이 속한 단체를 적극 옹호할 뿐, 객관적으로 보려 하지 않는다. 따라서 이단은 앞으로도 한국 교회에서 좀처럼 사라지지 않고 무시할 수 없는 주요한 트렌드로 계속 자리잡을 것이다.

"'나 꽉 껴안아줘'…정명석 다룬 〈나는 신이다〉 후폭풍" - 조선일보

"'주님, 저와 반신욕해요'…JMS 정명석 다룬 〈나는 신이다〉 피해 내용 공개 돼" - MBN

낯뜨거운 제목의 언론 보도와 충격적 내용으로 넷플릭스 다큐멘터 리 〈나는 신이다〉는 공개된 지 하루 만에 단숨에 전체 1위에 올라섰 다. 홍콩 3위, 인도네시아 6위, 말레이시아 9위 등 전 세계적인 반향 을 일으키기도 했다. 내용이 워낙 자극적이고 충격적이라 이 방송을 시청했던 어떤 네티즌은 SNS에 "넷플릭스 보다가 구역질 나서" 힘들 었다고 고백했을 정도다.

우리 사회에 커다란 반향을 일으켰던 〈나는 신이다〉는 이단 사이 비 단체들의 끔찍한 실태를 고발하는 데 성공했다. 하지만 그들을 너 무 혐오스러운 존재로 부각시켜서 단지 회피할 대상으로만 여기게 했 다. 이단에 빠진 이들에게 어떤 관심이 필요하고 이들을 어떻게 다루 고 대처해야 하는가에 대한 고민은 던져주지 못했다. 이는 한국 교회 가 이단들을 대해 왔던 태도와 비슷하다.

"이단에 속한 사람을 한두 번 훈계한 후에 멀리하라"(딛 3:10).

이 말씀을 근거로 그동안 한국 교회는 할 수 있는 한 이단을 멀리 하려 했고, 이단에 대해 적극적으로 대응하기보다 기피하는 회피형 그 리스도인을 양성해 왔던 것이 사실이다. 목회데이터연구소가 2023년

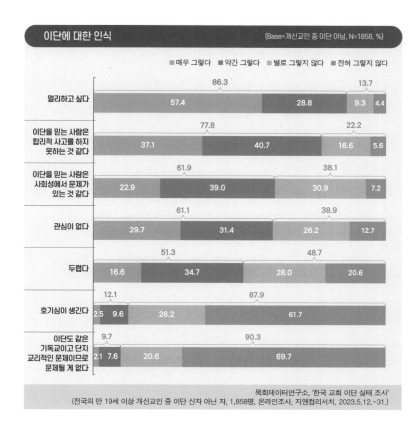

이단에 대한 인식 (Base=개신교인 중 이단 아님, N=1858, %)

■ 매우 그렇다  ■ 약간 그렇다  ■ 별로 그렇지 않다  ■ 전혀 그렇지 않다

**멀리하고 싶다**
86.3 / 13.7
57.4 | 28.8 | 9.3 | 4.4

**이단을 믿는 사람은 합리적 사고를 하지 못하는 것 같다**
77.8 / 22.2
37.1 | 40.7 | 16.6 | 5.6

**이단을 믿는 사람은 사회성에서 문제가 있는 것 같다**
61.9 / 38.1
22.9 | 39.0 | 30.9 | 7.2

**관심이 없다**
61.1 / 38.9
29.7 | 31.4 | 26.2 | 12.7

**두렵다**
51.3 / 48.7
16.6 | 34.7 | 28.0 | 20.6

**호기심이 생긴다**
12.1 / 87.9
2.5 | 9.6 | 26.2 | 61.7

**이단도 같은 기독교이고 단지 교리적인 문제이므로 문제될 게 없다**
9.7 / 90.3
2.1 | 7.6 | 20.6 | 69.7

목회데이터연구소, '한국 교회 이단 실태 조사'
(전국의 만 19세 이상 개신교인 중 이단 신자 아닌 자, 1,858명, 온라인조사, 지앤컴리서치, 2023.5.12.~31.)

5월 그동안 베일에 쌓여 있던 이단에 대한 설문조사를 실시했다. 조사기법을 통해 이단 신자 304명을 임의로 찾아내 그들의 교회생활과 신앙생활 실태를 조사했다. 아울러 일반 개신교인 중 이단이 아닌 성도 1,858명을 대상으로 이단에 대한 일반적인 인식 조사를 진행했다.

먼저 이단이 아닌 일반 개신교인들을 대상으로 이단에 대한 평소 생각을 물었다. 그러자 86.3%가 '멀리하고 싶다'는 반응을 보였다. 또한 이들은 합리적 사고가 결여돼 있고(77.8%), 사회성에 문제가 있다(61.9%)고 생각했다. 막연한 두려움을 갖는 이들도 51.3%나 되었다. 반면 이들에 대해 무관심한 이들은 61.1%나 되었다.

이단에 대한 이러한 부정적 인식은 이단에 대한 냉담으로까지 이어지는데, 이단 소속자 대처에 대한 개신교인의 생각을 물었을 때 약 20%는 "이단을 믿는 것은 그 사람의 자유이므로 관심을 가질 필요가 없다"고 답했다. 이단에 대한 이러한 냉담한 태도는 이단을 기피하려는 태도를 강화하고, 더 나아가 이단에 대한 교회와 사회의 미온적인 대처에도 영향을 미치는 것으로 보인다. 이렇게 많은 개신교인이 이단에 거리를 두고 관심을 갖지 않고 있는 사이, 이단에 속한 이들은 주변 가족과 지인들을 중심으로 야금야금 파고들며 그 세력을 확장해 왔다.


## 한국 교회 내 이단의 발흥

**이단**
**(Cult)**

이단은 이전부터 교회를 파괴하고 성도들의 삶에 부정적 영향을 끼쳐왔다. 이단에 빠지는 이들 중 상당수가 기독교 신앙에서 넘어간 이들이라는 점도 주목해야 한다. 이단은 앞으로도 교회에서 좀처럼 사라지지 않고 무시할 수 없는 존재로 자리잡을 것이다.

그렇다면 한국 교회에 이단이 발흥하게 된 것은 언제부터일까? 어림잡아 적어도 100년 전부터다. 한국 교회의 이단 종파는 기독교의 발흥과 함께 계속해서 그 영향력을 확산하고 있다. 이러한 이단 종파들은 크게 세 부류로 나눌 수 있다.

첫째는 국내에서 자생한 이단이다. 이는 주로 신비주의 운동이 왜곡된 형태로 나타난 것이다. 종종 강력한 기도 운동과

성경은 이단에 대한 대처를 비중 있게 다루고 있다. 이단을 더 이상 회피할 대상으로 여길 게 아니라, 한국 교회 성장을 방해하는 거대한 흐름으로 인식하고 단호한 대처와 함께 진리의 정면승부를 펼쳐야 한다.

신령 체험을 동반하는데, 1907년 평양 대부흥 운동이 일어난 10년 후인 1917년 이순화라는 여인을 시작으로 발생했다. 하지만 본격적인 이단의 발흥은 1925년 3번의 입신 체험과 직통 계시를 바탕으로 자신을 '새 주님'으로 드러내며 '새주파'를 창설한 김성도 권사부터다.

이후 백남주, 황국주, 정득은, 김백문 등을 거쳐 박태선의 천부교와 문선명의 통일교에 이르러서는 그 교세가 크게 확장됐다. 이후 이들로부터 영생교, 장막성전, 신천지, JMS 등 수많은 이단 종파들이 파생되었다. 신령 체험과 신비 현상을 특징으로 하는 한국형 자생 이단 종파들은 그 명맥을 100년 이상 이어오며 쉽게 사라지지 않았고, 지금도 이런저런 분파의 크고 작은 영향력을 담은 단체들이 계속 생겨나고 있다.

이런 종파들을 이끄는 지도자는 특별한 신령 체험을 주장하며 자신을 예수의 영이 임한 재림주 또는 성령이 임한 보혜사 등으로 나타낸다. 이 중에는 노골적인 표현 대신 자신을 감람나무, 이긴 자, 계시 받은 자 등으로 주장하며 은근히 특별한 사람으로 자신을 부각시키는 이들도 있다. 이들은 특별한 계시의 영이 자신에게만 임했다고 주장한다. 하지만 교주가 죽고 나면 그를 따라다니던 이들은 또 다른 유사한 신령이 임한 교주를 찾아 나서며 이합집산을 반복하고 있다.

둘째는 해외에서 들어온 수입형 이단이다. 대표적인 것이 '안식교'다. 1860년 엘렌 화이트(Ellen G. White)에 의해 시작된 안식교는 1904년 우리나라에 유입된 이래 2015년 기준 국내 신도(북한 포함) 26만여 명에 이르렀다.[1] 안식교는 국내에 들어온 지 11년 만인 1915년 조선예수교장로회 총회에 의해 한국 개신교 역사상 최초로 이단으로 규정되었다.

'몰몬교'(예수 그리스도 후기 성도교회)의 경우는 6·25전쟁이 발발한 다음 해인 1951년 본격적인 전파를 시작한 이래 현재 신도수 9만 명에 육박하는 단체로 성장한 것으로 알려져 있다.[2] 1912년에 들어온 '여호와의 증인'의 경우도 2021년 통계에 따르면 약 14만 명의 신도에 이르는 것으로 보고되고 있다.[3]

일찍이 해외에서 들어온 이단들은 초창기부터 한국 사회에 자리를 잡아 성장을 이어오고 있다. 이러한 이단 종파들은 그 종파를 처음 시작한 창시자를 이 시대의 특별한 예언자로 존중하며, 그의 예언 혹은 가르침이 성경의 계시와 동등하거나 더 우월한 계시라고 주장한다. 창시자가 죽고 계속 발전해 온 수입형 이단들은 주로 그들만의 독특한 교리로 사람들에게 다가간다. 안식일 교리, 재림 교리, 삼위일체 교리, 음식물 교리, 절기 교리, 천국과 지옥 교리 등 성도들에게 제대로 정립되어 있지 않은 교리의 약점을 파고들며 포교하려 한다.

셋째는 해외에서 들어온 수입형 이단 교리와 국내의 자생적 이단 교리가 결합되어 더 발전된 형태의 교리를 갖춘 종파로 성장한 경우다. '하나님의 교회'가 그렇다. 이 종파를 시작한 안상홍은 원래 안식교 출신이다. 그는 안식교 교리를 바탕으로 국내의 자생적 단체의 교리를 결합시켜 하나님의 교회 안상홍 증인회를 만들었다. 안상홍은 자신을 하나님으로 주장하다가 사망했으며, 이제는 그의 영적 부인이라 주장하는 장길자 여인이 어머니 하나님으로 나서고 있다. 창시자가 죽었으나 또 다른 어머니 하나님이 나타났다고 주장하며 신령적 역사와 안식일 교리, 삼위일체 하나님 교리, 유월절이나 성탄절 같은 절기 교리 등을 결합시켰다. 이들은 오늘날 '하나님의 교회 세계복음선교협회'(World Mission Society Church of God)로 공식 명칭을 바꾸었다. 하나님의 교회는 오늘날 전 세계에 340만의 교세를 갖고 있다고 자랑하고 있다.

이단 단체들은 한국 기독교가 성장함에 따라 함께 성장했다. 이번 목회데이터연구소의 조사에 따르면 이단 신자들 가운데 이단에 들어오기 전 종교생활을 했던 이들은 개신교인(85.6%), 천주교인(7.8%)이 압도적으로 많았다. 이 둘을 합치면 93.4%나 된다. 기독교의 발흥과 함께 기독교 신앙에서 이단으로 넘어가는 이들이 많아지면서 이단 단체들도 함께 성장했던 것이다.

### 1. 국내 이단 신자 인구 추정

이번 조사에서 이단에 출석하는 이들의 비율은 전체 교회 출석 개신

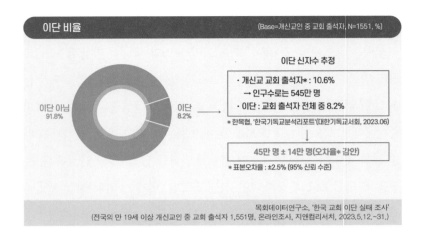

이단 비율 (Base=개신교인 중 교회 출석자, N=1551, %)

이단 신자수 추정

· 개신교 교회 출석자* : 10.6%
  → 인구수로는 545만 명
· 이단 : 교회 출석자 전체 중 8.2%

* 한목협, '한국기독교분석리포트'(대한기독교서회, 2023.06)

45만 명 ± 14만 명(오차율* 감안)

* 표본오차 : ±2.5% (95% 신뢰 수준)

이단 아님 91.8%
이단 8.2%

목회데이터연구소, '한국 교회 이단 실태 조사'
(전국의 만 19세 이상 개신교인 중 교회 출석자 1,551명, 온라인조사, 지앤컴리서치, 2023.5.12.~31.)

교인 중 8.2%로 나타났다. 이 조사 과정은 이렇다. 전국의 개신교인을 성/연령/지역별로 비례 할당해 2,000명을 무작위로 추출한 다음, 이단으로 분류되는 종파들을 설문 보기로 제시한 후 이단 종파에 체크한 응답자를 이단 신자로 추출했다. 한편 "귀하가 출석하는 종교기관은 정통적인 종교에서 주장하는 소위 '이단'에 속한 곳입니까?"라는 설문을 던지고 '그렇다'고 응답한 사람을 이단 신자로 간주했다. 조사 연구진은 이단 비율을 측정하기 위해 이처럼 2단계 질문을 통해 추출했다.

2023년 1월 기준 대한민국 주민등록 인구 5,143만 명 중에서 개신교인이 15.0%이고, 그 중 교회에 출석하지 않는, 소위 가나안 성도를 제외한 실질적인 교회 출석자는 10.6%이다.[4] 이를 인구수로 환산해 545만 명이라고 할 때, 실제 이단 종파에 정기적으로 출석하는 이들(8.2%)은 약 45만 명인 것으로 추정된다. 이러한 추정은 전수조사가 아닌 표본조사로 진행됐기 때문에 표본오차가 존재한다. 이번 조사의 총 표본수는 교회 출석자 기준 1,551명이므로 무작위 추출을 가정하면 표본오차는 95% 신뢰수준 ±2.5%이다. 조사 결과 이단 신자 비율은 8.2%로 표본오차를 감안하면 이 비율은 통계적으로 최소 5.7%에서 최대 10.7% 구간 어딘가에 있게 된다. 이를 인구수로 환산하면 최소 31만 명에서 최대 59만 명으로 추정할 수 있다.

조사 결과로 나온 이단 수치를 최대 인원으로 간주하더라도 이 수치는 이단 종파에서 주장하는 신도 수와는 상당한 차이가 있다. 국내에 알려진 대표적인 이단 종파들, 예를 들면 신천지(30만), 안식교(26만), 여호와의 증인(14만), 몰몬교(9만) 등만 합해도 80만에 육박한다. 게다가 공식적으로 국내 교세 현황을 발표하지 않은 하나님의 교회나 구원파까지 합치면 이단 종파에 속한 신도 수는 상당히 증가한다. '한국이단상담소협회'는 국내 이단 신자가 200만에 육박하는 것으로 추산하고 있다. 그렇다면 이번 조사 결과와 한국이단상담소협회가 추산하는 수치는 왜 차이가 날까?

크게 두 가지로 풀이할 수 있다. 첫째, 이단 종파들은 자기네 단체가 진리를 소유하고 있다고 보기에 끊임없이 성장하고 있다는 것을 강조하려는 경향이 크다. 외형적 성장세를 강조하면서 자신들의 종파로 유입되는 신도들을 안심시키려는 것이다. 그래서 이단 종파는 할 수만 있으면 교세를 부풀려 발표하면서 기독교세는 줄고 있는데 우리는 이렇게 끊임없이 성장하고 있다고 홍보한다.

둘째, 대외 정치적 영향력을 행사해 자기네 종파의 안정적 존립을 유지하기 위해서다. 한 이단 종파의 지도자는 평소 자기 종파의 존립에 대한 두려움으로 끊임없이 정치세력과 결탁해 선거철마다 영향력을 행

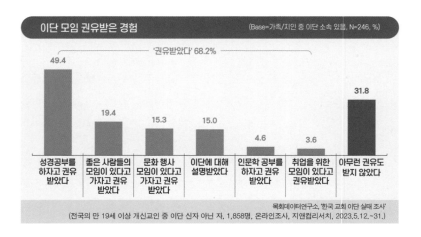

이단 모임 권유받은 경험 (Base=가족/지인 중 이단 소속 있음, N=246, %)

'권유받았다' 68.2%

| 성경공부를 하자고 권유받았다 | 좋은 사람들의 모임이 있다고 가자고 권유받았다 | 문화 행사 모임이 있다고 가자고 권유받았다 | 이단에 대해 설명받았다 | 인문학 공부를 하자고 권유받았다 | 취업을 위한 모임이 있다고 권유받았다 | 아무런 권유도 받지 않았다 |
|---|---|---|---|---|---|---|
| 49.4 | 19.4 | 15.3 | 15.0 | 4.6 | 3.6 | 31.8 |

목회데이터연구소, '한국 교회 이단 실태 조사'
(전국의 만 19세 이상 개신교인 중 이단 신자 아닌 자, 1,858명, 온라인조사, 지앤컴리서치, 2023.5.12.~31.)

사하려 했다. 그는 최근에도 '신도가 50만 명이면 아무도 건드리지 못한다'며 10만 수료식을 계속해서 독려하며 포교에 열을 올리고 있다.

### 2. 일반 개신교인들의 이단 인식

설문조사 결과에서는 교회에 출석하는 이들의 가족이나 지인 중 이단에 속한 사람이 약 13.3% 정도로 나타났다. 이 비율을 지역적으로 보면 광주/전라 지역이 타 지역에 비해 19.4%로 월등하게 높다. 이는 광주/전라 지역의 높은 복음화율과 비례한다. 2015년 통계청 인구조사 결과에 따르면 이 지역은 전남 23.2%, 전북 27.0%로, 평균 25.1%의 높은 복음화율을 보인다[5]. 높은 복음화율은 이단 종파들이 파고 들어가기 좋은 환경을 제공한다. 성경을 아는 사람을 미혹해 자신들의 단체로 끌어들이는 것이 훨씬 효과적이기 때문이다.

성도들의 인간관계 가운데 이단에 속한 사람이 13.3% 정도 된다는 것은 적어도 개신교인 가운데 7명 중 1명은 이단들로부터 지속적인 포

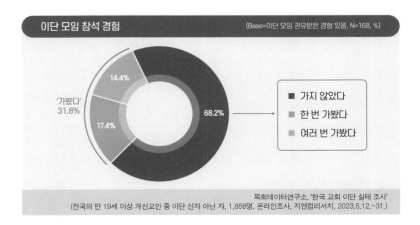

**이단 모임 참석 경험**
(Base=이단 모임 권유받은 경험 있음, N=168, %)

14.4%
'가봤다'
31.8%
17.4%
68.2%

- 가지 않았다
- 한 번 가봤다
- 여러 번 가봤다

목회데이터연구소, '한국 교회 이단 실태 조사'
(전국의 만 19세 이상 개신교인 중 이단 신자 아닌 자, 1,858명, 온라인조사, 지앤컴리서치, 2023.5.12.~31.)

교를 받을 잠재적인 위협 가운데 있음을 시사한다. 실제로 가족이나 지인들 가운데 이단에 속한 이들을 알고 있는 이들 중 68.2%는 이단에 속한 이들로부터 여러 모양의 이단 모임을 권유받은 경험이 있다.

또 이단 모임으로 권유받은 이들 가운데 성경공부 권유(49.4%)가 가장 많았고, 19.4%는 좋은 사람들의 모임, 15.3%는 문화 행사 모임으로 초대받았던 적이 있는 것으로 나타났다. 특히 이런 모임을 권유받은 이들 가운데는 1인 가구 비율이 높았다. 이단에 속한 이들은 가족이나 지인 중 혼자 살고, 무방비로 노출되기 쉬운 이들을 집중적으로 공략하는 것을 알 수 있다. 주목할 것은 이단 모임에 권유를 받고 실제로 참여해봤다는 이들이 31.8%에 달했다는 점이다. 이단의 지인이나 가족을 통한 관계 전도의 포교방식이 꽤 효과적인 반응을 이끌어냈다는 것을 알 수 있다.

그렇다면 개신교인들은 얼마나 이단 교리에 대한 분별력을 갖고 있으며 이단에 대항할 준비가 되어 있을까? 개신교인 중 '이단의 접근(미혹)을 분별하고 저항할 자신이 있다'고 대답한 이들은 75.4%에 달했다. 하지만 좀 더 적극적으로 '이단의 교리를 분별하고 반박할 자신이 있다'고 답한 이들은 47.4%, 그 가운데 '매우 그렇다'고 답한 이들은 15.5%에 불과했다.

개신교인들은 실제 이단의 교리를 얼마나 알고 있을까? 이번 조사 결과 이단 교리를 제대로 알고 있는 이들은 9.6%에 지나지 않았다. 이는 많은 개신교인들이 이단들의 교리를 제대로 알지 못한 채, 자신은 그래도 신앙생활을 어느 정도 했으니 이단의 미혹과 그들의 교리를 분별하고 저항할 수 있다는 막연한 자신감을 갖고 있음을 보여준다. 이단은 이러한 허점을 파고든다. 신앙생활을 열심히 한 이들일수록 더 좋은 포교 대상이 되는 것이다. 이단은 신앙생활을 오래한 사람이라도 제대로 대답할 수 없는 질문을 가지고 접근한다. 예를 들면 이런 식이다.[6]

- 성경에 주여 주여 하는 자마다 천국에 갈 수 없다고 했는데(마 7:21), 자신 있니?
- 아버지의 뜻대로 행하는 자라야 천국에 들어간다고 했는데, 아버지의 뜻이 뭔지 알아?
- 두렵고 떨림으로 구원을 이루라고 했는데(빌 2:12), 넌 자신 있니?
- 아담 이전에 사람이 있었다는 거 알아?
- 가인이 쫓겨날 때 지구상에 살던 사람은 누구일까?(창 4:14)
- 성경에 삼위일체라는 말이 어디 있어?
- 보혜사의 뜻을 아니? 오순절 성령과 진리의 성령 차이를 알아?
- 예수님은 비유가 아니면 말씀하지 않는다고 하셨어. 왜 그랬을까?

- 요한계시록에 나오는 세 가지 비밀을 아니?
- 666의 성경적인 의미가 무엇이니?
- 요한계시록 12장에 나오는 해를 입은 여자가 누구인지 아니?
- 일곱 머리 열 뿔 짐승의 정체가 뭔지 아니?
- 너는 거듭남, 죄사함의 비밀을 깨달았니?
- 안식일은 대대로 지킬 영원한 언약이라고 하셨어. 너는 안식일을 무슨 요일로 지키니?
- 너, 이 시대에 참된 유월절을 가져온 이가 누군지 아니?

이런 질문에 제대로 답을 하지 못하면 성경공부를 하자고 초대한다. 성경에 흥미를 가질 만한 질문들을 던지고 제대로 대답하지 못하면 자기네들의 성경공부로 미혹하는 것이다. 이단은 다른 것은 몰라도 성경공부만큼은 자신 있어 한다. 인류 최초의 이단 성경공부는 에덴동산에서 뱀과 하와가 하나님의 말씀을 가지고 토론했던 것임을 기억하라(창 3:1-7)!

### 3. 이단 신자들의 신앙 인식과 교회생활

이단에 속한 이들은 어떤 경로를 통해 이단에 들어가게 되었을까? 가장 큰 요인은 가족 전도다. '가족의 권유'를 통해 이단에 들어간 것이 38.2%를 차지했다. '친구나 지인의 권유'로 들어간 경우도 19.1%나 된다. 앞서 가족 중에 이단에 속한 이들이 있는 경우, 무려 49.4%가 성경공부를 권유받고 34.7%는 이런저런 모임으로 초대받았던 적이 있음을 기억하라. 가족 전도와 지인 전도가 실제로 이단에 들어가

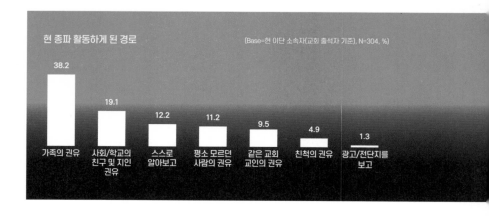

현 종파 활동하게 된 경로　　　　(Base=현 이단 소속자(교회 출석자 기준), N=304, %)

| 가족의 권유 | 사회/학교의 친구 및 지인 권유 | 스스로 알아보고 | 평소 모르던 사람의 권유 | 같은 교회 교인의 권유 | 친척의 권유 | 광고/전단지를 보고 |
|---|---|---|---|---|---|---|
| 38.2 | 19.1 | 12.2 | 11.2 | 9.5 | 4.9 | 1.3 |

는 주요 경로임이 확인된 것이다. 또한 '스스로 알아보고 가는 경우'
도 12.2%나 되는데, 이는 최근 들어 인터넷에 퍼진 이단 단체의 강의
나 홍보자료들이 영향을 끼친 것으로 보인다.

　이단에 들어가게 되는 계기는 '성경공부'가 37.2%, '여러 기타 모임'
을 통해 들어간 것이 약 20% 정도 된다. 특이한 점은 '그냥 교회에 가
자고 권유받은 것'이 31.9%나 된다는 사실이다. 만약 이단에 대한
인식이 있었다면 쉽게 들어가지 않았을 것이다. 다른 말로 하면 이단
에 대한 별다른 인식이 없는 비종교인이 이단에 들어갈 가능성을 보
여준다. 이는 현재 이단에 속한 이들 가운데 과거에 종교생활을 하지
않았던 이들이 40.8%나 된다는 사실에서 드러난다. 이는 최근 들어
이단들이 개신교인들만을 상대로 하지 않고 신앙이 없는 무신앙인에
게도 적극적으로 포교하는 것이 어느 정도 열매를 거두고 있음을 보
여준다.

　이단이 위험한 이유는 비진리에 사로잡혀 젊은 나이에 들어가 인생
전체를 허비하기도 하고, 자칫하면 영영 나올 수 없기 때문이다. 이

목회데이터연구소, '한국 교회 이단 실태 조사'
(전국의 만19세 이상 이단 신자, 304명, 온라인조사, 지앤컴리서치, 2023.5.12.~31.)

단에 자신의 인생을 송두리째 빼앗기는 것이다. 이번 조사에서 이단에 들어가는 평균 나이는 21.8세로 나타났다. 20~30대에 이단에 들어가는 경우가 82%에 육박한다. 이는 대학생 새내기 때가 이단 접근에 가장 취약함을 알 수 있다. 그렇다면 한국 교회는 이 시기를 전후해 이단에 대한 예방을 집중적으로 시행해야 할 것이다. 그뿐만 아니라 앞서 살펴본 대로 비신앙인을 대상으로 한 포교가 활발하기에 각 지역별로 교회와 선교단체는 대학생, 특히 신입생들을 대상으로 이단의 포교에 주의와 경계를 고양시킬 필요가 있다.

그렇다면 이단에 들어간 이들은 어떤 동기로 들어갔을까? '참된 구원과 영생'을 이유로 밝힌 이들이 45.1%였다. 이어 '편안한 분위기와 관계'(27.3%), '가족들이 다녀서'(17.1%)가 뒤를 이었다. 이 둘을 합치면 '가족과 지인과의 관계'가 44.4%나 된다. 이는 이단에 속한 이들이 반드시 교리 때문에 빠지는 것이 아님을 보여준다. 이단에 빠진 부모나 자녀가 열정적으로 가족을 끌어들이는 경우, 자녀는 어쩔 수 없이 가정의 평화를 위해 들어가게 되는 것이다. 사귀는 이성의 간절한

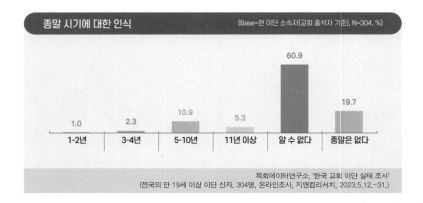

종말 시기에 대한 인식     (Base=현 이단 소속자(교회 출석자 기준), N=304, %)

| 1-2년 | 3-4년 | 5-10년 | 11년 이상 | 알 수 없다 | 종말은 없다 |
|---|---|---|---|---|---|
| 1.0 | 2.3 | 10.9 | 5.3 | 60.9 | 19.7 |

목회데이터연구소, '한국 교회 이단 실태 조사'
(전국의 만 19세 이상 이단 신자, 304명, 온라인조사, 지앤컴리서치, 2023.5.12.~31.)

권유로 들어가는 경우도 있다. 또 친구의 권면으로 들어가는 경우도 있다. 문제는 이렇게 들어가 이단 종파의 교리에 자주 노출되면서 점점 이단 교리에 중독되는 것이다. 그렇게 될 때는 이단에서 발을 빼기가 쉽지 않다. 진리로 믿는 교리가 자신이 몸담고 있는 이단 단체에만 있고, 자신의 모든 인간관계가 그곳에 있으니 더더욱 나오기 쉽지 않은 것이다.

이단 단체에 속해 있더라도 종파 활동에 매우 열심을 내는 사람은 14.5%였으며, 어느 정도 열심을 내는 이들(45.7%)까지 합하면 60.2%에 달했다. 반면 이단 종파에 속했지만 활동에 나태한 이들도 39.8%나 되었다.

이단에 속한 이들은 대부분 강렬한 종말론에 사로잡혀 종말의 역사 완성을 위해 달려간다. 이들에게 종말 시기에 대한 질문을 던졌을 때 80.3%는 종말에 대한 인식을 보여준 반면, 19.7%는 '종말은 없다'고 대답했다.

이러한 응답이 의외의 반응이라고 여길 수 있다. 하지만 '종말이 없다'는 말은 이단에 속한 이들에게 또 다른 의미가 있는 것으로 여겨진다. 상당수의 이단은 이미 이 땅에 종말의 역사가 이루어지기에 우주적 종말은 없다고 주장하거나, 천년왕국이 이미 동방의 땅 한국에서 시작되었다고 주장하기 때문이다. 종말의 역사가 이미 한국에서 성취되었다는 것이다. 남은 것은 시작된 성취 역사를 완성하는 것이다.

종말을 믿고 기대하는 이단 종파의 신도 가운데 임박한 시한부 종말론에 기대를 거는 이들은 19.4%인 반면, 그 시기를 '알 수 없다'고 답한 이들은 무려 60.9%에 이른다. 이러한 대답은 이단 종파의 이중적인 입장을 드러낸다. 이미 몇 차례 시한부 종말론에 실패한 이단들은 공식적으로 '종말이 곧 오지만 그 정확한 시기는 알 수 없다'고 입장을 수정해왔기 때문이다. 그러나 이단 종파 신도 7명 중 1명가량(14.2%)은 그 내면에 임박한 시기를 예상하고 있는데, 짧게는 1~4년, 길게는 5~10년을 예상한다.

놀라운 점은 이처럼 종말에 대한 잦은 입장 변경에도 불구하고 이단에 속한 이들은 교리와 지도자에 대해 크게 의심하지 않는다는 사실이다. 이단에 몸담고 있는 동안 '의심해본 적이 없다'고 응답한 이들이 54.3%, '과거에는 했는데 현재는 하지 않는다'고 답한 이들이 31.9%에 이른다. 이를 합하면 무려 86.2%가 자신이 몸담고 있는 단체를 의심하지 않고 있는 것으로 나타났다. 의심하는 이들은 13.8%에 불과하다. 이는 합리적, 객관적 의심을 통해 자신이 속한 이단 종파에서 탈퇴한다는 것이 매우 어렵다는 것을 방증한다.

그렇다면 이단 종파에 대한 언론의 보도는 이들의 사고에 어떤 영향을 끼칠까? 언론의 이단 비판 보도에 대한 생각을 묻는 질문에 '의심

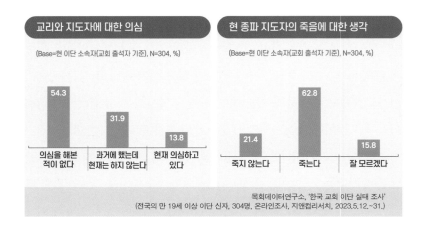

목회데이터연구소, '한국 교회 이단 실태 조사'
(전국의 만 19세 이상 이단 신자, 304명, 온라인조사, 지앤컴리서치, 2023.5.12.~31.)

이 들었다'고 응답한 이들은 12.2%, '왜곡, 과장 보도'이거나 '종파와 상관없는 일'이라고 응답한 이들은 87.8%나 된다. 이는 대부분의 이단이 이단 관련 언론 보도는 과장 왜곡 보도이며, 인터넷은 선악과와 같으니 보지도 말고 듣지도 말라며 차단시키는 내부 단속이 신도들에게 영향을 준 것으로 보인다.

이단 종파 지도자의 죽음에 대한 생각은 어떨까? 지도자의 죽음에 대한 질문에 '죽는다'고 답한 이들이 62.8%, '죽지 않는다'는 응답이 37.2%로 나타났다. 이단 신자 3명 중 1명 이상이 자신들의 종파 지도자가 죽지 않을 것이라고 생각하는 것으로 나타나 다소 충격적이기까지 하다. 이를 종파별로 살펴보면 신천지의 경우 '죽지 않는다'는 응답이 무려 58.6%로 나타나,[7] 다른 종파보다 지도자의 불멸성에 대한 믿음이 상대적으로 더 강한 것으로 나타났다.

더 심각한 사실이 있다. 종파 지도자가 죽지 않을 것이라고 응답한 이단 신자들에게 종파 지도자가 죽는다면 어떻게 할 것인지 물

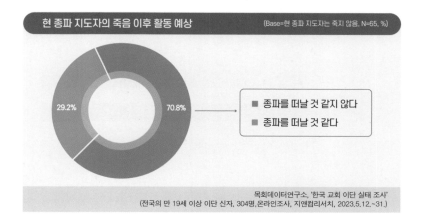

<figure>
<table>
<tr><td>현 종파 지도자의 죽음 이후 활동 예상</td><td>(Base=현 종파 지도자는 죽지 않음, N=65, %)</td></tr>
</table>

29.2%  70.8%

- 종파를 떠날 것 같지 않다
- 종파를 떠날 것 같다

목회데이터연구소, '한국 교회 이단 실태 조사'
(전국의 만 19세 이상 이단 신자, 304명,온라인조사, 지앤컴리서치, 2023.5.12.~31.)
</figure>

었다. 그 결과 '종파를 떠나지 않겠다'는 이들이 무려 70.8%에 달했다. 이들에게는 자신들 종파의 성경해석에 대한 자부심이 있다. 종파가 가르치는 성경해석만큼은 자기네 종파처럼 정확하게 풀어주는 곳이 없다는 인식이 강하다보니, 현 종파를 떠나 기성 교회로 돌아갈 생각을 하기 어렵다. 이는 이단 신자가 개신교인(교회 출석자 기준) 중 8.2%인데 반해, 현재 교회에 출석하는 일반 성도들 중에서 이단에 있다 돌아온 이들이 3%밖에 되지 않는다는 통계가 잘 보여준다.

이와 관련해 현 종파 지도자가 죽을 경우 '종파를 떠날 것 같다'는 응답의 경우 특히 신천지(47.1%)에서 두드러졌다.[8] 이는 신천지의 경우 종파 지도자인 '이만희'에 대한 육체 영생 교리가 매우 강력하게 존재하기 때문이다. 이만희를 이 시대의 보혜사요, 요한계시록을 성취할 마지막 구원자로 믿기에 많은 신도가 이만희와 함께 죽지 않고 영생할 것으로 믿는다. 그런데 종파 지도자가 죽는다면 그 타격과 파장이 매우 클 것으로 예상된다.

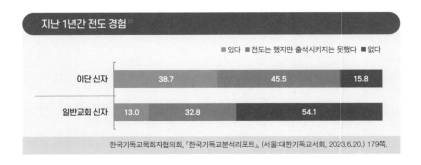

한국기독교목회자협의회, 「한국기독교분석리포트」, (서울:대한기독교서회, 2023.6.20.) 179쪽.

그럼에도 52.9%의 신도들이 여전히 신천지를 떠나지 않겠다고 응답했는데, 이는 이들이 마땅히 돌아갈 곳이 없기 때문인 것으로 풀이된다. 이들에게 기성 교회는 진리가 없는 수준 낮은 교회라는 인식으로 각인되어 있다. 따라서 종파 지도자가 죽는 사건이 있더라도, 말씀의 수준만큼은 자신들의 종파가 최고라는 자부심으로 자기네 종파를 떠나려 하지 않는다. 게다가 오랜 세월 형성해온 인간관계와 삶의 터전이 모두 종파에 매어 있는 상황이지 않은가. 이는 필연적으로 이단 종파의 교리 변형과 거기서 파생된 또 다른 이단 종파의 출현을 예상하게 하는 대목이다. 한국 교회가 이들을 품고 잘못된 교리를 잘 반증하고 바른 진리로 이끌 준비가 되어 있지 않다면 종파 지도자의 죽음 이후에도 이들을 한국 교회 안으로 유입시키는 것은 쉽지 않다.

앞서 살펴보았듯 이단에 속한 자들은 대부분 소속 종파 교리나 지도자에 대해 의심하지 않으며, 심지어 지도자가 죽지 않는다고 생각하는 사람까지 지도자가 죽어도 종파를 떠나지 않을 것이라는 응답이 70%나 되는데, 이는 한국 교회가 씨름해야 할 이단의 문제가 생각보다 뿌리가 깊다는 점을 시사하고 있다.

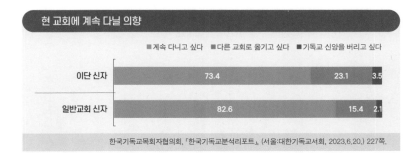

한국기독교목회자협의회, 「한국기독교분석리포트」, (서울:대한기독교서회, 2023.6.20.) 227쪽.

## 4. 이단과 일반 개신교인의 신앙생활 비교

이번에는 이단 신자와 일반 교회 신자 간 신앙생활에 어떤 차이가 있는지 살펴보자. 지난 1월 한국기독교목회자협의회 조사 결과에 따르면[9] 두 그룹 간 신앙생활에서 뚜렷하게 큰 차이를 보이는 게 있었다. 바로 전도였다. 지난 1년간 전도한 적이 있는지 질문한 결과, 일반 교회 신자의 경우 45.8%가 '전도한 적 있다'고 응답한 반면, 이단 신도는 무려 84.2%가 '있다'고 답해 큰 차이를 보였다. 전도해서 실제 교회까지 인도한 비율을 보면 두 그룹 차이는 더 크게 나타나는데, 일반 교회 신자는 13.0%, 이단 신도는 38.7%로 3배나 차이가 나는 것으로 조사됐다. 이단이 얼마나 적극적으로 포교하고 있는지 짐작할 수 있는 결과이다.

여기서 주목한 점이 한 가지 있다. 이처럼 이단 신도들이 포교나 교회 활동에 있어 일반 교회 신자들보다 적극적임에도 불구하고, 그들의 교회 이탈 욕구가 일반 교회 신자보다 높다는 사실이다. 이는 아이러니가 아닐 수 없다. 현 교회를 계속 다니고 싶은지, 떠나고 싶은지를 두 그룹에게 물었다. 다른 교회로 옮기고 싶거나 아예 신앙을

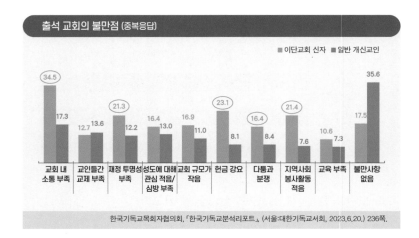

출석 교회의 불만점 (중복응답)

■ 이단교회 신자　■ 일반 개신교인

| 항목 | 이단교회 신자 | 일반 개신교인 |
|---|---|---|
| 교회 내 소통 부족 | 34.5 | 17.3 |
| 교인들간 교제 부족 | 12.7 | 13.6 |
| 재정 투명성 부족 | 21.3 | 12.2 |
| 성도에 대해 관심 적음/심방 부족 | 16.4 | 13.0 |
| 교회 규모가 작음 | 16.9 | 11.0 |
| 헌금 강요 | 23.1 | 8.1 |
| 다툼과 분쟁 | 16.4 | 8.4 |
| 지역사회 봉사활동 적음 | 21.4 | 7.6 |
| 교육 부족 | 10.6 | 7.3 |
| 불만사항 없음 | 17.5 | 35.6 |

한국기독교목회자협의회, 「한국기독교분석리포트」, (서울:대한기독교서회, 2023.6.20.) 236쪽.

버리고 싶다는 소위 '현 교회 이탈 의향률'은 일반 교회 신자가 17.5%
인데 반해, 이단 신자들은 26.6%로 4명 중 1명 이상으로 많았다.

　그렇다면 이들은 왜 자신들의 단체에 열심이면서도 동시에 떠나고
싶은 마음이 일반 교회 신자보다 더 많을까? 이단 단체의 불만 요인
을 살펴보면 그 이유를 가늠해볼 수 있다. 현 교회에 대한 불만 요인
을 질문한 결과, 이단 단체와 일반 교회 신자 간에 뚜렷한 차이점이
나타났는데, 이단의 경우 일반 교회보다 교회 내 소통이 부재하고 재
정 투명성이 약하며, 헌금을 강요하고 지역 사회에 대한 교회의 공적
역할이 부족하다는 응답이 상대적으로 높았다. 전체적으로 일반 교
회 신자들은 '교회에 불만이 있다'는 응답이 64.4%인데, 이단 신자는
82.5%로 나타나 이단 신자가 상대적으로 불만이 더 있다는 것을 내
비치고 있었다.

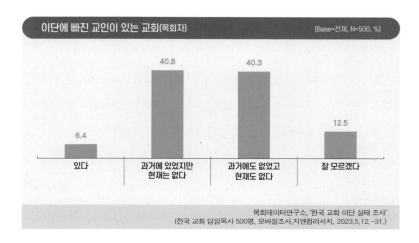

이단에 빠진 교인이 있는 교회(목회자)　　　　　(Base=전체, N=500, %)

6.4　　　40.8　　　40.3　　　12.5

있다　　　과거에 있었지만 현재는 없다　　　과거에도 없었고 현재도 없다　　　잘 모르겠다

목회데이터연구소, '한국 교회 이단 실태 조사'
(전국 교회 담임목사 500명, 모바일조사,지앤컴리서치, 2023.5.12.~31.)

## 5. 이단에 대한 목회자의 대응

이번 이단 실태 조사는 일반 성도뿐 아니라 목회자들(전국 담임목사 500명)도 조사했다. 조사에 응한 목회자 가운데서는 적게는 47.2%, 많게는 59.7%가 이단에 빠진 교인을 경험한 것으로 나타났다. 이는 한국 교회 안에 이단에 대한 피해가 생각보다 광범위하게 퍼져 있음을 알 수 있는 대목이다.

이단에 빠진 교인에 대해서는 목회자가 직접 상담을 진행했다 (63.3%)고 응답했고, 특별한 대처를 하지 않는 경우도 9.3%였다. 성도를 이단 상담 기관에 연결시킨 경우는 28.7%밖에 되지 않았다.

그렇다면 목회자가 직접 이단에 빠진 성도를 상담한 효과는 어떨까? '전혀 영향을 주지 못했다'가 28.5%, '이단에 대해 약간 다시 생각하게 만들었다'가 28.4%였다. 즉 56.9%는 거의 효과를 거두지 못한 것으로 나타났다. 반면 이단 상담기관을 통한 상담은 이단에 빠진 교인의 믿음을 흔들고(41.5%) 더 나아가 이단에서 벗어나게

(38.6%) 하는 데 효과가 있었던 것으로 나타났다. 이런 이유로 이단 종파에서는 상담소에 대한 부정적인 인식을 심어주어 이단 상담을 피하도록 교육한다. 이단 신자 가운데 기독교 이단 상담소의 존재를 인지하고 있는 이들은 63.5%에 이르렀지만, 정작 그 중 이단 상담을 받고 싶다고 생각한 적이 있는 사람은 불과 13%밖에 되지 않는 것으로 나타났다. 또 이들의 절대 다수(90.7%)는 향후 이단 상담소에서 상담을 받고 싶은 의향이 대부분 없는 것으로 나타났다. 이단 신자들이 이단 상담을 통해 탈퇴하는 경우가 많기 때문에 이단 종파들은 이단 상담소에 대한 경계심이 매우 높다. 이단 문제 해결을 위해 일선 현장 목회자들의 역할이 한계가 있기 때문에 이단 상담소 등의 역할이 매우 중요해질 것으로 판단된다.

한편 이단 피해의 심각성을 인지한 교회들은 이에 대한 대책으로 '정기적인 이단 예방 교육을 실시한다'(59.0%)고 응답했다. 교회학교나 장년 성도를 대상으로 교리교육도 실시하는 것으로 나타났는데 (46.7%) 이는 매우 바람직한 방향이다.


## 트렌드 전망 및 시사점


한국 기독교 역사 가운데 파고든 이단이 이 땅에 자리잡은지 어언 100년이 지났다. 100년이 지나는 동안 이단은 한국 기독교 인구의 8.2%를 잠식하기에 이르렀다. 이뿐만 아니다. 최근 이단은 불신자들에게도 무차별 포교해 이들을 자신들의 종파로 소속시키고 있다.

100년 역사 동안 기독교와 함께 성장해온 이단의 활동은 앞으로도 쉽게 수그러들지 않을 것이다. 이단 종파에 속한 이들은 먼저 가까운 가족과 지인들을 중심으로 끊임없이 미혹하며 자기네 단체로 끌어들이려 한다. 게다가 일단 이단 교리에 중독되면 종파 지도자가 죽고 종말에 대한 교리가 빗나가도 여전히 이단 단체를 떠나지 않고 몸담을 가능성이 크다. 그렇다면 이제 한국 교회는 이단을 부정적인 측면에서의 일관된 흐름으로 인지하고 제대로 대처해야 한다.

지난 100년간 이단 종파에 대한 한국 기독교의 대응은 대체로 미흡했다. 이들을 경계하며 피하기에만 급급했지, 바른 진리로 돌이키는 적극적인 대처에는 매우 소극적이었다. 그 결과 성도들은 이단 교리에 대한 저항력이 매우 약해졌고, 목회자 역시 이단에 속한 이들을 이해하고 수용하거나, 상담해 돌이킬 수 있는 역량을 제대로 키우지 못했다. 그러는 사이 이단은 그 교세를 더 확장하면서 한국 교회를 잠식해 갔다. 더 큰 문제는 이단에 속한 이들을 품을 수 있는 한국 교회 내 신앙 공동체가 아직까지 제대로 준비되지 못했다는 사실이다. 이단에 빠진 이들에 비해, 이단에서 돌이켜 교회로 돌아오는 이들은 매우 적은 것이 현실이다. 이는 한국 교회가 뼈아프게 각성할 부분이다.

그런 점에서 교회가 직시해야 할 사실이 있다. 그것은 그동안 한국 교회 안에서 실시해왔던 수많은 성경공부와 성경통독 그리고 제자훈련 프로그램이 이단들의 침투에 대해서 무력했다는 사실이다. 이단 종파에 빠진 이들과 상담을 해보면 성경통독을 수차례 하고, 제자훈련을 받고 성경 암송을 하고, 성경 필사를 여러 번 한 이들도 이단들의 성경공부를 분별하지 못하고 빠져드는 경우가 다반사로 나온다.

여기에는 교회 중직자들도 예외가 아니다. 얼마 전 10년 이상 제자훈련에 매진했던 한 교회의 중직자 중에 이단 종파에서 파견한 사람이 다수 있다는 것을 발견하고 큰 충격을 받았다. 그 교회 담임목사는 제자훈련만으로 건강한 목회가 충분히 가능할 줄 알았는데 이제는 이단에 대한 바른 분별력을 길러주는 바이블 백신, 즉 교리 백신의 접종이 필수적임을 절감했다.

한국 교회에 바른 신앙의 뼈대를 구축하는 교리교육이 약하다보니 많은 성도가 이단들의 주장을 분별하지 못하고 속수무책으로 넘어간다. 특별계시라고 하면 무조건 신령이 임해 계시의 말씀을 입에 넣어준 것으로 맹신하며 따라간다. 처음 들어보는 성경의 자의적 해석을, 성경을 통달한 해석이라 여기며 잘 받아들인다. 삼위일체 하나님을 제대로 이해하지 못하고 양태론적 또는 삼신론적 주장에 쉽게 동의한다. 예수 그리스도의 바른 신성과 인성을 이해하지 못하니 오늘날 자신을 재림주라고 하는 이들의 주장에 쉽게 미혹된다.

세대주의 종말론의 폐해도 심각하다. 요한계시록 13장 18절에 나오는 '666'이 무엇인지 정확하게 이해하지 못하니, '666'이 베리칩이고 코로나 백신이라는 황당한 주장에 쉽게 넘어간다. 시한부 종말론에 쉽게 미혹되고 14만 4,000과 휴거 등을 둘러싼 바르지 못한 지식에 휘둘려 두려움과 현실 도피적 태도로 일관하며 신앙생활을 한다. 한국 교회는 건강하고 바른 요한계시록을 다시 가르쳐야 한다.

한국 교회의 성경공부와 교리교육이 변신해야 한다. 부흥회와 사경회 내용도 건강해져야 한다. 심령 부흥회만이 아니라 교리 부흥회 또는 건강한 계시록 사경회가 정기적으로 시행되어야 한다. 이단 종파들이 개신교 신자들의 맹점을 파고드는 부분을 정확하게 파악해 성도들에게 바른 교리를 가르치고 거짓 교리에 대한 저항력을 길러주어야 한다. 또한 이단 종파들이 악용하는 난해 구절들에 대한 바른 해석을 제시함으로써 건강한 저항력을 길러주어야 한다.

주목할 점은 영생불사를 믿고 있는 신천지와 같은 단체의 경우 이번 조사 결과에서도 나타났지만 종파 지도자의 사후에 신도 이탈 가능성이 어느 정도 있을 것으로 예상된다. 또 조사 결과 이단 신도 7명 중 1명(13.8%)은 자신의 종파 교리나 지도자를 의심하고 있었다. 따라서 한국 교회는 이들이 이탈할 때 상담해 돌이키고 회심시킬 준비를 해야 한다. 제대로 준비하지 않으면 한국 교회는 또 다른 이단 종파의 출현을 수수방관하게 될 것이다. 한국 교회는 이들의 의심을 해소하고 바른 진리에 눈을 뜰 수 있도록 이들의 직간접적 요청에 적극 나설 준비를 해야 한다.

또한 이단 종파의 포교가 상당수 지인과 가족 중심으로 이루어지기에 한국 교회는 이단 종파에 속한 이들을 품기 위해 이들 가족과 지인들에 대한 차별적인 시선을 거두고, 이들을 도와 이단 종파에 빠진 이들을 긍휼히 여기고 품을 수 있는 역량을 길러야 한다. 더 나아가 교회의 성도들도 이단 교리를 분별하고 저항할 교리 백신을 접종해 면역력을 길러야 한다. 이처럼 교회 공동체는 이단 종파에 있다 나온 이들을 이해하고 품으며, 이들이 안식하며 회복할 수 있는 보금자리를 준비해야 한다.

이와 함께 지역 교회는 그 지역에 있는 공신력 있는 이단 상담소와 연계할 필요가 있다. 그리하여 이단 종파에 빠진 이들을 상담해 돌이키는 사역이 전문 사역임을 인식하고, 효과적인 상담과 회복을 위해 검증된 이단 상담소와 긴밀하게 협력할 필요가 있다. 공신력 있는 검증된 기관이란 실제 탈퇴자가 회심할 뿐 아니라 건강한 그리스도인으로 회복되는 사례를 가진 상담소를 뜻한다.

이단 문제는 한국 교회뿐만 아니라 해외 선교에도 커다란 걸림돌이 되고 있다. 예를 들어 한국 교회에서 집중적으로 선교했던 몽골의 경우 이단 문제로 골머리를 앓고 있다. 2019년 신천지 선교 현황 보고에 따르면 신천지 해외 포교 규모 3위가 중국, 미국에 이어 몽골이다. 구원파의 경우 국내외 1,000여 개 교회를[11], 하나님의 교회는 전 세계 175개국에 7,500여 개의 교회를 세우고 그 교세를 키워가고 있다.[12]

하지만 선교지에서의 이단에 대한 대처는 거의 백지 수준이다. 이단을 회피하는 데만 급급한 실정이다. 그 결과 해외에서 선교사들이 피땀 흘려 선교하며 열매 맺은 성도들이 이단들의 교묘한 침투에 당황하고 있다. 그러는 사이 이단들은 해외에서 급성장 중이다. 이제 한국 교회는 이단에 대한 강력한 저항력을 길러 해외 선교에서도 이단으로부터 성도들을 지켜낼 수 있어야 한다. 선교사 파송과 재교육 때 이단에 대한 저항력과 상담 역량을 키우고 교리 백신 교육을 반드시 시행해야 하며, 더 나아가 이단 상담 전문 선교사 양성도 시급하다.

이단 종파의 발흥은 복음이 전파되던 초대교회 때부터 나타났다. 고린도전후서, 갈라디아서, 에베소서, 골로새서, 빌립보서, 데살로니가전후서, 디모데전서, 베드로후서, 요한서신, 유다서, 요한계시록 등을 보면 이단 대처에 관한 말씀이 상당 분량을 차지한다. 성경은 이단에 대한 대처를 비중 있게 다루고 있다. 이제 한국 교회는 이단을 더 이상 회피할 대상으로 여길 게 아니라, 한국 교회 성장을 방해하는 거대한 흐름으로 인식하고 단호한 대처와 함께 진리의 정면승부를 펼쳐야 한다.

## 서문

1   연합뉴스, '한경연 "한국 고령화 가장 빠른데 노인빈곤율은 이미 OECD 1위"', 2021.02.17.

2   국민일보, '한국 교회, 대한민국보다 5년 빨리 늙어간다', 2023.03.23. https://news.kmib.co.kr/article/view.asp?arcid=0924293104

3   통계청 장래인구추계(시도편), 2022.05.26.

4   홍성국, 《수축사회》(서울:주.메디치미디어, 2018.12.10.)

5   한국기독교목회자협의회(한목협), '한국기독교분석리포트', (서울:대한기독교서회,2023.06.) (2023년 한국인의 종교생활과 의식조사)

## 교회 리빌딩

1   한국기독교목회자협의회, 《한국기독교분석리포트》(서울:대한기독교서회, 2023), 51.

2   위의 책, 145.

3   위의 책, 203.

4   위의 책, 203.

5   위의 책, 166.

6   목회데이터연구소·희망친구 기아대책, 《한국 교회 트렌드 2023》(서울:규장, 2022), 32.

7   위의 책, 45~49.

8   한국기독교목회자협의회, 위의 책, 689.

9   목회데이터연구소·희망친구 기아대책, 위의 책, 52~75.

10  목회데이터연구소·희망친구 기아대책, 위의 책, 56~57.

11  목회데이터연구소·희망친구 기아대책, 위의 책, 55.

12  목회데이터연구소·희망친구 기아대책, 위의 책, 60.

13  당당뉴스, "탈종교·탈교회 시대 교회와 목회", 2022. 9. 25. http://www.dangdangnews.com/news/articleView.html?idxno=38208 원문은 〈목회와 신학〉 399호(2022.9)에서 볼 것

14  한국기독교목회자협의회, 위의 책, 106.

15  한국 교회탐구센터, 〈가나안 성도 신앙생활 탐구 세미나 자료집〉, 2018.11.30.

16  목회데이터연구소 주간리포트, 〈넘버즈〉 67호) 5.

17  기독공보, "자립 대상 교회, 지난해 대비 30개 감소. 올해 2250곳에 월 평균 56만 원 지원", 2022.07.19.  http://www.pckworld.com/article.php?aid=9440692256.

18  위의 글.

19  예장통합 교세 통계.

http://www.pck.or.kr/bbs/board.php?bo_table=SM01_05&wr_id=1
20  한국기독교목회자협의회, 위의 책, 67.
21  위의 책, 187.


## 외로운 크리스천

1  러스 램지, 《렘브란트는 바람 속에 있다》, (서울:두란노, 2022) 280-281.
2  중앙일보, "日선 '고독 장관' 등장…외로움 덮친 한국, 그마저도 혼자 푼다", 2022.7.2.
   https://www.joongang.co.kr/article/25083848
3  국민일보, "4명 중 1명 '중증의 고독'… 종교인이 외로움 덜 탔다", 2023.02.01.
   https://news.kmib.co.kr/article/view.asp?arcid=0924285154&code=23111111&cp=nv
4  노리나 허츠, 《고립의 시대》, (서울:웅진지식하우스, 2021) 19.
5  위의 책, p.28
6  지식백과, "신자유주의" 2023.7.30. 검색
   https://terms.naver.com/entry.naver?docId=1119158&cid=40942&categoryId=31645
7  조선일보, "삶의 최고 가치는? 17개국 중 한국만 물질적 행복이죠", 2021.11.22.
   https://www.chosun.com/international/international_general/2021/11/22/
   G6IAHUDCHBASTC2MAKXVQ7YA34/?utm_source=naver&utm_medium=referral&utm_
   campaign=naver-news
8  통계청, 〈2022 통계로 보는 1인 가구〉, 2022.12.07.
9  시사오늘·시사온, '1인 가구' 증가 속도 심각…전체 인구 33.4%, 2022.12.11.
   http://www.sisaon.co.kr/news/articleView.html?idxno=145615
10 연합뉴스, "서울 고독사 위험군 5만 가구…60대 가장 많고 77% 무직", 2023.07.10.
   https://www.yna.co.kr/view/AKR20230710070700004?input=1195m
11 한국기독교목회자협의회, 《한국 기독교 분석 리포트》, (서울:대한기독교서회, 2023) 399.
12 켈리 하딩, 《다정함의 과학》, (서울:더퀘스트, 2022), 86.
13 국민일보, "외로움 방치하는 사람 의외로 많아…공감, 배려로 관심 보이자", 2023.02.22.
   https://news.kmib.co.kr/article/view.asp?arcid=0924288292&code=23111111&
   cp=nv
14 스포츠경향, "'40만 명 모인 거 맞아?' 환경미화원도 놀란 BTS 행사 뒷모습", 2023.06.18.
   https://sports.khan.co.kr/entertainment/sk_index.html?art_
   id=202306181644003&sec_id=540301&pt=nv
15 노리나 허츠, 위의 책, 171.


## OTT 크리스천

1  the guardian, "Vint Cerf, aka the godfather of the net, predicts the end of TV as we

know it", the guardian, 2007.08.28.

2   기자협회보, "20대 96% OTT 이용… 유튜브·넷플릭스 순", 2022.12.28.

3   한경 경제용어사전, "큐레이션(curation)" 2023.07.14. 검색.
    https://terms.naver.com/entry.naver?docId=2067045&cid=42107&category
    Id=42107

4   방송통신위원회, 〈2022년 방송매체 이용행태 조사보고서〉, 2023.01.26.

5   위 보고서, 28.

6   머니투데이, "AI, 교회 대체할 수 있나 'YES'…오픈 AI가 한국에 해준 '말말말'", 2023.6.10.
    https://news.mt.co.kr/mtview.php?no=2023061001361055186

7   초원AI, "하나님과 대화하세요" https://askjesus.oopy.io

8   연합뉴스, "로봇이 인간에 가르침을?", 2019.2.24.
    https://www.yna.co.kr/view/AKR20190224039500073

9   국민일보, "'MZ세대 고민' 보듬은 채팅, 지난해 19만 명을 전도하다", 2022.2.22.
    http://news.kmib.co.kr/article/view.asp?arcid=0924232639&code=23111117&cp
    =nv

10  그라운드와이어, "Our Mission" https://www.groundwire.net/about-us


## 밈 제너레이션

1   IT 용어사전, "인터넷 밈", 2023.7.30. 검색
    https://terms.naver.com/entry.naver?docId=5141806&cid=42346&category
    Id=42346

2   국제뉴스, "코로나로 청소년 학교생활은 '부정적' 가족관계는 '긍정적' 변화", 2021.04.22.
    https://www.gukjenews.com/news/articleView.html?idxno=2208013

3   여성가족부, 〈2023 청소년 통계〉, 2023.05.30.

4   조선에듀, "또래상담으로 학교폭력 예방하고 친구 고민도 나눠요!", 2022.12.16.
    https://edu.chosun.com/site/data/html_dir/2022/12/16/2022121601203.html

5   프레시안, "온실가스 감축 목표 상향 외치며 등교 거부한 청소년들", 2022.09.23.
    https://www.pressian.com/pages/articles/2022092314342040172?utm_
    source=naver&utm_medium=search

6   목회데이터연구소, 〈넘버즈〉, 2022.10.25

7   기독신문, "학교 안 미전도종족-청소년을 품습니다", 2023.04.28.
    https://www.kidok.com/news/articleView.html?idxno=219828

8   인구통계학자들은 일반적으로 Z세대를 1990년대 중/후반생부터 2010년대 초반생까지
    를, X세대는 1965년생부터 1980년생까지를 지칭한다.

9   방송통신위원회, 〈방통위 2022 방송매체 이용행태조사〉, 2022.12.27. 2.

10  동아사이언스, "옴니채널, 경험을 바꾸다", 2015.12.29.

https://www.dongascience.com/special.php?idx=1017

10 유튜브, "갓펜스튜" 2023.7.15. 검색
https://www.youtube.com/@godfencestudent/videos


## 약한 고리 3040

1 이형석 외, 《대한민국 40대 리포트》(서울:미래의창, 2012), 13.

2 지용근 외, 《한국 교회 트렌드 2023》(서울:규장, 2022), 1장.

3 카를 만하임, 이남석 역, 《세대 문제》(서울:책세상, 2020).

4 임홍택, 《90년생이 온다》(서울:웨일북, 2018), 58.

5 박원익·조윤호, 《공정하지 않다: 90년대생들이 정말 원하는 것》(서울:지와인, 2019), 15.

6 위의 책, 1부. 이 책은 당시에 20대였던 90년대생들에 대해서 말했지만 이들 중 일부는 지
금 30대가 되었기 때문에 30대들도 이러한 특성을 공유한다고 볼 수 있다.

7 조귀동, 《세습 중산층 사회》(서울:생각의 힘, 2020), 158.

8 21세기교회연구소·한국 교회탐구센터·목회데이터연구소, 〈2021 기독 청년의 신앙과 교회
인식 조사 세미나 자료집〉 2021.01.27. 14.

9 신진욱, 《그런 세대는 없다》(서울:개마고원, 2022).

10 한국갤럽, 〈한국인의 종교 1984-2021〉2021.05.20.

11 신앙단계는 미국의 윌로크릭교회가 수행한 발견 프로젝트에서 영적 성장 단계를 파악하
기 위해 사용한 것이다.

12 정재영, 《한국 교회의 종교사회학적 이해》(서울:열린출판사, 2012), 127.

13 지앤컴리서치, 〈코로나19 이후 한국 교회 변화 추적 조사 결과 보고서〉, 2022.05.13.
239, 243.

14 홍인종, 〈30-40세대 목회 가이드라인〉, 2023.05.25. 71.

15 대한예수교장로회총회 국내선교부, 〈3040세대 목회전략 세미나〉, 2023.06.13. 45.

16 위 세미나, 26.

17 정재영, 《한국 교회의 미래 10년》(서울:SFC, 2019), 4장.


## 교회 거버넌스

1 목회데이터연구소, 〈넘버스 166호〉, 2022.11.1.

2 목회데이터연구소, 〈넘버스 138호〉, 2022.4.5.

3 한국기독공보, "청년들, 한국 교회, 가부장적이고 매력 없어", 2019.12.3.
http://m.pckworld.com/article.php?aid=8322839599

4 송인규, 정주채, 배종석, 정재영, 《한국 교회와 직분자》 (서울:Ivp, 2013) 214-275.

5 목회데이터연구소, 〈넘버스 166호〉, 2022.11.1.

6 ESG경제, "[거버넌스의 이해]① 조직 내 진정한 민주주의의 구현", 2023.4.26.

https://www.esgeconomy.com/news/articleView.html?idxno=3342

7  동아일보, "MZ세대가 불 댕긴 '성과급' 공정성 논쟁", 2021.2.8.
   https://www.donga.com/news/Economy/article/all/20210207/105324054/1
   한국일보, "성과급 왜 빼앗나,또 삼성후자냐 공정이 부른 성과급 논란 반복", 2021.1.26.
   https://m.hankookilbo.com/News/Read/A2022012516090005506

8  비즈니스 포스트, "급여 많지만 이직률 높은 CJ제일제당, 소통 진심 'ES' 수평적 조
   직문화부터" 2023.07.10. https://www.businesspost.co.kr/BP?command=article_
   view&num=320734

9  서울경제, 북미법인 찾은 경계현 "여성임원 더 양성해야", 2023.06.02.
   https://www.sedaily.com/NewsView/29QP6NSH3R

10 DE&I는 Diversity, Equity & Inclusion(다양성, 공정성, 포용성)의 약자이다. DE&I는 모두
   가 접근(access)할 수 있고, 평등하게 존중받으며 환영받을 수 있는 환경과 문화를 만드는
   것이다. DE&I는 인종, 성별, 종교, 민족성, 언어, 성적 지향, 사회경제적 지위, 장애, 정치적
   견해 등을 모두 포함하는 개념이다. 또한 조직 내의 절차와 과정의 형평성도 포함한다. 유
   엔 책임투자원칙(PRI, Principles for Responsible Investment)은 투자자가 관심 가져야 할 영
   역으로 DE&I를 꼽고 있다.

11 한국장로신문사/목회데이터연구소, 〈장로 신앙의식 및 생활조사〉(예장 통합 교단 장로
   1,074명, 온라인조사), 지앤컴리서치. 2023.04.13.-05.02

12 목회데이터연구소, 〈기독 청년의 사회 및 신앙 의식에 대한 설문조사 보고서〉
   (전국 19~35세 개신교인 700명, 온라인조사), 지앤컴리서치. 2020.12.31.- 2021.01.05.

13 신경규, "한국 교회의 문제와 과제: 장기적 교회성장을 위하여". 〈개혁주의 교회성장〉 1-43.

14 송인규, 정주채, 배종석, 정재영, 《한국 교회와 직분자》(서울, lvp. 2013) 214-275.

15 국민일보, "침례교 호칭장로제 교회별로 뿌리내릴 것", 2009.11.17.
   https://m.kmib.co.kr/view.asp?arcid=0001576976

16 배종석. 양혁승. 류지성, 《건강한 교회, 이렇게 세운다》(서울, lvp, 2008)

17 폴 스티븐스, 홍병룡 역, 《21세기를 위한 평신도 신학》(서울, lvp, 2001)

18 송인규, 정주채, 배종석, 정재영, 《한국 교회와 직분자》(서울, lvp. 2013) 76-132.

19 이경실, "칼빈의 교회 직분론과 조직경영", 〈로고스경영연구〉(2009) 87-102.

20 목회데이터연구소, 〈장로 신앙의식 및 생활조사〉(예장 통합 교단 장로 1,074명, 온라인조사),
   지앤컴리서치. 2023.04.13.-05.02

21 목회데이터연구소, 〈기독 청년의 사회 및 신앙 의식에 대한 설문조사 보고서〉
   (전국 19~35세 개신교인 700명, 온라인조사), 지앤컴리서치. 2020.12.31.-2021.01.05.

22 목회데이터연구소, 〈넘버스 166호〉, 2022.11.1.

처치 인 처치

1  디지털타임스, "개 vs 고양이…수명까지 줄이는 외로움 누가 달래줄까?", 2023.05.05.

https://www.dt.co.kr/contents.html?article_no=20230505021099931650001
연합뉴스, "미 보건당국 '외로움, 담배 하루 15개비만큼 해롭다' 경고", 2023.05.03.
https://www.yna.co.kr/view/AKR20230503051100009?input=1195m

2  매일경제, "SNS '툭' 빠진 사람 봤더니... 1030 '시들시들', 5060 '싱글벙글' 왜?",2023.02.22.
https://n.news.naver.com/mnews/article/009/0005092117?sid=105

3  이지경제, "식품부터 영양제, 보험상품까지…반려동물시장 진출 러시", 2023.07.10.
http://www.ezyeconomy.com/news/articleView.html?idxno=124100

4  MoneyS, "IBK기업은행, 반려동물 특화 'I-PET' 카드 출시… 30% 할인", 2023.04.07.
https://www.moneys.co.kr/news/mwView.php?no=2023070714270119248

5  디지털타임스, 위의 기사.

6  국민일보, 피앰아이, "외로움 척도 지수와 종교 상관관계", 2023.02.01.
https://www.themission.co.kr/news/articleView.html?idxno=60642

7  뉴스1, "좋은 인간관계가 만족스러운 삶을 만든다…더 굿 라이프 [글로벌 신간]", 2023.02.07.
https://www.news1.kr/articles/4946178

8  정재영, 《소그룹의 사회학》(서울:한들출판사, 2010), 20.

9  트렌드 모니터, 〈SNS, 음성통화 이용 및 인간관계 관련 인식 평가〉

10  이상화, 《건강한 교회성장을 위한 건강한 소그룹 리더십》(서울:소그룹하우스, 2021) 참조

## 어시스턴트 포비아

1  국민일보, "예장통합, 8년째 교인 수 감소…교회·목회자 수는 증가세", 2023.8.3.
https://news.kmib.co.kr/article/view.asp?arcid=0924314541&code=23111113&cp=nv

2  아이굿뉴스, "교세 추락 끝은 어디에? 합동 9만 명, 통합 3만 명 감소", 2022.9.22.
https://www.igoodnews.net/news/articleView.html?idxno=70840,

3  위의 기사.

4  엠브레인 트렌드 모니터, 〈종교(인) 및 종교인 과세 관련 인식 조사〉(전국 만20~59세 남녀, 1,000명, 온라인 조사, 2020.06.23.~26.)

5  CTS 기독교 TV, "신대원 지원자 갈수록 감소", 2022.12.22.
https://www.cts.tv/news/view?ncate=THMNWS01&dpid=297836,

6  정재영, 《강요된 청빙》(서울:이레서원, 2019), 21.

7  기독교윤리실천운동, 〈한국 교회 부교역자를 생각하다, 2015년 교회의 사회적 책임 심포지엄 자료집〉, 2015.5.8. 15.

8  정재영, 위의 책, p.35.

9  한국기독공보, "MZ세대 사역자들이 교회를 떠나는 이유", 2023.1.31.
https://www.pckworld.com/article.php?aid=966864673

10  국민일보, "6시면 '땡 퇴근' MZ 전도사, 찬양 인도 누가 하나요?", 2023.5.15.

https://news.kmib.co.kr/article/view.asp?arcid=0018262735&code=61221111&cp=nv

11  조성돈, 〈목회자의 사역과 생활의 균형: '안식일 정신을 찾자'〉, 〈목회와 신학〉, 2022년 11월호, 인터넷판.

12  이성호, 〈부목사 귀한 시대가 다가온다〉, 〈목회와 신학〉, 2023년 4월호, 117.

13  기윤실, 〈부교역자 사역계약서 모범안 언론발표회 자료집〉, 2016.6.10., 17-19.

14  기윤실, 〈한국 교회 부교역자를 생각하다, 2015년 교회의 사회적 책임 심포지엄 자료집〉, 2015.5.8. 37.

15  이성호, 위의 글, p.117.

다시 선교적 교회

1  노컷뉴스, "통계로 본 장로교단, 교인 수 감소 브레이크가 없다", 2022.09.27. https://www.nocutnews.co.kr/news/5824096

2  대한예수교장로회 통합 총회, 교세 현황 http://new.pck.or.kr/bbs/board.php?bo_table=SM01_05&wr_id=1

3  위의 글.

4  앨런 허쉬, 오찬규 역, 《잊혀진 교회의 길》 (서울:아르카, 2020), 381.

5  텍사스 크리스천 뉴스, "포스트 팬데믹, DFW 교회들에게 묻는다", https://texaschristiannews.com/%E2%97%88-%ED%8F%AC%EC%8A%A4%ED%8A%B8-%ED%8E%9C%EB%8D%B0%EB%AF%B9-dfw-%EA%B5%90%ED%9A%8C%EB%93%A4%EC%97%90%EA%B2%8C-%EB%AC%BB%EB%8A%94%EB%8B%A4-%E2%97%88/

6  Darrell L. Guder ed., Missional Church: A Vision for the Sending of the Church in North America(Grand Rapids, MI : Wm. B. Eerdmans Publishing Co., 1998)

7  위의 책, 77-109.

8  주상락, 최동규, "한국형 선교적 교회 연구", 〈선교신학 64집〉 (2021), 252-288.

9  위의 자료집, 283.

10  Doug Paul, "Where is 'Missional' 10 Years on?" https://wearecatapult.org/blog/futurist-church-series-wheres-missional-10-years-after-its-peak/

11  릭 루소, 에릭 스완슨 공저, 김용환 역, 《교회 밖으로 나온 교회》(서울:국제제자훈련원, 2008), 110-111.

12  Darrell Guder, The Continuing Conversion of the Church, (Grand Rapids, MI: Wm. B. Eerdmans Publishing Co., 2000)

13  이상훈, 《리싱크 처치》 (서울:교회성장연구소, 2019), 204.

14  Stephen Neill, Creative Tension, (London : Edinburgh House, 1959), 81.

15  Alan Roxburgh and M. Scott Boren, Introducing the Missional Church, (Grand

Rapid, MI: Baker Books, 2009), 31-34.

## 인에비터블 컬트

1 https://namu.wiki/w/제칠일안식일예수재림교회
2 현대종교, "몰몬교 교세, 국내 9만 명 육박", 2022.5.26.
   http://www.hdjk.co.kr/news/view.html?section=22&category=1004&no=18642
3 현대종교, "꾸준히 신도 수 증가하는 여호와의 증인", 2022. 4.18.
   http://www.hdjk.co.kr/m/content/view.html?section=22&no=18595
4 한국기독교목회자협의회, 《한국 기독교 분석 리포트》(서울:대한기독교서회, 2023) 51.
5 통계청, 인구 총조사.
   https://kosis.kr/statHtml/statHtml.do?orgId=101&tblId=DT_1PM1502
6 양형주, 《신천지 돌발 질문에 대한 친절한 답변》(용인:기독교포털뉴스, 2023). 4-9.
7 이 문항에 대해서는 사례수가 58명 기준으로 응답받은 것이어서 해석시 유의할 것
8 이 문항에 대해서는 사례수가 34명 기준으로 응답받은 것이어서 해석시 유의할 것
9 한국기독교목회자협의회, 《한국 기독교 분석 리포트》(서울:대한기독교서회, 2023) 179.
10 전체 개신교인 2,000명 중 이단 신자 90명, 이단이 아닌 교회 출석자 1,243명을 대상으로 비교 분석한 것임. 이하 현 교회 계속 다닐 의향, 현 출석 교회 불만점 그래프 역시 동일한 조건임.
11 https://www.goodnews.or.kr/about
12 https://churchofgod.wiki/하나님의교회_세계복음선교협회

큐알 코드를 찍으시면 10명의 저자 인터뷰 영상을 보실 수 있습니다.

### 지용근 | 대표저자

목회데이터연구소 대표. ㈜지앤컴리서치 대표이사이다. 연세대학교 사회학과를 졸업했고 한국 갤럽 연구본부장과 ㈜글로벌리서치 대표이사를 역임했으며 〈한국 교회 코로나19 추적조사〉, 〈한국 교회의 사회적 신뢰도 추적조사〉, 〈한국인의 종교의식 및 신앙실태 추적조사〉 등 주요 교단 및 기독교 단체와 다양한 기독교 관련 조사연구를 수행했다. 매주 한국 사회 주요 통계 자료를 전국 17,000여 명의 목회자와 한국 교회 리더십들에게 무료로 제공하는 주간 리포트 〈넘버즈〉를 발행하고 있으며, 저서로 《한국 교회 트렌드 2023》(대표저자), 《통계로 보는 한국 사회 그리고 한국 교회》, 《격차의 시대, 격이 있는 교회와 목회》(공저)가 있다.

### 조성돈 | 교회 리빌딩

실천신학대학원대학교 목회사회학 교수, 목회사회학연구소 소장, 라이프호프 기독교자살예 방센터 대표, 기독교윤리실천운동 공동대표. 연세대 신학과 3년을 마치고 독일로 유학하여 독일 킬대학교(Christian-Albrecht Universitaet zu Kiel)에서 신학석사를, 그리고 마르부르크대학교 (Phillips Universitaet Marburg)에서 신학박사를 했다. 한국에 목회사회학을 소개하고 신학과 사회학의 접목, 특히 실천신학 관점에서 사회를 보는 노력을 해왔다. 저서로는 《목회사회학》, 《한국 교회를 그리다》 등이 있다.

### 신상목 | 외로운 크리스천

국민일보 종교국 미션탐사부장. 숭실대학교(국어국문학)를 졸업하고 미국 커버넌트신학교에서 일반신학 석사 학위(M.A.)를 받았다. 월간 〈빛과 소금〉 기자를 거쳐 2007년부터 국민일보 기자로 일하고 있다. 종교부에서 선교와 목회 영역을 담당했다. 복음에 입각해 사는 것과 예수 믿기, 교회의 역할 등에 관심이 많다. R. T. 켄달 목사의 《수치의 복음, 영광의 복음》(토기장이)을 번역했다.

### 조성실 | OTT 크리스천

소망교회 부목사, 온라인사역실장, 장로회신학대학교 객원교수, 교회와디지털미디어센터장(문화선교연구원부설). 장로회신학대학교에서 신학을 전공(B.A, M.Div)하고, 고려대학교 언론대학원에서 영상을 전공(M.A)하였다. 장로회신학대학교 기독교와 문화 박사과정을 수료(Ph.D Cand)했으며, 멀티미디어기획제작 과목을 강의하고 있다. 한국 교회 온라인 사역과, 하이브리드 교회, 인공지능(AI)에 관심을 갖고 연구하고 있다. 공저로는 《한국 교회 트렌드 2023》, 《크리스천 인사이트》 등이 있다.

**주경훈** | 밈 제너레이션

오륜교회 동사목사. 꿈이있는미래 소장. 다음세대와 부모, 교사에 대한 이해의 폭을 넓히고자 총신대학교 목회신학전문대학원에서 목회상담학 박사 과정을 수료했고, 성경적인 교육 방법론에 대한 고민으로 아신대학대학원에서 교육학 박사 과정을 수료했다. 조국 교회의 희망은 다음세대의 회복에 있다는 믿음으로 다음세대 사역에 헌신하고 있다. 특별히 세대 통합 교육, 세계관 교육, 미디어 교육에 관심을 가지고 있다. 저서로는 《원포인트 통합교육》, 《부모 거듭남》, 《52주 가정예배》, 《바이블 원정대》 등이 있다.

**정재영** | 약한 고리 3040

실천신학대학원대학교 교수. 21세기교회연구소 소장. 연세대학교에서 사회학을 공부하고 대학원에서 종교사회학을 전공하였다. 한국 교회 소그룹과 마을 공동체 운동에 관심을 갖고 연구하고 있다. 《기독교와 시민사회》를 공동번역하였고, 《계속되는 도전 : 늘어나는 비제도권 교회》, 《강요된 청빈 : 목회자의 경제현실과 공동체적 극복방안》, 《교회 안 나가는 그리스도인 : 가나안 성도를 어떻게 이해할 것인가?》, 《함께 살아나는 마을과 교회》, 《한국 교회의 미래 10년》, 《소그룹의 사회학》 등을 저술했다.

**류지성** | 교회 거버넌스

고려대학교 경영대학 특임교수. 고려대학교에서 경영학을 전공하고 동대학원에서 리더십 분야를 연구하여 박사학위를 받았다. 삼성글로벌리서치(前삼성경제연구소)에서 20여 년을 근무하면서 인사조직, 리더십, 조직문화를 연구하였고, 삼성서울병원에서 HR혁신팀장으로 병원 조직변화를 이끌었다. 기독경영연구원 부원장 역임, 목회데이터연구소 연구자문위원 등 기독경영과 건강한 교회 운동에 참여하고 있다. 저서로는 《마음으로 리드하라》, 공저로 《건강한 교회, 이렇게 세운다》, 《무엇이 교회를 건강하게 하는가》, 《Good 비즈니스플러스》가 있다.

**이상화** | 처치 인 처처

한국소그룹목회연구원 대표, 서현교회 담임목사. 총신대학교(B.A., M.Div., Th.M., Ph.D. 과정 수료)와 웨스트민스터신학대학원대학교(Ph.D.)에서 공부했다. 1994년에 설립한 한국소그룹목회연구원 대표이며, 총신대학교 목회신학전문대학원에서 교수로 섬겼다. 한국기독교목회자협의회와 (사)교회갱신협의회 사무총장으로 교회연합 현장을 경험했고, 7년여간 드림의교회 개척 목회를 했다. 2017년부터 서현교회 담임목사로 섬기고 있다. 〈월간 크리스채너티투데이 한국판〉 초대 편집인을 역임했고, 저서로는 《건강한 교회성장을 위한 소그룹 리더십》, 《교회성숙 분석리포트》, 《청년들이 교회를 떠나는 33가지 이유》 외 다수가 있다.

**백광훈** | 어시스턴트 포비아

문화선교연구원장. 을지대학교 교목. 전북대학교에서 철학을 공부하고, 장로회신학대학교 신학대학원을 졸업한 후 동대학원에서 기독교와 문화 분야를 전공하여 신학박사 학위를 받았다. 한국 교회의 대표적인 문화연구 싱크탱크인 문화선교연구원에서 책임연구원을 거쳐 원장으로 섬기면서 다음세대 선교를 위한 과제 및 한국 교회가 지향하고 실천해야 할 문화 이해와 선교 방향성에 대해 연구하며 대안을 제시하고 있다. 저서로 《한국 교회 트렌드 2023》(공저), 《코로나19와 한국 교회에 대한 연구》(공저), 《코로나19 팬데믹 시대의 마을 목회와 교회 건물의 공공성》(공저) 등이 있다.

**이상훈** | 다시 선교적 교회
America Evangelical University 총장, Fuller Theological Seminary 겸임교수, Missional Church Alliance(MiCA) 대표, Fresh Movement 공동 대표. 서울신학대학교에서 신학(BA & M Div)을, Capernwray Australia에서 성경과 선교훈련을, Fuller Theological Seminary에서 선교학 석박사 과정(ThM & PhD)을 마쳤다. 교회의 부흥과 갱신을 위해 연구하는 학자이자 목회자이며 운동가로서 북미지역의 사역 변화를 체험하면서 발견한 원리를 한국 교회와 디아스포라교회에 접목하는 카탈리스트(Catalyst)의 역할을 감당하고 있다. 저서로는 《리폼처치》《리뉴처치》, 《처치시프트》, 《리싱크처치》, 《뉴노멀시대, 교회의 위대한 모험》 등이 있다.

**양형주** | 인에비터블 컬트
바이블백신센터 원장. 대전도안교회 담임목사. 캘리포니아 주립대학교(UCI)에서 철학을 전공했고, 장로회신학대학교 신대원 및 동 대학원에서 신약학 박사(Th.D) 학위를 취득했다. 장신대 겸임교수를 역임했으며, 현재는 미국 트리니티 복음주의 신학교(TEDS)에 방문학자로 연구 중에 있다. 성서학과 함께 목회 및 해외 선교 현장에서 실질적으로 부딪치는 이단 대처, 예방, 상담 및 회복 사역에 많은 관심을 갖고 연구하고 있다. 《바이블 백신 1,2》, 《신천지 백신 1,2》, 《신천지 돌발질문에 대한 친절한 답변》, 《정말 구원받았습니까》, 《평신도를 위한 쉬운 요한계시록》, 《스토리 요한계시록》 등 30여 권의 저서가 있다.

QR코드를 찍고 이메일을 입력하시면
8개의 〈2024 한국 교회 트렌드〉 조사보고서(raw data) 파일을 보내드립니다.

1  개신교인 조사보고서
 - 전국 만 19세 이상 개신교인 남녀 2,000명, 온라인조사, 2023.5.12.~31.

2  목회자 조사보고서
 - 전국 담임목사 500명, 부목사 365명 총 865명, 모바일조사, 2023.5.12.~31.

3  전도사 조사보고서
 - 전국 전도사 1,000명, 모바일조사, 2023.6.17.~28.

4  이단실태 조사보고서
 - 전국 만 19세 이상 개신교인 남녀 중 이단에 속하지 않은 자 1,858명, 이단 소속신자 304명,
   2023.5.12.~31.

5  청소년 조사보고서
 - 전국 교회 출석 중인 중고생 500명, 2023.5.12.~24.

6  장로 신앙의식 및 생활실태 조사보고서
  - 전국 예장 통합교단 소속 장로 1,074명, 모바일조사, 2023.4.13.~5.2.

7  개신교인의 소그룹 활동실태 및 인식 조사보고서
  - 전국 만 19세 이상 소그룹 참여 교회 출석자, 1,000명, 온라인조사, 2023.4.24.~5.3.

8  3040세대의 신앙의식 및 생활실태 조사보고서
  - 전국 만 30~49세 개신교인 남녀, 700명, 온라인조사, 2022.11.1.~11.7.

# 한국 교회 트렌드 2024

| | |
|---|---|
| 초판 1쇄 발행 | 2023년 9월 19일 |
| 초판 8쇄 발행 | 2023년 11월 10일 |
| 지은이 | 지용근 조성돈 신상목 조성실 주경훈 정재영 류지성 이상화 백광훈 이상훈 양형주 |
| 목회데이터연구소 | 대표 지용근(기획행정 김기혁 민선영 유영민) |
| 자료수집/조사/통계분석 | 지앤컴리서치(김진양 송예슬 김찬솔 한미경) |
| 편저 | 신상목 |
| 펴낸이 | 여진구 |
| 책임편집 | 안수경 김도연 |
| 편집 | 이영주 박소영 최현수 김아진 정아혜 |
| 책임디자인 | 노지현 이하은 ㅣ 마영애 조은혜 |
| 홍보 · 외서 | 진효지 |
| 마케팅 | 김상순 강성민 | 마케팅지원 최영배 정나영 |
| 제작 | 조영석 허병용 | 경영지원 김혜경 김경희 이지수 |

303비전성경암송학교 유니게 과정
이슬비전도학교 / 303비전성경암송학교 / 303비전꿈나무장학회

| | |
|---|---|
| 펴낸곳 | 규장 |

주소 06770 서울시 서초구 매헌로 16길 20(양재2동) 규장선교센터
전화 02)578-0003    팩스 02)578-7332
이메일 kyujang0691@gmail.com        홈페이지 www.kyujang.com
페이스북 facebook.com/kyujangbook        인스타그램 instagram.com/kyujang_com
카카오스토리 story.kakao.com/kyujangbook
등록일 1978.8.14. 제1-22

ⓒ 저자와의 협약 아래 인지는 생략되었습니다.
이 출판물은 저작권법에 의해 보호를 받는 저작물이므로 무단 전재와 무단 복제를 할 수 없습니다.

책값 뒤표지에 있습니다.
ISBN 979-11-6504-464-0  03230

## 규 ㅣ 장 ㅣ 수 ㅣ 칙

1. 기도로 기획하고 기도로 제작한다.
2. 오직 그리스도의 성품을 사모하는 독자가 원하고 필요로 하는 책만을 출판한다.
3. 한 활자 한 문장에 온 정성을 쏟는다.
4. 성실과 정확을 생명으로 삼고 일한다.
5. 긍정적이며 적극적인 신앙과 신행일치에의 안내자의 사명을 다한다.
6. 충고와 조언을 항상 감사로 경청한다.
7. 지상목표는 문서선교에 있다.

하나님을 사랑하는 자 곧 그의 뜻대로 부르심을 입은 자들에게는 모든 것이 合力하여 善을 이루느니라(롬 8:28)

규장은 문서를 통해 복음전파와 신앙교육에 주력하는 국제적 출판사들의
협의체인 복음주의출판협회(E.C.P.A:Evangelical Christian Publishers
Association)의 출판정신에 동참하는 회원(Associate Member)입니다.